劳动教育概论

主　编　顾建军

副主编　郝天聪

编写人员

刘　燕　周晨栋
王子叶　孙逸凡
刘晓宁　郝天聪
王振强　杨秋月
陈子循
李　源

中国教育出版传媒集团

高等教育出版社·北京

内容提要

本教材落实中共中央、国务院《关于全面加强新时代大中小学劳动教育的意见》，依据教育部《大中小学劳动教育指导纲要（试行）》和《义务教育劳动课程标准（2022 年版）》编写。

本教材共 10 章内容，包括劳动概述、劳动教育本质、劳动教育思想、我国劳动教育政策及实践、国外劳动教育、劳动课程、劳动教育教学方法、劳动教育实践、学校劳动教育、劳动教育教师。每章设置了学习目标、思考探究等栏目。本教材具有重要的理论意义和实践意义，有利于师范生建立对劳动教育的系统认知，并从实践层面掌握劳动教育的实施。

本教材的主要读者对象是普通高等学校师范生，不同学校可根据课时要求合理选择使用方式，确定授课进度。此外，本教材也可作为中小学劳动教育教师的参考书。

图书在版编目（CIP）数据

劳动教育概论 / 顾建军主编. -- 北京：高等教育出版社，2024.7
　　ISBN 978-7-04-061602-6

Ⅰ.①劳…　Ⅱ.①顾…　Ⅲ.①劳动教育-高等学校-教材　Ⅳ.①G40-015

中国国家版本馆 CIP 数据核字（2024）第 025115 号

Laodong Jiaoyu Gailun

| 策划编辑　肖冬民 | 责任编辑　刘晓静 | 封面设计　姜　磊 | 版式设计　徐艳妮 |
| 责任绘图　马天驰 | 责任校对　张　薇 | 责任印制　存　怡 | |

出版发行　高等教育出版社	网　　址　http://www.hep.edu.cn
社　　址　北京市西城区德外大街 4 号	http://www.hep.com.cn
邮政编码　100120	网上订购　http://www.hepmall.com.cn
印　　刷　三河市潮河印业有限公司	http://www.hepmall.com
开　　本　787 mm×1092 mm　1/16	http://www.hepmall.cn
印　　张　15.75	
字　　数　310 千字	版　　次　2024 年 7 月第 1 版
购书热线　010-58581118	印　　次　2024 年 7 月第 1 次印刷
咨询电话　400-810-0598	定　　价　35.00 元

本书如有缺页、倒页、脱页等质量问题，请到所购图书销售部门联系调换
版权所有　侵权必究
物　料　号　61602-00

前　言

　　劳动是人类实践的基本形式,是人能动地改变世界的对象性活动。劳动是创造物质财富和精神财富的过程,是人们运用自己的体力与智力所进行的一种有目的、有意识地改造自然和社会的实践活动,是人类社会生存和发展的基础。新时代劳动教育中的劳动主要指在体力劳动的基础上体脑结合、知行合一的劳动。劳动教育是新时代党对教育的新要求,是我国社会主义教育的重要组成部分,同时也是全面育人体系的重要组成部分,对于全面贯彻党的教育方针、落实立德树人根本任务、培养德智体美劳全面发展的社会主义建设者和接班人具有重要意义。

　　新中国成立以来,党和政府高度重视劳动和劳动教育。长期以来,各地区各学校在政策引领下,坚持教育与生产劳动相结合,取得了一定的成效。随着时代的发展,社会对劳动者的素质提出了更高的要求,同时也赋予了劳动教育新的使命和任务。2018 年,习近平总书记在全国教育大会上强调:"要在学生中弘扬劳动精神,教育引导学生崇尚劳动、尊重劳动,懂得劳动最光荣、劳动最崇高、劳动最伟大、劳动最美丽的道理,长大后能够辛勤劳动、诚实劳动、创造性劳动。"习近平总书记这一重要论述,具有重大的时代价值和鲜明的现实意义,对学校进一步加强劳动教育提出了新任务、新课题。2020 年,中共中央、国务院《关于全面加强新时代大中小学劳动教育的意见》和教育部《大中小学劳动教育指导纲要(试行)》先后印发,这两个文件对劳动教育进行了系统的顶层设计和具体的安排部署,标志着我国劳动教育事业进入新的发展阶段。2022 年,教育部颁布了《义务教育劳动课程标准(2022 年版)》,这也是我国第一个劳动课程标准,为全面落实劳动教育思想、系统建设劳动课程提供了行动指南。党的二十大报告中提出尊重劳动,在全社会弘扬劳动精神、奋斗精神等。学校教育必须全面贯彻党的教育方针,把立德树人作为教育中心环节,把劳动教育纳入人才培养全过程,实现德智体美劳"五育"共同发展。

　　本教材的主要读者对象是普通高等学校师范生。本教材贯彻落实立德树人根本任务,着重于师范生劳动理想信念的培养、劳动知识和技能的提升、劳动教育教学能力的塑造,全面促进师范生劳动核心素养的发展,旨在实现价值引领、知识与技能传授和素养提高的有机结合,既帮助当代师范生厘清劳动教育的本质、内涵和外延等内容,也帮助当代师范生了解劳动教育的课程实施方式、具体实施路径等内容。

本教材既突出了劳动的内涵与意义、劳动教育本质、劳动教育思想、我国劳动教育政策及实践、国外劳动教育等相关理论内容的深入学习，同时也彰显了劳动课程、劳动教育教学方法、劳动教育实践、学校劳动教育、劳动教育教师等实践内容的浅出落实，从而实现理论与实践、宏观与微观的结合。教材表述兼顾理论和实践，各章设置学习目标、思考探究等栏目，一些章提供了案例并作了案例分析，为读者深入学习劳动教育提供便利。

本教材由教育部《义务教育劳动课程标准（2022 年版）》研制组组长、南京师范大学博士生导师顾建军教授担任主编，负责教材编写思路设计、整体结构策划以及内容选择。教材共分为十章，各章编写分工为：第一章，刘燕；第二章，周晨栋；第三章，王子叶；第四章，孙逸凡；第五章，刘晓宁；第六章，郝天聪；第七章，王振强；第八章，杨秋月；第九章，陈子循；第十章，李源。同时，吴玉剑、杜连森、周皖宁、李嘉琛、姜芊如、贾欣远、宋晓祝、徐坚、祝成林、张宇、刘素萍、顾稳稳、管光海、孟献军、段静毅、王帅、胡彩霞、江苗、王书恬、管玉婷、张琴、邱羽柔、李维明、管文川、任颖、郭卫星、刘海林等也参与了教材编写工作。

本教材的编写最初源于主编与中国陶行知研究会常务副会长吕德雄教授的思维碰撞，吕教授为教材编写贡献了智慧。此外，我们也要感谢高等教育出版社肖冬民、刘晓静两位编辑对本教材出版的大力支持。尽管各位编写者已尽了最大努力，但由于能力有限，书中仍难免有不足之处。敬请广大读者批评指正，提出宝贵建议。

编写组

2023 年 10 月

目　录

第一章

劳动概述

学习目标

1. 理解劳动的内涵。
2. 理解劳动的意义。
3. 了解劳动的形态。
4. 理解马克思主义劳动观的基本内容。

马克思主义基于对人类社会的唯物主义考察,从现实社会出发,深刻阐述了劳动观的基本内涵。马克思主义劳动观认为,劳动具有社会发展价值和个体发展价值。当前正是全党和全国各族人民在为实现"两个一百年"奋斗目标努力拼搏的关键阶段,了解劳动的内涵、意义与形态,深刻理解马克思主义劳动观,不仅有助于人们深刻认识劳动的价值,而且有助于在全社会形成劳动光荣、创造伟大的价值取向,对于新时代做好劳动教育工作,引导学生树立正确的劳动价值观,培养德智体美劳全面发展的社会主义建设者和接班人,具有重大的时代价值和现实意义。

第一节　劳动的内涵

要构建面向未来的劳动教育体系就要深入把握劳动的内涵。从词源来看,劳动有着悠久的历史,在人类进入农业社会之后,"劳动"一词即已出现,指付出努力改造自然的活动。古代中西方对劳动的认识和理解,既存在时代的局限,也蕴含着宝贵的精神财富。马克思主义劳动观是对劳动的科学认识,是我国开展劳动教育的基本理论依据。

一、劳动的词源与词义

在古代汉语中,"劳"字的出现最早可以追溯到战国时期的青铜器——中山王鼎,其中有"忧劳邦家"的表述。东汉时期许慎编著的《说文解字》对"劳"进行了专门的解释:"劳,剧也。从力,荧省,荧,火烧门,用力者劳。"从字形来说,"劳"的繁体为"勞",包括火、力、心三种意象,这反映了古人对"劳"的基本认识。"火"代表着与火有关的劳动,在古代社会它是人类劳动的重要内容。"心"和"力"意味着劳动既有精神层面的投入,也有体力上的辛苦,即劳动既是劳心也是劳力的,它需要人们付出汗水和艰辛的努力。

西方社会语境下的劳动与人类的文明形态和文化模式有着密切关系。例如,拉丁语中的 cultura 除了"耕作"的意思,还蕴含"文化"之意。这说明西方人认为人类文化是从耕作等劳动形态中诞生的。拉丁语中准确表示劳动的词是 labor,该词表示精神或身体的劳作和人的劳动能力,同时也有"劳动成果"的含义。受拉丁语的影响,英语中同样也用 labor 来表示劳动。在德语中,"劳动"一词用 arbeit 表示,其含义是"犁过的土地",说明劳动意味着自然物的形态在人类的作用下发生了改变,由荒芜的土地变成了肥沃的田野。总的来说,进入农业社会以后,人类改造自然的能力得到较大提高,在此阶段,劳动与改造自然密不可分。这是西方语境下劳动的特点。

从以上中西方对"劳动"一词的理解可以看出,蕴含艰苦之意是它们共同的特点。劳动不仅需要体力上的付出,也需要精神上的付出,人类只有通过劳动才能改造赖以生存的世界,并创造物质文明和精神文明成果。所以,尽管劳动是艰辛的,但几乎所有的国家和民族都会赞颂劳动,崇尚勤劳与奋斗的品质。因此,劳动作为人类最古老的活动形态,具有极高的教育价值,个体学会劳动既能传递人类的生产和生活经验,也有利于培养优良的道德品质。

二、古代社会对劳动的认识

(一)古代西方社会的劳动观

古希腊是西方文明的重要发源地,在古希腊城邦时代,农业、手工业和商业都有了长足的发展。物质成果的丰富促进了文化的繁荣,在古希腊的各类文学作品和著作中都可以看到当时的人对劳动的认识和理解。例如,在早期的诗歌作品《劳作与时日》(又译作《工作与时日》)中,赫西俄德对弟弟的劝诫:"神的孩子,劳作吧,让饥荒厌弃你,让令人敬畏的美冠的德墨特尔①喜欢你,在你的谷仓里装满粮食。"②古希腊地区的自然环境实际并不十分适合耕作,多山及海岸线曲折的地理特征,使得可用的耕地十分有限。要获得温饱以至富足的生活,人们就必须进行艰苦的劳动。所以,只有勤勤恳恳的人才能抵御饥荒和灾祸,才能获得幸福的生活。

在古希腊神话作品中,也充满了对悠闲的神的羡慕,以及对人类不得不从事劳动的无奈。《荷马史诗》对希腊诸神进行了生动的刻画,描述神是永生的,不需要从事劳作,他们只需追求英雄主义和需要激情的事物,而不需要担心生存这种对人类来说至关重要的问题。人类则必须进行劳动,为了生存终日奔波,从事乏味和艰苦的营生。在人类与劳动的关系上,劳动是人的专属活动,同时是一种消极的活动,是人在生存压力的驱使下被迫进行的活动。

除了各类文学作品,古希腊社会对劳动的观念还见诸柏拉图和亚里士多德等哲学家的著述中。柏拉图的《理想国》把人按照金、银、铜的属性划分为三种,认为:人们虽然一土所生,彼此都是兄弟,但老天在铸造他们的时候,在有些人身上加入了黄金,这些人因而是最可宝贵的,是统治者。在辅助者(军人)的身上加入了白银。在农民以及其他技工身上加入了铁和铜。③城邦的统治者是哲学王,只需要从事管理和思考的智力活动,他们的地位最为高贵;军人等守卫者地位次之;而农民和手工业者需要从事劳作。

亚里士多德进一步认为,以沉思为代表的智慧活动是人类最高级的活动,是人类高贵属性的体现。闲暇和沉思乃是幸福生活的本源。根据亚里士多德对人的定义,人是理性的动物,但是,从事体力劳动的奴隶没有闲暇,也无法沉思,他们缺乏智慧,所

---

① 德墨特尔(Demeter),即得墨忒耳,古希腊神话中的谷物女神,掌管农业、谷物和丰收,是奥林匹斯十二主神之一。她教会人类耕种,给予大地生机,能决定土地是丰产还是歉收,也能决定人的命运是富裕还是贫穷,被视为农业和家庭的守护神。

② 吴雅凌. 劳作与时日笺释[M]. 北京:华夏出版社,2015:13.

③ 柏拉图. 理想国[M]. 郭斌和、张竹明,译. 北京:商务印书馆,1986:128.

以几乎算不得人。在他看来,奴隶与用来耕作的家畜基本没有什么区别,都靠付出劳动来获取生存的资源。亚里士多德把精神劳动和体力劳动对立起来,并认为从事体力劳动会限制人类精神层面的发展。从这里可以发现古希腊哲人对劳动的偏见。

进入中世纪之后,基督教神学笼罩了西方的整个思想界。在《圣经》里关于亚当和夏娃的故事中,劳动依然被视为人类必须忍受的尘世的劳苦。人类若无神的帮助,要维持自身的再生产,就必须通过艰苦的劳动。同时,劳动不仅是生存所必需的,也是神对人的惩罚。

经过文艺复兴和宗教改革运动的洗礼,基督教关于劳动的观念逐渐改变。马丁·路德和加尔文等宗教改革家对基督教教义进行了重新阐释,并指出劳作是上帝的安排。在德语中,职业(beruf)又被称为天职,具有深刻的宗教内涵。

(二)古代中国社会的劳动观

中国是较早进入农业社会的文明古国之一。在先秦时代的诗歌作品中随处可发现劳动人民对农业劳动的歌咏和赞颂。例如,先秦《击壤歌》这样描述道:"日出而作,日入而息。凿井而饮,耕田而食。帝力于我何有哉!"这是先秦人民辛勤劳作、乐天知命的真实写照。重视农业是我国古代王朝的基本统治策略,农业文化也是我国传统文化的基本底色。在《诗经》中有大量的描述农业劳动场景的诗篇。在这些作品中,我们能看到男耕女织的劳动生活,普通民众的朴素情感表达,以及崇尚勤勉、热爱生活的积极精神。在许多歌咏爱情的诗篇里都有对劳动的描述,如"参差荇菜,左右采之。窈窕淑女,琴瑟友之",反映的是淑女在田间劳作中表现出的勤劳品质和美好身姿打动了年轻的男子。

春秋战国时期的墨家学派代表了中小生产者的利益,创始人墨子就是劳动者出身。墨家学派所招收的各类弟子主要是农业和手工业劳动者,墨子本人还会对弟子的劳动能力进行考验。例如,在招纳禽滑厘为弟子时,"禽滑厘子事子墨子三年,手足胼胝,面目黧黑,役身给使,不敢问欲"。禽滑厘经过了三年的劳动考验期,墨子才委以重任。这说明,中国古代思想家已经认识到劳动是锤炼品质和提升能力的有效方法和途径。

对中国传统文化产生主要影响的儒家学说对劳动的认识则呈现两面性的特点。首先,孔子本人对农业劳动持较为消极的态度,在《论语·子路篇》中有这样的记载:樊迟请学稼,子曰:"吾不如老农。"请学为圃。曰:"吾不如老圃。"樊迟出。子曰:"小人哉,樊须也!上好礼,则民莫敢不敬;上好义,则民莫敢不服;上好信,则民莫敢不用情。夫如是,则四方之民襁负其子而至矣,焉用稼?"孔子把克己复礼作为终身追求的事业,认为种田耕作之事不过是普通百姓的分内之事,并非君子需要关心的事情,因此对于樊迟问农,孔子认为是舍本逐末。

但是在孔子之后的儒家生活实践中,劳动与读书成为一体两面,即所谓的"耕读传家"。在东汉时期,著名史学家班固首先提出了"耕读传家"的理念:"古之学者耕且养,三年而通一艺,存其大体,玩经文而已。是故用日少而畜德多,三十而五经立也。"① 班固指出,古代学者并没有国家俸禄可领,他们通过耕读传家的方式,靠劳动维持自己的生存,同时又坚持学习,钻研学问。唐代韩愈也极为推崇通过身体力行的劳动来养活自己,把"非其身力,不以衣食"② 作为重要的道德标准。由此,在中国传统教育里,劳动与读书并没有被特别地对立起来。耕读是古代的中小生产者自给自足的同时追求学问之道的生活方式,在这个层面上,体力劳动和心(脑)力劳动达到了和谐的统一,因而成为古代读书人的一种生活和道德理想。

三、马克思主义对劳动的认识和阐述

劳动是马克思主义历史唯物论的核心概念之一。马克思认为,劳动不仅创造了人,也创造了世界,并且推动了整个人类历史的发展进程。所以,劳动是把握马克思主义历史唯物论的关键所在。

(一)劳动创造了人

要深刻理解劳动的内涵,就需要对劳动的起源进行追溯。马克思主义认为,从生物演化的角度,劳动起源于生物界的本能活动,具体而言,劳动是动物适应环境的一种调节活动,在低等动物中可以看到生物会根据环境的变化来调适自身的行为,以保证生命的延续,这种行为可以说是最初级的劳动形式。随着生物的不断演化,"猿猴特别是黑猩猩、大猩猩的活动,发展到动物行为的高峰,它们能够利用天然物来获取食物、防御敌兽,甚至能够简单地加工天然物。这些活动逐步经常化,这就是人类太古祖先'前人'的活动。……我们把它作为人类劳动的直接前身,称之为'前劳动'。前劳动是从纯粹的动物本能活动向真劳动过渡的阶段"③。所以,劳动也是一个动态发展的概念,它不断地从低级形态发展到高级形态。早期猿人因为环境的变化,不得不进入草原获取食物,被迫下地生存,在这个过程中,猿人的双手被解放了出来。恩格斯在《劳动在从猿到人的转变中的作用》中指出,劳动促使猿人的手变得越来越灵巧,由于手的劳动,牙齿失去工具和武器的作用,颌部后缩,猿人的相貌也改变了。直立行走改善了猿人的呼吸系统,发声越来越灵巧,促进了语言的产生。劳动和语言交流又推动了脑髓的发展。如此一来,猿的脑髓就逐渐变成人的脑髓。在脑髓发展的同时,猿人的感觉器官和知觉器官也越来越灵敏和发达。通过语言和思维器官的活动,人的意识便产生了。所以,没有劳动就不可能有从猿到人的根本转变。

(二)人的劳动与动物本能活动的区别

尽管在生物演化的意义上,人的劳动起源于生物界的本能活动,但是人的劳动与动物的本能活动存在本质的区别。马克思对此有一段十分经典的论述:"蜘蛛的活动与织工的活动相似,蜜蜂建筑蜂房的本领使人间的许多建筑师感到惭愧。但是,最蹩脚的建筑师从一开始就比最灵巧的蜜蜂高明的地方,是他在用蜂蜡建筑蜂

---

① 陈国庆.汉书艺文志注释汇编[M].北京:中华书局,1983:96.
② 韩愈.韩昌黎文集校注[M].马其昶,校注.上海:上海古籍出版社,1986:467.
③ 朱祖霞.论劳动与人类及其意识形成的关系[J].哲学研究,1982(7):18-24.

房以前,已经在自己的头脑中把它建成了。劳动过程结束时得到的结果,在这个过程开始时就已经在劳动者的表象中存在着,即已经观念地存在着。他不仅使自然物发生形式变化,同时他还在自然物中实现自己的目的,这个目的是他所知道的,是作为规律决定着他的活动的方式和方法的,他必须使他的意志服从这个目的。"① 所以,人的劳动与动物的本能活动的一个根本区别是,人在劳动之前就已经拥有了对劳动结果的意象或计划,换句话说,人的劳动是有意识、能动的产物,劳动服务于人预先设定的目的。人在改造自然的过程中不断实现自身的意图,这是一种自觉的活动。发达的智力使得人能够分析和运用自然规律,并改变自然物的本来形态,使之按照人的目的来重新变化组合。这样,人类生存的世界就已不再是纯粹的自然世界,而是经过改造的"人化世界"。因此,劳动不仅创造了人,也创造了人类生存的世界。

(三)劳动的异化

近代工业革命的诞生导致人类的劳动形态发生了根本转变。在资本主义工厂产生了两大对立的阶级,即资本家和工人。在劳动组织方式上,为了提高劳动生产率,工厂普遍采用劳动分工制,每个工人只能从事生产流程中的一小部分,这样,每一个工人都被降格为局部工人,劳动产生了异化,人的生存状态越来越表现为对人的本质的疏离。马克思指出:"人同自身相异化以及这个异化了的人的社会是一幅描绘他的现实的社会联系,描绘他的真正的类生活的讽刺画;他的活动由此而表现为苦难,他个人的创造物表现为异己的力量,他的财富表现为他的贫穷,把他同别人结合起来的本质的联系表现为非本质的联系,相反,他同别人的分离表现为他的真正的存在;他的生命表现为他的生命的牺牲,他的本质的现实化表现为他的生命的非现实化,他的生产表现为他的非存在的生产,他支配物的权力表现为物支配他的权力,而他本身,即他的创造物的主人,则表现为这个创造物的奴隶。"② 劳动异化的结果是,人自身成为自己创造物(产品)的奴隶和附庸,人的劳动不再是实现自身的目的,而是被外在于人的资本所控制,由此人性受到压抑,劳动者体验到的是极度的痛苦和不自由。在工人阶级受到压迫的资本主义社会里,"工人在劳动中耗费的力量越多,他亲手创造出来反对自身的、异己的对象世界的力量就越强大,他自身、他的内部世界就越贫乏,归他所有的东西就越少"③。马克思认为,在资本主义私有制的体系下,劳动异化是不可避免的结果。资本家通过对劳动剩余价值的压榨,不断剥削工人,服务于有产阶级资本增值的目的。异化劳动降低工人的劳动体验和自尊,人处于被资本奴役的状态,违背了人的存在本质。

---

① 马克思,恩格斯.马克思恩格斯选集:第二卷[M].中共中央马克思恩格斯列宁斯大林著作编译局,编译.北京:人民出版社,2012:169-170.

② 马克思.1844年经济学哲学手稿[M].中共中央马克思恩格斯列宁斯大林著作编译局,译.北京:人民出版社,2000:171.

③ 马克思,恩格斯.马克思恩格斯选集:第一卷[M].中共中央马克思恩格斯列宁斯大林著作编译局,编译.北京:人民出版社,2012:51.

（四）劳动促进人的解放

异化劳动是人性处于被压抑状态下的劳动，它剥夺了人的本质存在。马克思认为，要促进人的本质的复归和人的解放，就必须通过自由和自觉的劳动。资本主义私有制依靠强制来维持工人劳动，"劳动尺度本身在这里是由外面提供的，是由必须达到的目的和为达到这个目的而必须由劳动来克服的那些障碍所提供的。但是克服这种障碍本身，就是自由的实现，而且进一步说，外在目的失掉了单纯外在自然必然性的外观，被看作个人自己提出的目的，因而被看作自我实现，主体的对象化，也就是实在的自由——而这种自由见之于活动恰恰就是劳动"①。尽管异化劳动在一定时间内还会继续存在，但是自觉自由的劳动是人性的根本需求，马克思预见在未来社会，随着社会物质生产的极大丰富，劳动者将不再被生存压力所束缚，从事劳动将是个体追求全面发展的内在需求。对普通劳动者来说，创造性劳动将不再是少数人的特权，任何劳动者都可以根据自己的喜好和天赋，自由地从事哲学、艺术等活动，充分体验劳动的愉悦感。

第二节 劳动的意义

马克思主义劳动观的基本观点如下：第一，人是劳动的产物，劳动创造了人类生存所必需的全部物质条件和精神条件。马克思说："任何一个民族，如果停止劳动，不用说一年，就是几个星期，也要灭亡，这是每一个小孩子都知道的。"②劳动是人的生命存在和全部社会活动的前提，作为生命存在的人要解决吃、穿、住的生活问题，必须从事生产劳动，通过劳动改造自然，从大自然中获取生活资料。第二，劳动是人类全部社会关系形成和发展的基础。人们在劳动过程中，一方面同自然界发生关系，另一方面与他人之间又结成了生产关系。第三，劳动是促使社会历史发展的根本推动力量。社会发展的最终决定力量不是精神、意志、神灵，而是人的劳动实践。

一、劳动是人区别于动物的标志

劳动是人和动物的根本区别，通过劳动，人的双手得到训练，大脑得到发展，人类完成了从猿到人的进化。劳动也是人类物质文明发展的源泉。在人类社会早期，劳动者借助简单的工具创造出诸如早期工艺品和古典建筑等文明；在现代社会，人们借助科学技术创造出现代文明。在以上过程中，人类以劳动为中介实现了从自然

① 马克思，恩格斯．马克思恩格斯全集：第三十卷［M］．中共中央马克思恩格斯列宁斯大林著作编译局，编译．北京：人民出版社，1995：615.
② 马克思，恩格斯．马克思恩格斯选集：第四卷［M］．中共中央马克思恩格斯列宁斯大林著作编译局，编译．北京：人民出版社，2012：473.

界向人类社会的过渡,通过现实生活的物质劳动,创造出外部物质世界和人类社会生活,也改变了人和自然界的关系。在今天,我们应树立正确的劳动观念,深入理解劳动的意义,将劳动作为创造个人美好生活的重要途径。

（一）劳动创造了人本身

在人类进化的过程中,劳动起了决定性作用。早在19世纪,恩格斯在《劳动在从猿到人的转变中的作用》中就指出,人类从动物状态中脱离出来的根本原因是劳动,人和动物的本质区别也是劳动。书中详细论述了劳动使猿转变为人是由于自然环境等因素的变化,猿从树上到地上,手和脚开始分工。劳动使手的功能越来越强大,使手成为"手";劳动产生人的语言,产生人脑,最后产生人类社会。因此,恩格斯认为:"劳动是整个人类生活的第一个基本条件,而且达到这样的程度,以致我们在某种意义上不得不说:劳动创造了人本身。"[1]劳动使人从自然的被动中解放出来,开始主宰自身的生活。

（二）劳动是人的根本属性

马克思认为,人是劳动的动物,劳动是人的根本属性,是人的特质。"个人怎样表现自己的生命,他们自己就是怎样。因此,他们是什么样的,这同他们的生产是一致的——既和他们生产什么一致,又和他们怎样生产一致。因而,个人是什么样的,这取决于他们进行生产的物质条件"[2]。马克思认为,劳动或实践是人的本质。实践作为人的存在方式,与人的需要和社会关系一起决定了人的本质。其中,实践活动是内容,社会关系是形式,人的需要是动力。马克思认为,自由的有意识的劳动实践作为人的本质,从根本上把人和动物区别开来。"动物只是按照它所属的那个种的尺度和需要来构造,而人却懂得按照任何一个种的尺度来进行生产。"[3]有意识的劳动正是人的自由自觉本质的直接体现。

（三）劳动是人类特有的生存方式

燕子筑巢,猎鹰捕食,这些都是动物无意识的本能活动,即使有着高超的技巧和水平也不存在基本的主动性。黑猩猩用树枝、木棍去钩食白蚁的行为存在一定的主动性,但仍算不上是劳动,原因就在于黑猩猩只不过是在主动使用工具,而不是在制造工具。能够主动制造工具,且有目的、有计划、自觉地作用于自然界,是人的劳动与动物本能活动的本质区别。人可以为了狩猎而去制造弓箭,而动物却只能利用爪子和牙齿。同时,人在制作一支利箭前脑子里就已经存在一支意象的"利箭"了,这就是有目的、有计划的自觉活动。人类劳动和动物本能活动的区别,显示的正是人

---

① 马克思,恩格斯.马克思恩格斯选集:第三卷[M].中共中央马克思恩格斯列宁斯大林著作编译局,编译.北京:人民出版社,2012:988.

② 马克思,恩格斯.马克思恩格斯选集:第一卷[M].中共中央马克思恩格斯列宁斯大林著作编译局,编译.北京:人民出版社,2012:147.

③ 马克思,恩格斯.马克思恩格斯选集:第一卷[M].中共中央马克思恩格斯列宁斯大林著作编译局,编译.北京:人民出版社,2012:57.

和一般动物的根本不同。直立行走是猿第一次极富意义的进化。根据达尔文的生长相关律，一个有机生物的个别部分的特定形态，总是和其他部分的某些形态息息相关的。猿的直立行走使得双手被解放出来，手指比较灵活的个体可能获得了比其他个体更多的生存机会，也给人类提供了制造工具的可能。是否会制造并使用工具也就成为人和动物的本质区别。直立行走不只开发了人的双手，还使得人的视野更加开阔，发音器官被解放等。所以，劳动推动了语言的产生，劳动和语言一起推动了大脑和感知器官的发育。猿脑和人脑虽然十分相似，但是相比较而言，人脑要大得多，完善得多。发达的大脑加上灵活的双手为人类制造工具提供了便利，进一步推动了人类进化，以及人类文明的形成。

二、劳动是人实现自我发展的基本条件

在马克思看来，劳动不仅是个体自我实现的条件，而且也创造了人全面发展的现实条件。教育与生产劳动相结合是造就全面发展的人的唯一方法。

（一）劳动是人发展自我的重要条件

无论是自然界、人类社会还是人的思维都在不断地运动、变化和发展；发展的实质是事物的前进和上升；人类社会的发展是前进性与曲折性的统一。实践是指人能动地改造客观世界的物质活动，是人所特有的对象性活动。人的实践活动具有自主性，通过实践，人不但能够认识客观规律，而且能够利用客观规律，使客观规律为人所用。同时，实践还具有创造性，它创造出按照自然规律本身无法产生或产生的概率几乎等于零的事物。实践的自主性和创造性一起，共同体现了人的主体性特征。

马克思以异化劳动理论为基础，尖锐地批判了资本主义社会异化扭曲人的本质。在私有制条件下，本应是"自由自觉的活动"的生产劳动却变成异化劳动，劳动本身成为劳动者的一种异己的力量。从本质上看，劳动异化折射出的恰恰是因私有制而出现的无产阶级和资产阶级的对立。在马克思看来，在未来的共产主义社会里，消灭了旧式的社会分工，消灭了异化劳动，将人的本质重新还给人，就会实现人的自由全面发展。正是在此论述的基础上，马克思深刻指出，生产劳动同智育和体育相结合，不仅是提高社会生产的一种方法，而且是造就全面发展的人的唯一方法。

（二）劳动创造了人全面发展的现实条件

人的发展与劳动的发展内在一致，劳动促进人的全面发展与自由解放。在《1844年经济学哲学手稿》中，马克思分析了资本主义私有制下的异化劳动，所表达的是私有制下劳动与资本的根本对立，且这种对立最终必将引发无产阶级的革命斗争，将人从异化劳动中解放，实现人的全面发展。人的全面发展也就是人克服固定化、片面化的劳动的过程。同时，劳动的发展也推动人的自由解放。

马克思主义认为，在合理的社会制度下，每个有劳动能力的人都应当学会劳动，不仅能够用手劳动，而且能够用脑劳动，从而将体力劳动与脑力劳动结合起来，并使

人各方面的能力得到充分的、协调的发展,成为全面发展的人。在教育史上,许多先贤提出了关于人的全面发展的主张。如亚里士多德提出人的德智体和谐发展,莫尔提出消灭脑力劳动与体力劳动的分离,夸美纽斯、卢梭、裴斯泰洛齐等人也从不同的角度论证了人性和谐的观点。之后的空想社会主义者圣西门则首次提到了全面发展的人;傅立叶的"协作教育"是让儿童轮流参加各种劳动,实现体力和智力的全面发展;欧文在他的共产主义移民区中要求所有人都交替从事各种劳动,并强调劳动者本身的全面发展,将体力劳动与脑力劳动的结合视为实现人的全面发展的基本途径。马克思、恩格斯批判性地继承了历史上关于人的全面发展的思想遗产,同时,在系统地考察了分工发展与人的发展关系的基础上,指出旧式分工造成人的智力劳动与体力劳动的分离与对立,导致人的劳动能力逐渐丧失整体性,从而使人陷入片面的畸形发展。体力劳动和脑力劳动的分离,以及体力、智力的各自片面发展在一定程度上都将限制和破坏人发展的全面性。资本主义大工业发展以后,大工业生产的技术经常发生变革,因而要求工人的职能和在劳动过程中所形成的关系也经常发生变化,这与手工工场时代把成熟了的生产技术凝固下来一代代传下去的状况是完全不同的,这种大工业的本性要求用那种把不同社会职能当作互相交换的活动方式的全面发展的个人,来代替只是承担一种社会的局部职能的个人,这是现代生产的普遍规律。大工业从科学技术上为打破旧式分工的凝固化、专门化展现了可能性,也为其提供了基础,而资本主义的生产方式却使人更加片面化,这是机器大工业的生产力和资本主义生产关系矛盾的反映。因此,只有根本改变资本主义的生产关系,才能使大工业本性的客观要求得到"正常实现",才可能造就全面发展的人。

（三）教育与生产劳动相结合是造就全面发展的人的唯一方法

在资本主义制度下,劳动被异化成"仅仅维持自己生存的手段",劳动异化毁灭了自由自觉的人的本质属性和劳动者的身心发展,成为人的解放的主要障碍。实现人的全面发展,就是要达到人的智力(脑力)、体力发展的统一。马克思通过对资本主义大工业生产的具体分析,科学地解释了教育与生产劳动相结合的必要性与可能性,充分肯定了它在人的全面发展中的重要地位。马克思在《资本论》中指出,正如我们在罗伯特·欧文那里可以详细看到的那样,从工厂制度中萌发出了未来教育的幼芽,未来教育对所有已满一定年龄的儿童来说,就是生产劳动同智育和体育相结合,它不仅是提高社会生产的一种方法,而且是造就全面发展的人的唯一方法。马克思深入分析了异化劳动形成的私有制根源,提出只有以共产主义扬弃私有制、最终消除劳动异化,才能实现劳动和教育相结合,从而使多方面的技术训练和科学教育的实践基础得到保障。在未来社会,一切人都要劳动,劳动为人创造全面发展和自我实现的机会,劳动已经不仅是谋生的手段,而且成了生活的第一需要,生产劳动不再是奴役人的手段,而成了解放人的手段,生产劳动就从一种负担变成一种快乐。这正如列宁所言,没有年轻一代的教育和生产劳动的结合,未来社会的理想是不能想象的。无论是脱离生产劳动的教育和教学,还是没有同时进行教育和教学的生产劳动,都不能达到现代技术水平和科学知识所要求的高度。

三、劳动是人类社会存在和发展的基础

劳动是人类生存和发展的第一个基本条件。人类的历史就是生产劳动发展的历史,是劳动创造的历史。

(一)劳动创造人类生存的基本条件

人们要生活,就需要吃喝穿住以及其他生活资料,因此,就需要生产来满足这些需求,即生产物质生活本身。这是人类一直以来为了维持生存而必须每日每时从事的活动。正是在为维持生存的劳动中,人创造了他自己。人类在其长期进化的过程中,为了生存而不得不逐渐学会用自己的手做出一些动作,从开始时简单的动作到越来越复杂的动作,使用自己的手作用于自然对象,由此获得生存必需品。在这个过程中,手不仅是劳动的器官,也是劳动的产物。但手并不是单独存在的,它只是具有复杂结构的机体的一部分。凡是有益于手的,也有益于手所服务的整个身体,而且这是以二重的方式发生的。手的发展,随着劳动而开始的人对自然的支配,逐渐扩大了人的眼界。"劳动的发展必然促使社会成员更紧密地互相结合起来,因为劳动的发展使互相支持和共同协作的场合增多了,并且使每个人都清楚地意识到这种共同协作的好处。"[①] 在共同协作的劳动中,交流沟通的需要促成了语言的产生,进而促成了脑的发展。

(二)劳动创造了人类历史

随着劳动的发展,出现了农业和畜牧业的分工、手工业和农业的分工、脑力劳动和体力劳动的分工,最后乡村和城市分离。人类的每一次劳动分工,都促进了社会发展。人在劳动中结成的人与人、人与生产资料的关系,成为人最基本的社会关系,进而形成不同的社会制度。总而言之,劳动不仅使人成为人,推动了人类社会发展,也创造了人类社会的历史。马克思在《1844年经济学哲学手稿》中指出,"整个所谓世界历史不外是人通过人的劳动而诞生的过程"[②],物质生产是"一切历史的基本条件"[③]。恩格斯在《路德维希·费尔巴哈和德国古典哲学的终结》中指出,马克思主义"在劳动发展史中找到了理解全部社会史的锁钥"[④]。在劳动过程中,人形成和发展劳动机能,具有劳动能力;在劳动过程中,人类在创造物质财富和精神财富的同时也

---

① 马克思,恩格斯.马克思恩格斯选集:第三卷[M].中共中央马克思恩格斯列宁斯大林著作编译局,编译.北京:人民出版社,2012:991.

② 马克思.1844年经济学哲学手稿[M].中共中央马克思恩格斯列宁斯大林著作编译局,译.北京:人民出版社,2000:92.

③ 马克思,恩格斯.马克思恩格斯选集:第一卷[M].中共中央马克思恩格斯列宁斯大林著作编译局,编译.北京:人民出版社,2012:158.

④ 马克思,恩格斯.马克思恩格斯选集:第四卷[M].中共中央马克思恩格斯列宁斯大林著作编译局,编译.北京:人民出版社,2012:265.

在书写和创造着人类的历史。人类的历史首先是生产发展的历史,劳动是揭开人类历史之谜的钥匙。人类的历史就是人类通过自身的劳动而诞生和不断自我完善的历史。

(三)劳动是价值和财富产生的源泉

自然界为人类的生存提供了物质基础,但人类对自然界的依存并不是直接的,而是以劳动作为中介的。直接作为人类生存和发展的客观物质条件的是社会物质财富,而社会物质财富则是人类劳动的产物。社会物质财富虽然最初都是自然物,但经过人的劳动加工或改造之后已经改变了存在的形态,成了社会的产物,不再单纯是自然的产物。劳动是价值创造的源泉。劳动者、劳动对象、劳动资料是劳动过程的三要素,任何有价值的劳动都离不开这三要素。不存在无劳动者的劳动,也不存在无劳动对象和劳动资料的劳动。马克思指出,"一切劳动,一方面是人类劳动力在生理学意义上的耗费;就相同的或抽象的人类劳动这个属性来说,它形成商品价值。一切劳动,另一方面是人类劳动力在特殊的有一定目的的形式上的耗费;就具体的有用的劳动这个属性来说,它生产使用价值"[①]。社会物质财富的创造必须具备自然物和人类劳动两个条件,人类劳动首要的职能就是运用生产工具对作为劳动对象的自然物进行加工或改造,使其成为社会物质财富,并以生活资料的形式来满足人类自身生存和发展的需要。除了物质财富以外,社会财富的另一种形式是精神财富。社会精神财富也是在物质性生产劳动的基础上,通过精神性生产劳动创造出来的。

(四)劳动是推动社会发展进步的根本动力

社会文明的基础是物质生产的发展水平,归根到底取决于人们的劳动方式,即战胜自然、获取生活资料的方式。人类学家摩尔根在《古代社会》一书中,根据人们战胜自然、获取生活资料方式的不同,将人类社会由低级到高级、由不完善到比较完善的发展过程划分为三个时代:蒙昧时代、野蛮时代、文明时代。恩格斯肯定了这种划分方法,并做了进一步阐发:"蒙昧时代是以获取现成的天然产物为主的时期;……野蛮时代是学会畜牧和农耕的时期,……文明时代是学会对天然产物进一步加工的时期,是真正的工业和艺术的时期。"[②]进入文明时代以后,社会的发展进步归根到底取决于人们战胜自然、获取生活资料的劳动方式的发展进步。正如马克思所说:"手推磨产生的是封建主的社会,蒸汽磨产生的是工业资本家的社会。"[③]可见,正是人类的劳动在不断地改造和完善社会,推动着社会发展。

---

① 马克思,恩格斯. 马克思恩格斯选集:第二卷[M]. 中共中央马克思恩格斯列宁斯大林著作编译局,编译. 北京:人民出版社,2012:106.

② 马克思,恩格斯. 马克思恩格斯选集:第四卷[M]. 中共中央马克思恩格斯列宁斯大林著作编译局,编译. 北京:人民出版社,2012:35.

③ 马克思,恩格斯. 马克思恩格斯选集:第一卷[M]. 中共中央马克思恩格斯列宁斯大林著作编译局,编译. 北京:人民出版社,2012:222.

第三节 劳动的形态

劳动在人类社会不同的历史发展阶段、不同发展条件下会呈现出不同的表现形式,即劳动形态。劳动形态可以看作劳动本质的外在显现,是个体运用智力和体力、使用劳动工具和改造劳动对象的表现形式。从不同视角考察劳动的表现形式,人类劳动可划分不同的形态。

一、劳动形态及其划分依据

(一)依据劳动工具的发展阶段划分劳动形态

依据人类劳动历史上各阶段主要使用的劳动工具,人类劳动形态可划分为手工劳动、机器劳动、智能劳动三种。随着劳动工具的变化,劳动形态不断迭代、演进,劳动经历了从手工劳动到机器劳动再到智能劳动的变化。

1. 手工劳动

手工劳动是人运用臂和腿、头和手等产生的自然力或者直接取用自然物、简单改造自然物等方式,有意识地利用自然物来制造工具而开展的劳动。作为人类劳动的初始形态,手工劳动的主要控制力量是人。为了生存,人类必须生产自己的生活资料,起初是付出自身的体力,后来开始使用自然工具、手工工具,借助畜力、风力和水力等开展劳动。手工劳动从一开始的简单手工劳动逐渐发展到复杂、精细且带有一定创造性的手工劳动,最后再发展为半机械的简单手工劳动。人类手工劳动的发展经历了两个阶段:第一阶段完全依赖自身身体的自然力或简单利用自然界天然形成的工具进行劳动;第二阶段利用其他动物不可能创造的各种工具进行劳动。马克思依据制造工具的材料,把史前的时代划分为石器时代、青铜器时代和铁器时代。[①] 手工劳动发展的第二阶段又可以分为石器劳动时代、金属工具劳动时代、简单机械劳动时代。

2. 机器劳动

18 世纪 60 年代、19 世纪 60 年代,人类先后发起了两次工业革命,这使人类社会先后进入蒸汽时代和电气时代。在这两次工业革命中,农耕文明向工业文明过渡,产业结构由以农业为主体转变为以工业为主体,机器得到广泛运用,人类生产力由手工生产力发展为机器生产力。在这一阶段,机器劳动逐步取代手工劳动,成为主要的劳动形态。马克思给机器劳动下了一个定义:"所谓简单的机器劳动,我们指

[①] 马克思,恩格斯.马克思恩格斯全集:第三十八卷[M].中共中央马克思恩格斯列宁斯大林著作编译局,编译.北京:人民出版社,2019:335.

的是应由看管工作机的人来完成的辅助作业。"[1] 这个定义内含三层意思:一是机器劳动不是指机器的劳动,而是指人的劳动,因而是活劳动;二是将活劳动在生产中的作用界定为辅助作业,并且这种辅助作业是指对直接加工劳动对象的机器的"看管";三是将此种劳动的工作性质明确为"看管工作机"。机器劳动极大地提高了人的生产力,科学技术是机器劳动提高生产率的关键。

3. 智能劳动

20 世纪四五十年代,第三次科技革命兴起,其中最具划时代意义的是电子计算机的迅速发展和广泛运用,它使全球信息和资源交流变得更加迅速,人类社会开始进入信息时代。当前,以智能化为主要特征的新一轮科技革命兴起。作为新的劳动形态,智能劳动通过人与智能机器的合作共事,扩大、延伸和部分取代了人类专家在制造过程中的脑力劳动,改变了人类生活的方方面面。所谓智能劳动,是指从劳动目标出发,由人类专家和智能机器共同组成人机一体化智能系统,通过模仿人类大脑,完成"从感觉到记忆思维的过程"与行为和语言的表达过程,实现拟人的智能化劳动,从而创造智能产品和其他产品的过程。[2] 智能劳动涉及生产劳动、生活劳动和服务性劳动的方方面面。从机器劳动到智能劳动,人类社会完成了第二次劳动形态迭代。

(二)依据社会的不同发展阶段划分劳动形态

在人类社会的不同历史发展阶段,根据生产资料所有制形式的差异、劳动者地位的不同,劳动形态可划分为以下几种。

1. 必然劳动与自由劳动

劳动内在地包含手段与目的双重属性。人首先是一种自然界的存在物,人类要维持生存就必须通过劳动来实现人和自然之间的物质交换和能量交换,否则人类社会很快就会灭亡。从这个角度来说,劳动是维持人类生存所必需的手段,这是劳动的"谋生性""功利性"。同时,人是一种对象化存在物,人只有在将主体对象化后才能在对象中直观自身。从这个意义上说,劳动本身就是人的本质需要,是人生存的目的,是人的自我实现、自我创造、自我升华。所以劳动既是人生存的手段,也是目的。劳动的双重属性的外在表现形式就是必然劳动和自由劳动的划分。必然劳动是一种谋生性质的劳动,而自由劳动则是人以自我实现为目的的劳动,是否具有外在的"谋生性""功利性"是区分必然劳动和自由劳动的标准。

2. 自主劳动与他主劳动

对生产资料的垄断是人类一切奴役和剥削压迫的根源,个人只有占有生产资料,才能自主地控制自身的劳动和生产,才能不被他人和社会奴役。所以,根据是

---

① 马克思,恩格斯.马克思恩格斯全集:第三十七卷[M].中共中央马克思恩格斯列宁斯大林著作编译局,编译.北京:人民出版社,2019:150.

② 曾天山,顾建军.劳动教育论[M].北京:教育科学出版社,2020:24-25.

否占有生产资料,人类劳动可划分为自主劳动与他主劳动。自由劳动与必然劳动是从劳动是否具有谋生性的角度来区分的,而自主劳动与他主劳动的区别则在于劳动者是否占有生产资料。他主劳动一定是必然劳动,而自主劳动却不一定是自由劳动。

(三)依据马克思主义劳动价值论划分劳动形态

· 政治经济学意义上的劳动形态,不是以行业性或专业性横向区分的劳动形态,而是指劳动力使用过程的不同阶段纵向表现出来的劳动形态。依据马克思主义劳动价值论,劳动形态可划分为潜在形态的劳动、流动形态的劳动、物化形态的劳动。

潜在形态的劳动,指未实际发挥作用的,存在于劳动者体内的劳动能力;流动形态的劳动,又叫活劳动,指劳动者使用和支出体力、智力的劳动过程;物化形态的劳动,又叫死劳动或凝固形态的劳动,指凝结在产品中的劳动。物化形态的劳动即通常说的劳动成果,在商品生产条件下,它是价值的实体。

为了阐明价值的形成过程,马克思对劳动作了动态的分析。当劳动者与生产资料相结合时,劳动就由它的潜在形态(劳动力)转化为流动形态,最后体现在商品中,转化为物化形态。处于流动形态的劳动形成价值,但它本身不是价值,只有在物化形态中才成为价值。

马克思把劳动分为活劳动和物化劳动、过去劳动和现在劳动。马克思指出:商品的价值既决定于为生产该商品所需要的对象化的(过去的)劳动量,同样也决定于为生产该商品所需要的活的(现在的)劳动量。[①]

活劳动也就是流动形态的劳动,指劳动者在物质资料生产过程中劳动力的消耗。物化劳动有两个含义:作为劳动过程的物质条件,是指生产资料中所包含的劳动,也称过去劳动或死劳动;作为劳动过程的结果,是指凝结在产品中的人类劳动,即物化形态的劳动,又称对象化劳动。劳动具有二重性,作为具体劳动,它转移和保存过去的物化劳动(生产资料)的价值,并创造出新的使用价值。作为抽象劳动,它创造出新价值。商品的价值取决于转移的生产资料的价值和新创造的价值的总和,取决于消耗了的必要的物化劳动和活劳动的多少。

(四)依据劳动构成要素、劳动关系等划分劳动形态

根据劳动构成要素、劳动关系等方面的不同表现,劳动形态还可以作以下划分。

I. 物质生产劳动与非物质生产劳动

物质生产劳动是指以自然资源为劳动对象,借助生产工具,直接从自然资源中获取所需,或对其再加工,以满足人类社会需要的劳动。非物质生产劳动是指不直接创造物质财富的一切非物质生产部门的劳动者的劳动。

---

① 马克思,恩格斯.马克思恩格斯全集:第三十四卷[M].中共中央马克思恩格斯列宁斯大林著作编译局,编译.北京:人民出版社,2008:451-452.

2. 体力劳动与脑力劳动

根据劳动主体支出的物质内容,劳动可分为体力劳动与脑力(智力)劳动。体力劳动主要指劳动过程中以人的生理学意义上的体能耗费为主的劳动。脑力(智力)劳动主要指劳动过程中以人的脑力和智力耗费为主的劳动。

3. 操作劳动与管理劳动

根据劳动主体在劳动过程中所执行功能的不同,劳动可分为操作劳动和管理劳动。操作劳动主要指劳动者在劳动过程中操纵机器的劳动或与机器相配合的劳动。管理劳动最初只是企业内部的组织协调活动和指挥监督活动,随着市场经济的发展,这种最初的协调监督活动便发展成全面的企业管理活动。

4. 创新劳动与重复劳动

根据劳动成果的唯一性或重复性,劳动可分为创新劳动与重复劳动。创新劳动是指劳动成果具有唯一性和初始性的劳动,反之则是重复劳动。创新劳动包括创造科技产品的科技劳动,具有创新性质的管理劳动以及产品创新劳动。

5. 简单劳动与复杂劳动

根据抽象劳动"质"的不同,即在同一时间内耗费的劳动量的不同,劳动可划分为简单劳动与复杂劳动。从劳动的社会分工看,简单劳动往往把主要的劳动时间用于理解、掌握复杂劳动的科学理论和设计思想上,并依据复杂劳动的设计要求,完成一定的生产活动和社会活动。复杂劳动则往往把主要的劳动时间用于对自然和社会的研究与分析上,不断地发现、设计出更能满足社会生活需要的新型物质资料,以及不断地发现、建立更加适应社会进步要求的新型社会组织形式。

二、劳动形态的新发展

(一)劳动形态发展的新特点

当今社会劳动形态呈现出持续迭代、新旧交融、多元并存的特征,特别是随着人工智能的应用,自动化、智能化、数字化生产已成为基本的劳动形态。在劳动过程中,劳动者、劳动对象和劳动资料等劳动要素出现了许多新的表现形式。

科学技术的发展、生活方式的改变以及社会生产方式的变革,使得劳动形态总处在不断地变化和发展之中。一些劳动形态消失了,新的劳动形态又产生了。历史地看,劳动形态变迁经历了从最初的劳动本位、劳动奴隶化、劳动土地化、劳动资本化回归到更高级别的劳动本位。[①]随着信息社会的到来,劳动形态发生了进一步变化,这主要表现在两个方面:一是劳动越来越需要新兴技术的支撑,科学技术日益融入劳动过程之中,使劳动越来越具有知识化和信息化的特征;二是在生活中,人们越来越依赖他人的劳动来满足某些需要,因而服务性劳动在社会中占有越来越重要的位置,服务性劳动已经成为社会普遍的劳动形态。与此同时,劳动与生活的边界变

---

① 常瑞. 辩证唯物主义视角下劳动形态变迁[J]. 经济师, 2019(10):32-34.

得模糊起来,生活劳动已经成为劳动的重要内容,劳动日益向其他领域延伸。劳动形态的变化,引发了许多新的社会问题,人们开始意识到劳动新形态可能给劳动教育实施带来的影响。毫无疑问,自动化生产这一新的劳动形态,必将影响学校教育的变革与发展。

劳动形态的变化在不同程度上影响着个体的择业和人生。首先,劳动本身、劳动对象和劳动资料是劳动过程的简单构成要素,这意味着劳动对象、劳动资料是劳动展开的基本条件,而不同的劳动对象、劳动资料,将形成不同的劳动形态。劳动过程的简单要素,共同决定了劳动的具体形式,并影响着个体的体力和智力的运用,从而向个体提出相应的要求。劳动本质赋予劳动的可能的教育意义,恰恰建立在劳动形态与劳动教育体系的相互适应上。其次,劳动形态的变化,带来了劳动本身的时空改变,从而对劳动教育的组织与实施提出了诸多新的要求。在传统的劳动形态中,例如,在生产劳动中,劳动对象和劳动资料的固定化特征,使劳动本身受到较大的时空和物质条件限制。无论是农业劳动还是工业劳动,都以特定的农场或工厂为劳动场所。即便是一些服务性的非生产劳动,也会受到时空和物质条件的限制,从而对劳动教育的场地、场所提出较为严格的要求。再次,信息社会中的劳动新形态,特别是劳动的自由性、劳动与生活边界的模糊、劳动的知识化和信息化的特征,都使劳动呈现出较大的时空性弱化的特征。[①] 最后,信息社会中劳动所呈现出来的较为明显的弥漫性特征,使劳动本身越来越具有更广泛的包容性和开放性。信息社会中的劳动既有传统的生产劳动形态,也有诸如科技劳动、信息劳动、生活劳动等新的形态,它们或者对物质条件提出较高的要求,或者相反,没有较严格的约束条件。

(二)劳动形态新的表现形式

当今社会,在劳动过程中,劳动者、劳动对象和劳动资料等劳动要素出现了许多新的表现形式。下面以数字劳动、远程劳动和人机协同劳动予以说明。

I. 数字劳动

在经济全球化和大数据兴起的时代背景下,数字化已经成为不可逆转的趋势。数字劳动是伴随数字经济产生的一种新型劳动形态。数字劳动代表了数字化时代的一种崭新的劳动方式,它是指数字劳动者在雇佣或者非雇佣的关系中,通过数字平台所进行的各种有酬或者无酬的"生产性"劳动。数字劳动与传统劳动一样具备劳动的基本构成要素。但与传统劳动要素相比,数字劳动要素具有一些新特征:从劳动者角度而言,传统的劳动者主要是指雇佣劳动者,但在数字劳动过程中,处于雇佣关系之外的普通互联网用户也成为劳动者;从劳动资料的角度来看,数字劳动的劳动资料具有典型的非物质性;从劳动对象的角度来看,数字劳动的劳动对象是数据,数据不仅具有非物质性的特点,而且具有非消耗性的特点。

---

① 班建武. 信息社会劳动形态的变迁与劳动教育的新课题[J]. 中国德育, 2019(2):36—39.

2. 远程劳动

远程劳动是指从业者在传统职业场所之外,通过电信技术和设备从事弹性工作的形式。远程劳动始于全职劳动者的灵活办公需求,随着互联网技术的不断发展,兼职类型的远程劳动形态得以迅速发展。对于全职的远程劳动而言,它往往依附标准劳动关系,但不再拘泥于指挥监督的细节,而是更加关注远程劳动的成果。此时,劳动者对雇主的从属性有所减弱,但从属性的本质特征并未改变,它是标准劳动关系的一种弹性延伸和拓展。

同时,远程劳动并不局限于标准劳动关系,对于非典型劳动关系来说,为了促进灵活用工和提高劳动效率,同样可能采取远程劳动的方式来完成工作任务。在远程劳动中,一般由劳动者自己提供劳动工具,工作场所和工作时间都很自由,但强调完成工作的时间节点。雇主对选用哪一个远程劳动者从事哪一项工作任务具有决定权,远程劳动者一般不具有专属性。随着科技与劳动的紧密结合,远程劳动将会得到更广泛的应用。

3. 人机协同劳动

人机协同劳动是人工智能时代的一种基本的劳动形态,指通过人机交互实现人类劳动与人工智能的结合。人机协同意味着人类智能与机器融为一体,使人脑和机器成为一个完整的系统,实现劳动者与类人机器人协同工作。现阶段人机协同劳动是机器人参与到组织化生产中,人类作为主导,对机器人进行指挥和管控,而机器人协助人类来提高劳动生产率。随着人工智能的发展,劳动工具趋向"类人化"。人工智能与人的智能的相似度越来越高,智能劳动工具进入模拟人的智能的阶段,对劳动者的替代程度可能会逐渐提高。然而,开发人工智能的目的并不是希望由机器人来完全取代人类,而是希望借助人工智能的力量提高劳动生产率,完成更具创造性的工作,实现人与机器的理性协同;通过人机协同劳动促进人们生活品质的提升,达到自我实现和心灵满足,从而更加确证自我存在的价值。

思 考 探 究

1. 如何认识和理解劳动?
2. 人类劳动的形态是如何演变的?
3. 结合当前学校劳动教育的现状,谈谈应该如何理解和把握劳动的意义。
4. 结合新时代学校劳动教育实践,谈谈对马克思主义劳动观的认识。
5. 人工智能时代劳动的价值应该如何彰显?

第二章
劳动教育本质

学习目标

❶ 明确劳动教育的内涵，以及新时代劳动教育内涵的拓展与外延。

❷ 理解我国劳动教育的目标。

❸ 了解新时代开展劳动教育应当遵循的五项基本原则。

　　劳动教育作为新时代教育理论中的一个重要命题,在综合协同育人中发挥着重要作用。在进行劳动教育的理论研究与实践之前,首先要知道劳动教育的定义是什么,了解劳动教育概念的发展脉络,以及新时代赋予劳动教育的新内涵。其次能够理解我国劳动教育的目标。最后,了解劳动教育的价值引领、时代性、专业化、创新性、多元协同五大原则,从而准确把握劳动教育的本质。

第一节　劳动教育的定义

　　有关劳动教育的研究已有很长的历史,古今中外很多思想家、教育家及研究者都对劳动教育的内涵进行过探究。有人从劳动的形态进行总结,进而探讨劳动教育的本质;有人从劳动的价值入手对劳动教育的内容进行划分;还有人从劳动教育与其他教育的关系入手进行探究。本节将对历史上出现过的有价值的劳动教育定义进行讨论。

一、劳动教育的内涵辨析

　　学界对“劳动教育”内涵的研究已久,经过多年的发展,国内外专家从不同角度对劳动教育进行了定义。英国人文主义学者托马斯·莫尔最早开始研究劳动教育,在 1516 年出版的《乌托邦》一书中,莫尔认为劳动是生活的必需品,并且有专门对学生进行劳动教育方面的描述,即学生不仅需要在学校学习专业的农业相关知识,还应该去农田中进行实践劳动。苏霍姆林斯基认为,劳动教育是对年轻一代参加社会生产的实际训练,同时也是德育、智育和美育的重要因素,能培养人的道德品格和智力品格。小西重直认为,精神劳动与筋肉劳动,在教育上是不可分的;视作内面修炼之精神的劳动,若不健全,那么,筋肉的劳动不能发挥其价值,而精神的劳动要具体的活动的进展,又非有赖于筋肉的劳动不可。布朗斯奎认为,“劳动是人与自然之间所生之过程,是人依借其意志征服自然而与人的要求以满足之过程。劳动教育乃是在制作具有使用价值的物件上,而使儿童的活动力具体组织的、从事活动的教育”①。苏霍姆林斯基在《帕夫雷什中学》一书中指出:“一个人的和谐全面发展、富有教养、精神丰富、道德纯洁——所有这一切,只有当他不仅在智育、德育、美育和体育素养上,而且在劳动素养、劳动创造素养上达到较高阶段时,才能做到。”② 他认为,劳动教育是人的个性全面和谐发展的有机组成部分,对青少年进行劳动教育是学校最重要的任务之一。他将劳动教育提升到人的全面发展

　　① 张安国.劳动生产教育思潮及实施法［M］.上海:新中国书局,1933:51.
　　② 苏霍姆林斯基.帕夫雷什中学［M］.赵玮,王义高,蔡兴文,等译.北京:教育科学出版社,1983:361-362.

高度。

国内研究者对劳动教育的定义可以分为以下三类：

第一类是将劳动教育归入德育。《中国大百科全书·教育》将劳动教育定义为："使学生树立正确的劳动观点和劳动态度，热爱劳动和劳动人民，养成劳动习惯的教育，是德育的内容之一。"[1]《辞海》将"劳动教育"定义为："旨在使学生认识劳动在改造自然、变革社会中的伟大意义，树立正确的劳动观点和劳动态度，热爱劳动和劳动人民，积极参加公益劳动和义务劳动，养成热爱劳动的习惯。"[2] 晁乐红认为，劳动教育是大学生提升道德素养的基石。学生只有先从事劳动和热爱劳动，才会产生出一颗热爱人民、热爱国家和热爱社会的心，也才能拥有良好的道德素养。[3]

第二类是将劳动教育归入智育。《教师百科辞典》规定："劳动教育就是向受教育者传播现代生产的基本知识和技能，培养他们具有正确的劳动观点、劳动习惯和热爱劳动人民、劳动成果的感情。劳动教育十分重视劳动过程中的智力因素，把平凡的劳动同创造性劳动结合起来，把简单的劳动与富有知识的劳动结合起来。劳动教育包括生产劳动、社会公益劳动和自我服务劳动等多方面的教育活动。"[4] 成有信在《教育学原理》一书中将劳动教育定义为："培养学生具有现代工农业生产的基本知识和基本技能的教育。"[5] 在他看来，劳动教育的目的在于培养学生的劳动知识和劳动技能，进而提高整个社会的生产力。

第三类是将劳动教育归为德育与智育的综合体。《中国百科大辞典》对劳动教育的定义为："劳动教育是以劳动实践为主，结合进行思想教育。技术教育是使学生掌握一定的生产知识及技术和劳动技能。其实施有利于培养学生的劳动观点、劳动技能和劳动习惯，为普通教育和职业教育打下基础。"[6] 徐长发认为，劳动教育是使青少年学生获得正确的劳动观念、劳动习惯、劳动情感、劳动精神，了解和懂得生产技术知识，掌握生活和劳动技能，在劳动创造中追求幸福感的育人活动。它包括劳动思想观念的教育、劳动技术知识和劳动技能的教育。[7] 黄济从劳动在人的形成和发展中的作用谈起，对劳动教育的意义、任务、内容和实施作了比较全面的论述，指出学校的劳动教育与其他教育有着极为密切的联系，如劳动技术教育与智育，劳动思想教育与德育，劳动健康教育与体育，劳动创造教育与美育都有着密切的

① 中国大百科全书总编委会.中国大百科全书·教育[M].北京:中国大百科全书出版社,2009:425.

② 夏征农.辞海[M].上海:辞书出版社,1999:383-384.

③ 晁乐红.劳动教育在当代高校德育中的重要地位[J].黑龙江高教研究,2003(3):149-151.

④ 教师百科辞典编委会.教师百科辞典[M].北京:社会科学文献出版社,1987:317.

⑤ 成有信.教育学原理[M].郑州:河南教育出版社,1993:390.

⑥ 中国百科大辞典编委会.中国百科大辞典[M].北京:华夏出版社,1990:460-461.

⑦ 徐长发,张滢.为什么劳动教育是人生第一教育[J].中国民族教育,2020(6):30-36.

联系。①

通过对已有研究的梳理发现,中外研究者对"劳动教育"的说法各有不同,但内涵是趋于一致的,即劳动教育的意义在于学生通过积极参加劳动实践活动,从中学习基本常识,获得劳动能力,并最终养成热爱劳动的良好习惯。

二、新时代劳动教育内涵的拓展与外延

人类劳动的形态在不断变化,进入新时代,劳动教育的内涵必然得到进一步深化。以全国教育大会精神为根本遵循,中共中央、国务院印发了《关于全面加强新时代大中小学劳动教育的意见》(以下简称《意见》),教育部印发了《大中小学劳动教育指导纲要(试行)》(以下简称《纲要》),对大中小学劳动教育的总体目标提出了更加清晰和具体的要求。习近平总书记也多次提出"培养德智体美劳全面发展的社会主义建设者和接班人",将劳动教育置于社会主义现代化战略发展的重要位置。通过对当前政策的分析以及对已有文献的梳理,我们可以将新时代劳动教育的内涵与外延概括为以下几个部分。

(一)新时代劳动教育的本质在于培养劳动价值观

马克思、恩格斯认为,劳动教育的本质在于强调劳动创造世界、劳动创造历史和劳动创造人本身,强调劳动形成人的本质,劳动是实现人的全面发展的重要途径。教育与生产劳动相结合是社会主义教育的根本原则。进入新时代,我国对劳动教育的本质又有了更深层次的理解。《意见》指出,"实施劳动教育重点是在系统的文化知识学习之外,有目的、有计划地组织学生参加日常生活劳动、生产劳动和服务性劳动,让学生动手实践、出力流汗,接受锻炼、磨炼意志,培养学生正确劳动价值观和良好劳动品质"。《纲要》也对劳动教育的内涵和外延作了界定,明确指出劳动教育包括日常生活劳动教育、生产劳动教育和服务性劳动教育,劳动教育通过发挥劳动的育人功能,培养学生的劳动观念,提升学生学习与实践的积极性和创造性。可见,新时代劳动教育本质的论述不仅是对马克思主义劳动价值观、劳动教育观的继承和发展,更是基于当前国情,对劳动价值观作出的新论断,具有十分重要的现实意义。

(二)新时代劳动教育拥有新的形态

在人类社会大发展的背景下,劳动形态也不断发生着变化,其构成更加复杂多元。在早期社会,人类的劳动以体力劳动为主,脑力劳动还没有作为一种独立形式出现。近代以来,在工业革命的冲击之下,随着社会分工方式的不断细化,许多工作不仅需要体力劳动,对脑力劳动也提出了一定的要求。进入 21 世纪,随着无人化生产方式的迅速发展,人类劳动本身发生了根本性转变,直接劳动逐渐被间接劳动取代,体力劳动逐渐被脑力劳动取代,重复性劳动逐渐被创造性劳动取代,人类劳动走

---

① 黄济.关于劳动教育的认识和建议[J].江苏教育学院学报(社会科学版),2004(5):17-22.

向一个崭新的历史阶段。[①]当前劳动教育形态的变化,体现了体力劳动与脑力劳动的辩证统一。新时代劳动教育开展的重点必然是蕴含丰富教育意义的体力劳动教育,并在这一过程中实现与脑力劳动教育的融合。

(三)劳动教育的实施必须贯穿教育各领域

《意见》指出,劳动教育需"贯通大中小学各学段,贯穿家庭、学校、社会各方面"。新时代劳动教育的对象不再局限于青少年,而应当包括各阶段接受教育的学生,劳动教育对象的范围扩大,使学生通过劳动教育提高自身的劳动素养与劳动技能,是当前社会发展形势和我国国情所提出的必然要求。劳动教育的实施需要贯穿基础教育、职业教育、高等教育各领域。因此各阶段的劳动教育设计都应该遵循一体化原则,相互衔接、相互补充、相互深化,同时又彰显不同阶段的特色。

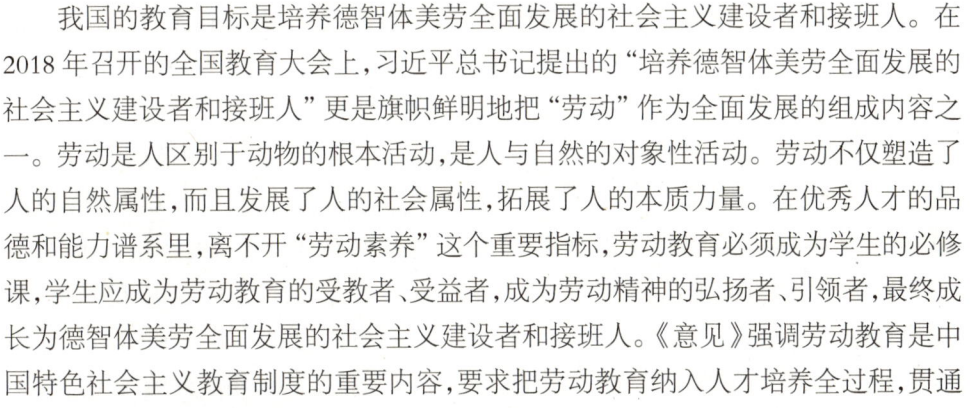

第二节 劳动教育的目标

我国的教育目标是培养德智体美劳全面发展的社会主义建设者和接班人。在2018 年召开的全国教育大会上,习近平总书记提出的"培养德智体美劳全面发展的社会主义建设者和接班人"更是旗帜鲜明地把"劳动"作为全面发展的组成内容之一。劳动是人区别于动物的根本活动,是人与自然的对象性活动。劳动不仅塑造了人的自然属性,而且发展了人的社会属性,拓展了人的本质力量。在优秀人才的品德和能力谱系里,离不开"劳动素养"这个重要指标,劳动教育必须成为学生的必修课,学生应成为劳动教育的受教者、受益者,成为劳动精神的弘扬者、引领者,最终成长为德智体美劳全面发展的社会主义建设者和接班人。《意见》强调劳动教育是中国特色社会主义教育制度的重要内容,要求把劳动教育纳入人才培养全过程,贯通大中小学各学段,贯穿家庭、学校、社会各方面,对加强新时代劳动教育进行了整体设计,明确了总体目标,面向全体学生,从思想认识、情感态度、能力习惯三个方面提出要求,强调要体认劳动不分贵贱,培养勤俭、奋斗、创新、奉献的劳动精神。新时代劳动教育的目标是准确把握社会主义建设者和接班人的劳动精神面貌、劳动价值取向和劳动技能水平的培养要求,全面提高学生的劳动素养,使学生树立正确的劳动观念、具有必备的劳动能力、培育积极的劳动精神、养成良好的劳动习惯和品质。

一、树立正确的劳动观念

价值观是指个体对客观外界事物及个体行为所产生结果的总体评价,是促使

---

① 赵吉伟.揭开 21 世纪人类劳动的神秘面纱[J].经济研究导刊,2013(20):13–14.

人们采取行动的原则和标准。劳动价值观作为价值观不可或缺的部分,是人们关于劳动、劳动者、劳动成果等的主观认识和价值倾向性观点,具体而言包括人们在劳动过程中表现出来的情感态度和价值取向,人们对劳动与自身关系的认识、如何看待个人劳动与社会劳动之间的关系等与劳动有关的认识问题,对人们的劳动选择和劳动行为起着引导和支配作用。劳动价值观与世界观和人生观有着密不可分的联系。劳动活动是人类从自然界中分离出来的标志,劳动创造财富、劳动创造幸福,这些是世界观的内容,也是人们对劳动价值的看法。每个人的学习和生活都不能独自完成,需要他人和团队的协作。在这些过程中会产生或者总结出一些观点,如:每个人都不能只注重个人利益,还应考虑集体利益和他人利益;尊重他人的劳动和付出也是尊重自己;在为他人奉献中获得人生价值才更有意义;成功需要踏实肯干的精神。这些是对人生意义和人生目的的理解,也是正确的劳动价值观。世界观、人生观、价值观的形成离不开劳动实践,同时也只有在劳动实践中才能对世界观、人生观、价值观的正确与否进行检验。

马克思主义劳动观是界定和认识劳动教育的基石,劳动价值观是马克思主义的基本观点。马克思认为,劳动不仅是谋生的手段,也是通向客观世界与主观世界的媒介,更是实现人性至美至善、彻底自由的必由之路。恩格斯明确提出并全面论证了劳动创造人的原理,他在《劳动在从猿到人的转变中的作用》中指出:"政治经济学家说:劳动是一切财富的源泉。其实,劳动和自然界一起才是一切财富的源泉,自然界为劳动提供材料,劳动把材料转变为财富。但是,劳动的作用还远不止于此。劳动是整个人类生活的第一个基本条件,而且达到这样的程度,以致我们在某种意义上不得不说:劳动创造了人本身。"[①]新时代中国特色社会主义劳动价值观,是对马克思主义劳动价值观及其中国化的继承和发展,它根植于马克思主义劳动价值观,立足中国国情和发展实际,其核心内容和特点可概括为以下几个方面。

(1)尊重劳动和崇尚劳动。中华民族自古以来就是一个用辛勤劳动创造文明财富的民族,在世界上以吃苦耐劳闻名,正是一代又一代勤劳勇敢、自强不息的伟大劳动者不断拼搏,推动着中华文明生生不息地向前发展。不论是物质财富还是精神财富,都是人们通过劳动创造的。人们只有通过不断的诚实劳动才能解决发展中存在的难题,只有通过劳动才能铸造生命里的辉煌。实现中华民族伟大复兴的中国梦,开创美好的未来,需要全体人民群众辛勤劳动、诚实劳动、创造性劳动。"两个一百年"奋斗目标的实现,需要广大人民群众用劳动去创造和开拓,需要中华儿女脚踏实地地努力拼搏。正如习近平总书记所讲的:"劳动是人类的本质活动,劳动光荣、创造伟大是对人类文明进步规律的重要诠释。'民生在勤,勤则不匮。'中华民族是勤于劳动、善于创造的民族。正是因为劳动创造,我们拥有了历史的辉煌;也正是

---

①　马克思,恩格斯.马克思恩格斯选集:第三卷[M].中共中央马克思恩格斯列宁斯大林著作编译局,编译.北京:人民出版社,2012:988.

因为劳动创造,我们拥有了今天的成就。"[①]

（2）强调劳动者的主体地位。中国梦的实现离不开广大劳动者的辛勤劳动、诚实劳动、创造性劳动。中国梦的实现必须重视工人阶级和广大人民群众的利益和力量,要发挥工人阶级和广大人民群众的主力军作用,让工人阶级和广大人民群众始终保持主人翁的姿态,增强使命感和责任感,在做好本职工作的同时,树立远大的理想,自觉投身到中国特色社会主义建设事业中,把个人的梦想与中国梦联系在一起,坚信唯有国家富强、祖国昌盛,家庭才能幸福,把党的目标实现同个人联系起来,最终在劳动中实现个人价值,作出社会贡献。

（3）重视创造性劳动。创新是民族进步的灵魂,是引领国家兴旺的动力源。从我国的发展理念"创新、协调、绿色、开放、共享"中就可以看出创新在国家和社会发展中的重要战略地位。创新发展理念内涵丰富,涉及多个方面,内在地包含着创新劳动。创新劳动不同于传统的劳动方式,是一种适应知识经济发展的创造性劳动,这种劳动的前提就是要打破传统劳动思想的束缚。以劳动为依托的民族复兴的伟大梦想的实现需要全面发展的人才,尤其需要创新性人才在生产生活中所进行的一系列创造性劳动。党的十八届五中全会提出,必须把创新摆在国家发展全局的核心位置,不断推进理论创新、制度创新、科技创新、文化创新等各方面创新,让创新贯穿党和国家的一切工作,让创新在全社会蔚然成风。这就要求劳动者要认识到创造性劳动的重要性,这是个体实现创造性劳动的基点,劳动者要在认知上自觉明晰创造性劳动在促进社会进步、国家发展、个体完善层面的作用与意义,内在主动地进行这种新型劳动。

二、具有必备的劳动能力

中小学是劳动教育的主阵地,中小学生可塑性强,学校要确立适宜和互相衔接的劳动教育目标。中小学劳动教育的基本任务是在教育过程中培养学生热爱劳动和热爱劳动人民的良好思想品德,帮助学生掌握基本的劳动知识和技能,提高学生的劳动素养,使学生既能动脑,又能动手,手脑并用,全面发展,达到以劳树德、以劳增智、以劳强体、以劳益美、以劳育美的目的。学校要通过劳动教育,增进学生对自然的了解与认识,使学生逐步形成关爱自然、保护环境的思想意识和能力;引导学生积极主动地服务社会,增进对社会的了解与认识,增强社会实践能力,并形成社会责任感和义务感;帮助学生逐步掌握基本的生活技能和劳动技术,使其具有自我认识能力,形成负责任的生活态度;促进学生主动获得知识和信息能力的发展,养成主动探究的态度。

高等学校学生应掌握创造性劳动能力,提升社会综合实践能力。高等学校要因

---

① 习近平.在庆祝"五一"国际劳动节暨表彰全国劳动模范和先进工作者大会上的讲话[N].人民日报,2015-04-29(2).

地制宜,根据不同专业、不同年级设置不同课程,从低年级到高年级,劳动教育理论不断深化,社会实践次数逐步增多、形式日益多样化。高等学校学生在具体劳动的锻炼中,要注重借助现代化技术手段,与所学专业知识相结合,改进工作方式,进行更多的创造性劳动。

三、培育积极的劳动精神

新时代劳动教育要求学生深刻领会"幸福是奋斗出来的"的内涵与意义,继承中华民族勤俭节约、敬业奉献的优良传统,弘扬开拓创新、砥砺奋进的时代精神。2020 年,习近平总书记在全国劳动模范和先进工作者表彰大会上的讲话中指出:"劳模精神、劳动精神、工匠精神是以爱国主义为核心的民族精神和以改革创新为核心的时代精神的生动体现,是鼓舞全党全国各族人民风雨无阻、勇敢前进的强大精神动力。"①

(1)弘扬劳动精神。"劳动精神"的提出,是新时期党中央对我国广大劳动者的伟大实践所作出的高度凝练和本质概括,是对马克思主义劳动观的再丰富、再创新、再发展,具有鲜明的中国特色,是全体劳动者实现中国梦的一笔巨大的精神财富。劳动精神的深刻内涵可以从两个方面来把握,一是劳动者伟大的精神,二是劳动伟大的精神,二者相辅相成,共同构成劳动精神的"大厦"。弘扬劳动精神,就是要引导学生树立辛勤劳动、诚信劳动、创造性劳动的理念。大中小学在开展劳动教育的过程中,必须强调劳动是一切财富、价值的源泉,劳动者是国家的主人,一切劳动和劳动者都应该得到鼓励和尊重;倡导通过诚实劳动创造美好生活、实现人生梦想,反对一切不劳而获、崇尚暴富、贪图享乐的错误思想。

(2)弘扬劳模精神和工匠精神。劳模精神、劳动精神、工匠精神彰显了社会主义核心价值观的深刻内涵,体现了以爱国主义为核心的民族精神和以改革创新为核心的时代精神。如何将传统优秀的劳动精神与社会主义现代化建设相结合,从而更好地适应和服务中国梦的实现是我们面临的一项重要课题。在此基础上,党和国家总结时代发展的特点,提炼出了内涵丰富的劳模精神和工匠精神。对于劳模精神,习近平总书记指出,劳模精神"丰富了民族精神和时代精神的内涵,是我们极为宝贵的精神财富"②,这既强调了劳模精神作为精神财富的重要意义,更凸显了劳模精神的时代价值。榜样蕴藏无穷力量,精神激发奋斗意志。教师在引导学生树立积极劳动精神的过程中应利用好"劳动模范"和"大国工匠"优秀事例,激发学生崇尚劳模、学习劳模的积极性,让精神力量引领学生全面发展。

四、养成良好的劳动习惯与品质

劳动习惯是指一个人长期劳动形成的一种身体的本能。劳动习惯具有相对的

---

① 习近平.在全国劳动模范和先进工作者表彰大会上的讲话[M].北京:人民出版社,2020:4.

② 习近平.在同全国劳动模范代表座谈时的讲话[N].人民日报,2013-04-29(2).

稳定性。良好的劳动习惯能够使人在日常的生活中将劳动看作一种自然的行为,而不是被动发生的行为。有研究表明:从小热爱劳动的人,成年后的生活比不爱劳动的人更充实、完美,事业也更容易成功。劳动对儿童的身心发展、良好性格形成意义重大。良好的劳动习惯不仅是一个好公民必须具备的,也是成为一个幸福劳动者所需要的。儿童的可塑性很强,周围环境对儿童劳动习惯的养成影响很大,要持之以恒地抓劳动习惯养成教育。父母是孩子最好的老师,要为孩子树立热爱劳动的良好榜样,通过自己的一言一行为孩子做出良好的示范。父母要让孩子参与家务劳动,强化孩子的责任感,丰富其生活知识,磨炼其意志。学校是儿童生活和学习的重要场所,要把劳动作为培养儿童成才的重要内容,促进儿童全面发展。人的成长离不开社会,社区要经常开展一些面向儿童的公益活动,让儿童在活动中感受劳动的乐趣。学校和教师要为儿童创造一个热爱劳动的氛围,要抓早抓小,形成大中小幼相互衔接的劳动教育体系。在劳动教育过程中首先要从儿童感兴趣的劳动开始,让儿童感受到参加劳动是生活的需要,并在劳动中获得成就感,逐渐培养爱劳动的习惯。儿童是社会的未来,是未来祖国建设的主力军,注重他们劳动习惯的养成,就是为祖国建设培养合格的劳动者。

劳动品质的形成离不开实践。品质的力量是无穷的,一旦形成了优良的劳动品质,学生就能产生正确的劳动行为。但品质不是一天两天就能够形成的。劳动教育具有显著的实践性,必须面向真实的生活世界和职业世界,引导学生以动手实践为主要方式,在认识世界的基础上,获得有积极意义的价值体验,实现树德、增智、强体、育美的目的。学生对劳动意识、劳动价值和劳动精神的体会最终都要落到日常劳动实践中,在反复的劳动过程中形成"爱人民,爱劳动"的优良品质。一个人的劳动品质一旦形成了,会具有稳定性,能够反映出一个人的整体道德素质,影响人的后续发展。

第三节　劳动教育的原则

劳动教育的原则是有效进行劳动教育所必须遵循的基本要求,它是合目的性与合规律性的统一。[1] 劳动教育教师在教学过程中要遵循相应的劳动教育原则。本节针对新时代劳动教育提出了以下五项基本原则。

一、价值引领原则

劳动教育具有政治属性,一定要体现社会主义教育本质,因此教师要深刻理解和把握劳动教育在新时代培养社会主义建设者和接班人中的思想和价值引领作用。

---

① 刘向兵. 新时代高校劳动教育论纲[M]. 北京:社会科学文献出版社,2019:62.

立德树人是我国教育的根本任务,劳动教育是学校落实立德树人根本任务的重要途径之一。[①] 此外,《意见》指出,要把劳动教育纳入人才培养全过程,通过劳动教育,使学生能够理解和形成马克思主义劳动观,牢固树立劳动最光荣、劳动最崇高、劳动最伟大、劳动最美丽的观念。

新时代劳动教育应使学生深刻理解与认识劳动创造人类社会,认识劳动人民是推动社会进步的根本力量。劳动教育教师应不断深挖劳动教育中所蕴含的思想教育价值,树立正确的劳动教育理念,系统、完整、正确地认识劳动的内涵与价值;要充分认识教师在劳动教育中兼具"劳动者"与"教育者"的双重角色,从内心热爱劳动、崇尚劳动;用实际行动践行劳动,坚持"主动示范"的劳动习惯,发挥自身的主导地位。[②] 教师应深入学习"实干兴邦"的劳动实践观、"民族复兴"的劳动发展观、"崇尚劳动"的劳动价值观、"热爱劳动"的劳动教育观等,在劳动中坚定理想信念、在劳动中厚植爱国情怀、在劳动中加强品德修养、在劳动中增长知识见识、在劳动中培养奋斗精神、在劳动中增强综合素质。

二、时代性原则

劳动具有一定的历史属性,教师要深刻理解和把握新时代劳动的变与不变。

(一)新时代劳动本质的不变性

劳动是生命存在的标志。劳动的本质属性,即劳动是人类存在的形式、路径与意义所在,人类因有目的的劳动成就自身,同时因为有价值的劳动改造社会、发展社会。为了生存与发展,劳动是自然的,劳动教育也就是自然的,而且应当是一种由内而外,充溢于天地间的自然自觉。[③] 马克思唯物史观强调劳动改造自然、劳动创造世界、劳动创造人类本身,离开劳动,人类就不能生存与发展。从这些本质特征可以得出,不管时代如何发展、科技如何进步,劳动始终是推动社会发展、人类进步的根本力量。即便科技飞速发展,人工智能发展如火如荼,人类也绝不能滋生贪图享乐、好逸恶劳的心理。国家的繁荣昌盛、社会的安定和谐、人民的安居乐业,离不开全体社会成员各尽其才、各施所能的辛勤劳动、诚实劳动、创造性劳动。劳动教育教师要将这些彰显劳动本质的真理性认识在新时代劳动教育中以深入浅出的方式,讲深、讲活、讲透、讲进每一位学生的心中。

(二)新时代劳动要与时代同向同行,与时代呼声同频共振

首先,教师要认识到随着时代的发展,劳动的形态也在不断发展,概念也在不断被丰富。在劳动高度机械化、智能化的将来,形似简单的劳动不是以往简单劳动的回归,而是一种更深意义上的复杂劳动。在讨论新时代劳动时,要能够全面、系统地

①   贾丽辉.新时代高校劳动教育的价值意蕴、实施原则及策略[J].现代教育管理,2021,375(6):38-43.

②   王红,向艳.新时代劳动教育教师的专业素质结构研究[J].教育发展研究,2021,41(22):62-68.

③   王连照.论劳动教育的特征与实施[J].中国教育学刊,2016,279(7):89-94.

看待劳动,认识到新时代劳动形态的丰富性,把脑力劳动与体力劳动、群体劳动和个体劳动、有偿劳动和公益劳动、简单劳动和复杂劳动、创造性劳动和重复性劳动、生产领域的劳动和非生产领域的劳动等都看成劳动,真正理解并认同"不论是体力劳动还是脑力劳动,不论是简单劳动还是复杂劳动,一切为我国社会主义现代化建设作出贡献的劳动,都是光荣的,都应该得到承认和尊重"[①] 的含义。

其次,教师要在教学过程中回归劳动教育的内在目的,即促进个体全面和谐健康地发展。劳动教育包括劳动知识和技能的获得,但更强调道德养成,借劳动教育之力改善当今社会劳动观念的缺失与道德信念的混乱状态。

最后,劳动教育教师应认识到新时代劳动教育在丰富人的关系属性方面发挥的积极作用。劳动包含复杂的关系,既有人与人之间的相互协作、合作共赢关系,也有人、机之间的和谐共生关系。而且生产劳动给每一个人提供全面发展和表现自己全部的即体力的和脑力的能力的机会,这样,生产劳动就不再是奴役人的手段,而成了解放人的手段。因此,生产劳动就从一种负担变成一种快乐。但要避免现代劳动技术的不断进步导致劳动逐渐从丰富人的关系的重要场域异化为单子式个体的生产机器的局面的发生。要充分发挥劳动教育的作用,重新建构学生与自然、社会、他人的丰富关系,使学生在劳动中享受作为可能性存在的人的美好。[②]

三、专业化原则

不少学校的劳动课程没有专任教师,由其他课程的教师兼任,缺乏对新时代劳动教育有深刻认知理解和专业素质能力强的教师。针对这一情况,《意见》明确强调:"把劳动教育纳入教师培训内容,开展全员培训,强化每位教师的劳动意识、劳动观念,提升劳动教育的自觉性。"至此,为了保障劳动教育的有效落实,急需培养一支懂得劳动教育专业知识、掌握熟练劳动技能,能够指导学生劳动实践活动的专业化师资队伍。

(一)专业化知识

专业化知识是劳动教育教师开展教育实践活动的基础。首先是本体性知识,即劳动教育教师必须掌握的学科专业知识。劳动教育作为一门新兴学科,要求劳动教育教师掌握扎实的劳动科学知识或劳动技术知识。其次,劳动教育教师需要立足教育学视角,掌握如何开展劳动教育的知识。劳动教育的知识主要包括认识教育对象、理解劳动教育活动的规律和方法。劳动教育教师不光自己要懂得劳动技能知识,更要能够结合学生的身心发展规律,深入浅出地向学生传授劳动知识、劳动技能与劳动精神。最后,针对新时代劳动教育综合性、应用性和实践性的特点,劳动教育教师还应该具备一定的通识类知识。劳动教育教师应广泛涉猎各领域、各学科知

---

① 易舒冉.弘扬劳动精神 创造美好生活[N].人民日报,2021-10-03(5).
② 班建武."新"劳动教育的内涵特征与实践路径[J].教育研究,2019,40(1):21-26.

识,丰富自身的知识储备,在不同学科的交叉中寻找劳动教育创新的突破口,在教育实践中培养学生创造性劳动的意识和能力。

(二)专业实践能力

劳动教育教师要顺利开展劳动教育活动,不仅要将劳动教育相关理论知识熟稔于心,还应该具备相应的专业实践能力。首先是发掘整合劳动资源及开发项目课程的能力。新时代劳动教育的内涵不断丰富,要求劳动教育教师不能局限于单一课程,必须跨越学科课程和知识领域之"界",具备跨学科、跨领域的资源整合能力,挖掘劳动教育相关的人力资源、物质资源、知识资源,将其有机融合。此外,项目式劳动教育课程是开展劳动教育的有效形式,劳动教育教师应具备将整合好的资源进行项目式开发的能力。这就要求劳动教育教师提高发现真实问题、研制基于学生劳动表现的评价卡、巧妙设计劳动任务清单、合理安排劳动工具等能力。其次是劳动实践技能,如熟练掌握各种软件、设备、劳动工具与材料的应用操作。同时,劳动教育教师还要具备在劳动实践中敢于突破和创新的精神,为学生做好表率,在面对劳动实践中的复杂问题时与学生一道在劳动实践中探究、在探究中创新、在创新中实现师生的共同成长。[①]

四、创新性原则

劳动教育教师要认识到新时代劳动教育中继承和创新的关系,在继承中华优秀传统文化中的劳动思想精粹的同时,也要跟随时代的步伐,体现劳动教育的创新性。首先,劳动教育教师要认识到劳动结构随时代的发展而不断变化,人们对劳动教育的理解随劳动结构的变化不断更新。《意见》明确提出,劳动教育内容主要包括日常生活劳动、生产劳动和服务性劳动。劳动教育教师要以日常生活劳动、生产劳动、服务性劳动三个方面为切入点,紧跟时代的潮流,深挖并整合出新型劳动教育内容,将当下人工智能时代所带来的新知识、新技术、新工艺、新方法,以及行业新业态、企业新形态与劳动教育内容有机融合,从教育内容层面体现新时代劳动教育"新"在哪里。

其次,劳动教育教师要认识到新时代学生的新特点对教师授课形式提出了新要求。新时代劳动教育的对象是伴随互联网长大的一代人,并且他们的物质生活水平有了很大的提升,相较于前人,他们参与传统体力劳动的机会大大减少,这也造成了他们普遍缺乏劳动意识,对劳动的认识不充分、不到位,往往出现"不珍惜劳动成果、不想劳动、不会劳动"的现象。上述特点就要求劳动教育教师在教学过程中不能仅仅依靠传统授课模式,要创新教育方式。劳动教育教师既要利用好传统教育方式向学生传递正确的劳动价值观、情感观,又要积极学习吸收国内外先进经验,灵活运用网络信息技术、人工智能技术、虚拟仿真技术等手段开拓劳动教育的新方式。一方面,劳动教育教师要将在线课程、教育云平台等引入劳动教育课堂,增强教育主客

① 刘峰. 新时代中学劳动教育的价值、原则与策略[J]. 教学与管理,2020(27):12-14.

体的互动,赋予劳动教育即时性、趣味性。另一方面,劳动教育教师要了解新一代学生的媒体接触习惯,利用新媒体在年轻人中有较高接受度、较广传播度这一优势,牢牢把握新媒体阵地,以平视的视角制作接受度高、可视性强的宣传作品,以平和的态度、平等的方式与学生积极互动。这些方式可以使劳动教育更富有影响力和吸引力,将正确的劳动观渗入学生的思想当中,让学生感受到劳动的价值。

五、多元协同原则

教师应认识到每个人的成长和进步都是家庭教育、学校教育和社会教育有机结合、共同作用的结果。因此,劳动教育不能"单打一",需要进行系统性的谋划与构建;需要"家—校—社"融合共育,形成劳动教育合力。

首先,劳动教育教师要认识到家庭对学生劳动习惯养成的基础作用。劳动教育教师应做好家校沟通工作,让学生在家庭生活中主动承担家务、参与家庭劳动,在日常家庭劳动中习得基本的劳动技能,养成自我服务劳动习惯和家务劳动习惯;帮助家长积极开展日常化的家庭劳动教育,引导学生在家庭日常生活中热爱劳动、主动劳动、积极劳动,追求健康生活情趣,培养独立生活意识,提高独立生活能力。[①]其次,劳动教育教师要用好学校这个主战场,发挥好学校对学生劳动精神培养的主导性作用,坚持教育与生产劳动相结合、理论教育与实践教育相结合,开展学校劳动教育;积极开展课堂内外、学校内外志愿服务等形式的全面覆盖的劳动教育,把社会主义核心价值观贯穿劳动教育课堂的始终,引导学生在学校教育教学实践中弘扬劳动精神,崇尚劳动、尊重劳动、尊重劳动人民。最后,劳动教育教师要利用好社会对劳动教育的重要支持作用。学校要加大组织学生参与社会实践的力度,到社区、农村等场所,在社会的大学里掌握真才实学。学生只有在真实的社会实践中进行日常生活劳动、生产劳动和服务性劳动,才会摒弃不想劳动的错误思想,才能养成劳动习惯,牢固树立和强化劳动最光荣、劳动最崇高、劳动最伟大、劳动最美丽的观念。学校通过开展多样化的社会劳动,可以让学生在社会实践中不断磨炼劳动技能,在诚实劳动中实现自我价值。

思 考 探 究

1. 劳动教育的内涵是什么?
2. 新时代劳动教育的内涵有何拓展?
3. 进行劳动教育需要遵循什么样的原则?

---

① 张亮,丁德智.新时代高校立体化劳动教育体系建设探析[J].学校党建与思想教育,2022(4):45-47.

第三章
劳动教育思想

学习目标

❶ 了解一些有代表性的劳动教育思想产生的背景和核心内容。

❷ 能够对这些劳动教育思想进行基本评述。

❸ 思考这些劳动教育思想对当代劳动教育实践的启示。

❹ 运用有关劳动教育思想指导现实中的劳动教育实践。

《意见》明确提出,劳动教育是中国特色社会主义教育制度的重要内容,要把劳动教育纳入人才培养全过程。为此,家庭、学校和社会要分别发挥在劳动教育中的"基础作用"、"主导作用"和"支持作用",实现家、校、社协同育人。《意见》同时也指出,近年来劳动教育独特的育人价值在一定程度上被淡化和弱化。为更好地理解劳动教育的育人价值,为劳动教育实践提供助益,我们有必要对一些教育家的劳动教育思想进行学习。

第一节　马克思主义的劳动教育思想

马克思与恩格斯批判地继承了空想社会主义者的劳动教育思想,并指出资本主义社会对劳动的异化及其导致人片面发展的弊端。他们从无产阶级和劳动人民的利益出发,通过对机器大生产和教育内在联系的分析,建立了教育与生产劳动相结合的思想,揭示了人的全面发展的必要性。苏联教育家克鲁普斯卡娅和苏霍姆林斯基都受到马克思主义的深远影响,他们的劳动教育思想在马克思与恩格斯的基础上有所继承和借鉴,也对劳动教育在当时的发展提出了创造性的见解。

一、马克思与恩格斯的劳动教育思想

(一)马克思与恩格斯劳动教育思想产生的背景

1. 对空想社会主义劳动教育思想的批判继承

早在文艺复兴时期,空想社会主义者就对劳动教育有所论述,代表人物有英国的托马斯·莫尔和意大利的托马斯·康帕内拉。莫尔在西方教育史上第一次论述了劳动教育问题,康帕内拉则第一次明确地提出了劳动光荣的思想。[①]早期空想社会主义劳动教育思想主要批判封建专制下不劳而获、不事生产的剥削阶级,主张人人参与劳动;重视体脑结合,希望消除体力劳动和脑力劳动的对立;注重对儿童的普及教育与劳动教育。尽管这种劳动教育思想还未经过细致加工,是一种较为简陋的思想体系,但却成为后世空想社会主义者劳动教育思想的雏形。

教育与生产劳动相结合基本成为空想社会主义者的共识。三大空想社会主义者圣西门、傅立叶、欧文都明确提出教育要与生产劳动相结合。傅立叶所指的生产劳动以手工业生产劳动为主,而欧文则期望将科学知识教育与机器生产劳动结合起来,是对之前空想社会主义者劳动教育思想的超越。欧文认为教育与生产劳动相结合不仅能够促进社会物质产品生产,还能促进人的多方面发展。

空想社会主义者的劳动教育思想对马克思主义教育思想的形成产生了重要影

---

① 朱磊.早期空想社会主义劳动教育思想及其当代价值[J].广西师范大学学报(哲学社会科学版),2016,52(2):163-167.

响。尽管他们未能阐明教育与生产劳动相结合的客观规律性,其教育思想和实践也带有空想的性质,但为马克思主义劳动教育思想的形成提供了"养料"。

2. 大工业生产和资本主义制度产生的问题与冲突

19 世纪中期,随着第一次工业革命的兴起,工厂手工业逐步取代个体手工业,人类社会步入了机器大工业生产的时代,资本开始快速增值。马克思观察到资产阶级在极短的时间内就魔法般地造就了比以往时代全部生产力的总和还要多得多的生产力。与此同时,也孕育出了以往所有时代都不曾出现的最尖锐且不可调和的矛盾冲突,即在生产力突飞猛进的同时,建立起了一个无产阶级和资产阶级相对立的社会。① 当时过于精细化的社会分工导致人的劳动能力不再完整,出现了严重的体脑分离,即体力劳动和脑力劳动的分离,两者分别片面发展会对人的主体性和创造性产生损害,使人失去全面发展的机会。

马克思的劳动教育思想正是从对资本主义社会的物质生产劳动过程的剖析出发,即马克思政治经济学的基本主张:劳动是商品价值的唯一源泉,资本的急剧增值是建立在资本家对工人阶级剩余劳动的剥削之上的。马克思在《资本论》中论述了劳动二重性理论,把劳动分为具体劳动和抽象劳动,劳动二重性统一于劳动过程中。同时,他还提出了商品二因素理论,即商品是使用价值和价值的统一体,使用价值是商品的自然属性,是价值和交换价值的承担者,其特殊性在于它是社会的使用价值并通过交换来实现。拥有不同形式的具体劳动主要决定使用价值,而凝结在商品中的一般的、无差别的抽象劳动则是形成商品价值的唯一源泉。马克思剖析出资本主义的社会本性是劳动剥削,其内在逻辑是:劳动创造价值—剩余劳动创造剩余价值—资本主义社会的资本家凭借对生产资料的所有权占有雇佣工人的剩余价值。② 劳动在资本主义生产过程中也逐渐异化,工人阶级所创造的劳动产品成为异己性的存在,而资本主义的物质生产劳动成为剥削劳动者、实现资本快速增值的方式。

3. 对现实劳动者的深切关怀

在对资本主义制度下的工业大生产的观察中,马克思、恩格斯发现本应创造人本身的劳动出于种种原因被异化。从唯物史观来看,马克思认为劳动应当是人的有意识的、自由的、自觉的生命活动。而在现实社会中,观照工厂中劳动者的生活和发展状态,会发现他们的劳动已背离了人的本质,走到"自由的自觉的"劳动应有之义的对立面,这种即劳动的异化。

通过对现实劳动者的观照,马克思发现了劳动被异化的具体表现:劳动产品与劳动者相异化,工人与自己的劳动产品形成了异己的关系;劳动本身与劳动者相异化,劳动对劳动者来说成了外在的东西;人同自己的类本质相异化,劳动者在劳动中

---

① 刘媛媛. 马克思劳动教育思想及其当代价值[D].济南:山东大学,2016.

② 胡君进,檀传宝. 马克思主义的劳动价值观与劳动教育观:经典文献的研析[J].教育研究,2018,39(5):9-15.

失去了人的类本质的属性；人同人相异化，劳动中人与人的关系也在发生异化。① 在资本主义制度下，被异化的劳动成为一种与人相对立的劳动，它折磨和摧残劳动者的精神和肉体，劳动从自由自觉的生命活动，变成单纯的换取金钱的生存手段。"劳动用机器代替了手工劳动，但是使一部分工人回到野蛮的劳动，并使另一部分工人变成机器。劳动生产了智慧，但是给工人生产了愚钝和痴呆。"② 劳动者在劳动中不能感受生而为人的主体性，只能作为机器生产的工具依附机械的逻辑，他们的能力只能根据资本的需要片面发展，他们无法获得劳动的尊严。

（二）马克思与恩格斯劳动教育思想的核心内容

1. 教育与生产劳动相结合（教劳结合）

（1）教劳结合是社会主义教育的基本原则

马克思、恩格斯将教育与生产劳动相结合视作无产阶级革命教育和社会主义教育必须遵循的基本原则，在《共产党宣言》中就提到无产阶级夺取政权后，应当"把教育同物质生产结合起来"③。这主要是出于两个方面的原因：一方面，教劳结合是现代社会发展的基本要求，在适应现代社会劳动教育形式变化的同时，使劳动者获得多方面发展；另一方面，马克思所设想的社会主义社会中剥削制度被消灭，教劳结合也就有其现实可能。马克思认为，教劳结合会成为改造现代社会的强有力的手段，并且也是社会主义教育基本性质的体现。④

（2）教劳结合的基本含义

教育与生产劳动相结合的提出源于当时社会上的体脑分离、教劳分离现象。教劳结合的基本含义既包括教育同生产劳动相结合，又包括生产劳动同教育相结合。其中"劳动"指社会物质生产劳动，"教育"指独立于生产劳动过程的主要为学校教学的教育。

教育与生产劳动相结合的理论建立在对现代生产和教育内在联系的科学论述之上。在马克思看来，生产力发展水平是教育的物质基础，教育的发展受到社会生产力的制约，社会生产推动着教育发生内容、方式和组织形式的变革；而教育在物质生产过程中也具有重要的作用，它能够"生产劳动能力"⑤，从而促进社会生产。机器大工业生产的到来需要具备一定科学技术知识的、能够适应劳动职能变化的劳动者，客观上需要生产劳动与教育相结合。只有教育与生产劳动相结合，才能培养出现代生产所需的多方面发展的劳动者。而以科学技术为基础的机器大工业生产又

① 扈中平. 马克思的劳动异化论对当下劳动教育的启示[J]. 教育研究, 2020, 41（12）: 31-39.

② 马克思, 恩格斯. 马克思恩格斯选集: 第一卷[M]. 中共中央马克思恩格斯列宁斯大林著作编译局, 编译. 北京: 人民出版社, 2012: 53.

③ 曾天山, 顾建军. 劳动教育论[M]. 北京: 教育科学出版社, 2020: 103.

④ 胡君进, 檀传宝. 马克思主义的劳动价值观与劳动教育观: 经典文献的研析[J]. 教育研究, 2018, 39（5）: 9-15.

⑤ 马克思, 恩格斯. 马克思恩格斯全集: 第三十三卷[M]. 中共中央马克思恩格斯列宁斯大林著作编译局, 编译. 北京: 人民出版社, 2004: 249.

为教育与生产劳动相结合提供基础。教劳结合是现代生产、现代技术与现代教育密切联系的反映与要求。①

（3）教劳结合的意义

马克思在《哥达纲领批判》中提出，在合理条件下，生产劳动和智育的早期结合是改造社会的强有力的手段。马克思在《资本论》中也强调，教育与生产劳动相结合不仅是提高社会生产的一种方法，更是造就全面发展的人的唯一方法。由此可见，马克思主要从促进社会发展和人的体脑劳动结合来看待教育与生产劳动相结合的重大意义。

2. 劳动教育与人的全面发展

马克思认为劳动形成人的本质，"人的本质不是单个人所固有的抽象物，在其现实性上，它是一切社会关系的总和"②。当考察教育对人的作用时应当以人的社会关系为起点。而在人的社会关系建构中，人的生产劳动是建构其社会关系的主要载体，人正是通过生产劳动才形成了现实的社会关系。社会关系并不是一种独立于或强加于人的事物，而是内生于人的生产劳动之中的，故而马克思指出，生产劳动对个人具有决定性的意义。③

故而，马克思提出劳动是实现人的全面发展的重要途径。通过观察个体手工业走向机器大工业的历史进程，马克思发现，现实中的劳动者的劳动能力失去了整体性，体脑分离的现象十分严重，大工业生产中过于精细化的社会分工招致个人的片面发展，正在破坏人全面发展的可能。但伴随大工业生产导致劳动者片面发展的同时，由于其建立在现代科技的基础之上，可能不断发生技术革新，人全面发展的客观需要又是一种必然，它决定了劳动的变换，人只有全面地发展劳动能力才能创造更多的劳动财富。

马克思所指的人的全面发展，意味着劳动者智力和体力两个方面，以及智力的各方面和体力的各方面都得到发展，达到体力劳动和脑力劳动相结合，这是人的全面发展的基础；而从更深层次来看，人的全面发展也是指一个人在志趣、道德、个性等方面的发展，即作为一个真正完整的、全面性的人的发展，而且是每个社会成员得到自由的、充分的发展，即人的彻底解放。④总而言之，劳动教育为人自主性、创造性的全面发展的实现提供了可行路径。

3. 论综合技术教育

（1）综合技术教育的含义

综合技术教育最早是1866年马克思在《临时中央委员会就若干问题给代表的

---

① 吴式颖，李明德. 外国教育史教程［M］. 3 版. 北京：人民教育出版社，2018：291.

② 马克思，恩格斯. 马克思恩格斯选集：第一卷［M］. 中共中央马克思恩格斯列宁斯大林著作编译局，编译. 北京：人民出版社，2012：135.

③ 胡君进，檀传宝. 马克思主义的劳动价值观与劳动教育观：经典文献的研析［J］. 教育研究，2018，39（5）：9-15.

④ 吴式颖，李明德. 外国教育史教程［M］. 3 版. 北京：人民教育出版社，2018：289.

指示》中明确提出的概念,他将其定义为使儿童和少年了解生产各过程的基本原理,并使得他们获取运用各种生产的最简单的工具的技能。而在《资本论》中,马克思将综合技术教育称为"工艺学",指出"在人民的学校中实行实践的和理论的工艺教育"[①]。

（2）综合技术教育的意义

综合技术教育的提出"旨在弥补分工所造成的缺陷,因为分工妨碍学徒获得本身业务的牢固知识"[②]。马克思认为综合技术教育能够帮助劳动者摆脱体脑分离与精细化分工带来的片面发展问题,促进人的全面发展。

综合技术教育的提出也是适应机器大生产时代生产活动的应然与必然,机器大生产是基于科学技术的进步而不断发展的,必将导致工人所从事劳动职能的变化,劳动者只有通过综合技术教育理解生产过程中蕴含的基本科学原理和技术,才能适应不断变化的劳动职能。也正因为机器大生产是基于科学技术发展的,它是对科学技术的应用,人们依托科学技术可以将其分解出基本形式,从而进行综合技术教育,令劳动者可以掌握生产技术的变化规律,适应不断变化的劳动。

（3）综合技术教育与职业技术教育、普通教育的联系和区别

综合技术教育与职业技术教育相比,是一种非定向性的教育,是旨在促进劳动者快速适应劳动职能变化的教育,并不是培养某种专业技术人才。普通教育则是在学校进行,以学习科学文化知识为任务的教育。

普通教育是综合技术教育的基础,在现代普通教育的数、理、化、生等学科的教学中,可以部分地实施综合技术教育。而综合技术教育与职业技术教育则可以互为条件:一方面,综合技术教育可以为职业技术教育打下良好的基础,防止职业技术教育出现单一、片面化倾向;另一方面,职业技术教育进行得好,又可以包含许多综合技术教育的因素。两者都是技术教育,只有侧重点的不同,并无根本性的区别。[③]

（三）马克思与恩格斯劳动教育思想的当代启示

I. 正确把握劳动教育的育人导向

马克思与恩格斯劳动教育思想饱含着对劳动人民的深切关照,是立足无产阶级的劳动教育思想,启示我们要正确把握劳动教育的育人导向,要注重劳动教育的价值取向。《意见》指出,"引导学生树立正确的劳动观,崇尚劳动、尊重劳动,增强对劳动人民的感情,报效国家,奉献社会"。

首先,引导学生形成马克思主义劳动价值观,认识到劳动是社会财富的唯一源

① 马克思,恩格斯.马克思恩格斯全集:第四十三卷[M].中共中央马克思恩格斯列宁斯大林著作编译局,编译.北京:人民出版社,2016:515.

② 马克思,恩格斯.马克思恩格斯全集:第十六卷[M].中共中央马克思恩格斯列宁斯大林著作编译局,编译.北京:人民出版社,1964:655.

③ 曾天山,顾建军.劳动教育论[M].北京:教育科学出版社,2020:105.

泉,是创造物质世界和人类历史的根本动力;明晰按劳分配的分配原则,意识到不劳而获、少劳多得的不正义性;懂得教育与生产劳动相结合不仅是社会主义教育的基本原则,而且是个人全面发展的重要途径,热爱劳动、积极参与劳动能为实现社会发展和个人全面发展提供帮助。

其次,培养学生热爱劳动、尊重劳动的情感,促进学生树立劳动光荣的情感价值理念,尤其要注意不能将劳动作为惩罚手段,这必然会招致学生对劳动的反感与厌恶。同时,引导学生尊重每一种劳动和每一位劳动者,认识到劳动职能有不同,但劳动没有高低贵贱之分,增进对劳动人民的情感。

最后,增强劳动教育中的家国情怀,培育学生的公共服务意识,形成劳动奉献社会的价值取向。多开展公益劳动,让学生能够为他人和社会提供力所能及的劳动,提高社会责任感,培养奉献精神。把握好劳动教育的育人方向,鼓励学生投身于中国特色社会主义事业,为实现中华民族伟大复兴不断努力,成为全面发展的社会主义建设者和接班人。

2. 关注学生在劳动教育中的主体性

让学生成为劳动教育的主体,在劳动教育中要给予学生更多的自主空间,提高他们的能动性、独立性和创造性。在把握劳动教育整体大方向和安全性的前提下,无论劳动活动方案的制订、组织、分工还是评价,各环节都可以留足空间,大胆放手以调动学生的积极性。让他们脱离"被教育对象"的身份,避免教育的"刻意"和形式主义,真正把学生作为劳动教育的主体,关注他们在劳动中的自我体悟,开展"润物细无声"的劳动教育。

3. 增强劳动的丰富性和时代性

劳动的丰富性是指避免让学生从事一种长久不变的劳动,缺乏变化的劳动会招致学生的厌倦,也不利于学生的全面发展。教师要观察学生的兴趣爱好,根据他们的意愿和特长,适当变换劳动项目,拓展劳动的种类与场域。此外,教师还可以在劳动的分工安排上更灵活多变,让学生可以自由变换劳动分工,在同一种劳动中获得不同的经验和新的视角,从而增加劳动的丰富性和多样性,发展学生在劳动中的创造性。只有丰富的劳动才能促进学生体脑结合,获得多方面的发展。

劳动的时代性是指要注意劳动的"新"。一方面,教师可以适当选择具有现代科技因素的劳动,使学生了解现代生产,用新知识、新方法、新技术进行劳动,萌发对相关科学技术的兴趣;另一方面,鼓励学生进行创造性劳动,发现简单劳动中的窍门(如省时、省力的方法),关注简单劳动中蕴含的劳动人民的智慧,实现体力劳动和脑力劳动的统一。

4. 重视劳动评价的过程性和外显化

劳动评价要重视过程性和发展性,关注每一个学生的进步和发展,表扬和批评都要适度和公平,鼓励良性竞争与合作共赢,促进劳动关系的平等和谐。引导学生体悟个人在劳动中获得发展的同时,也为他人和集体发展作出贡献,同样,集体与他人也为个人发展提供助益。

　　劳动评价的外显化指的是劳动结果的实体化，学生对劳动成果具体可感，能够直观地感受劳动的价值。教师可以多安排结果具象的劳动，让劳动成果被学生感受和获得（如种植、烹饪等），让他们在享用劳动成果时，进一步提高劳动积极性。教师还可以组织劳动成果的展示与交流，使学生获得自豪感，体悟劳动的价值所在。

二、克鲁普斯卡娅的劳动教育思想

（一）克鲁普斯卡娅劳动教育思想产生的背景

　　克鲁普斯卡娅（有的译作克鲁普斯卡雅）的教育思想体系形成于19世纪末20世纪初。当时，欧美等主要资本主义国家经历了深刻的社会经济变革，完成了由"自由"资本主义向帝国主义的过渡。为了与资本主义的政治、经济和科学技术的发展相适应，西欧的新教育运动和美国的进步主义运动兴起，推动各国积极进行教育改革。[①]

　　克鲁普斯卡娅为了迎接社会主义的胜利，在十月革命前完成了《国民教育和民主主义》这一著作，着重论述了教育与生产劳动相结合的理论原理与实践以及综合技术教育的理论与实践问题。克鲁普斯卡娅高度评价了卢梭、裴斯泰洛齐和欧文的教育思想，认为他们都是从人民群众的利益出发提出和解决国民教育问题的，因而重视劳动的教育意义，"他们把生产劳动作为自己教育体系的基础"。

　　克鲁普斯卡娅详细地介绍了马克思和恩格斯，特别是马克思在《资本论》中阐述的教育观点，强调马克思认为吸引儿童和少年参加社会的生产劳动是进步现象，教育与生产劳动相结合是提高社会生产和改造社会的有力手段，是造就全面发展的人的唯一方法。按照克鲁普斯卡娅的见解，马克思和恩格斯将劳动思想和工业发展密切联系是促进教育与儿童生产劳动相结合的主要原因，但是这种结合目前仍旧存在体力劳动和脑力劳动相分离的问题。随后，她结合资本主义的发展，尖锐地指出在资本主义社会中，由于资产阶级需要一定的工人，因此贝尔－兰卡斯特制的学校流行起来，逐步形成一种读书学校，即只教学生读、写、算，不教学生从事任何体力劳动的学校。随着生产技术的进步，残酷的经济竞争迫使资产阶级的读书学校逐渐变为劳动学校。因此，她认为，只要学校掌握在资产阶级手里，那么劳动学校就是损害工人阶级利益的一种工具。只有工人阶级才能使劳动学校成为改造现代社会的工具。

　　克鲁普斯卡娅在关于劳动教育思想和国民教育发展历史的总结与概括方面具有许多独到之处。她大力肯定劳动教育的意义，坚持将教育与生产劳动相结合，坚持综合技术教育，以及读书学校与劳动学校决然对立的提法都对苏联教育的发展起到了一定的推动作用。

---

　　① 克鲁普斯卡雅.克鲁普斯卡雅论教育：上卷［M］.卫道治，译.北京：人民教育出版社，2017：8-9.

（二）克鲁普斯卡娅劳动教育思想的核心内容

1. 社会主义学校

克鲁普斯卡娅认为,大工业本身的性质要求全面发展的工人,这种工人具有全面的劳动能力,受过综合技术训练,能操作任何一种机器,懂得各种劳动过程。克鲁普斯卡娅在分析现代生产和现代科学技术本质特征的基础上得出了当时国民学校的发展趋势。1918 年,她在《论社会主义学校问题》和《社会主义教育的理想》等文章中,概括出社会主义新学校的两个特征,即自由学校和劳动综合技术学校。克鲁普斯卡娅以培养全面发展的人作为社会主义的教育目的,从而提出社会主义学校不仅应该是读书学校,还必须是劳动的学校,生产劳动和智力发展要密切结合。她将教育与生产劳动相结合作为基本原则之一,把劳动教育和综合技术教育作为实践这些原则的具体措施。她提出,社会主义学校必须是自由的,是发展学生个性、独立性、积极性和创造性的,"社会主义学校……的唯一目的是使学生得到充分的、全面的发展"[1]。

2. 劳动与综合技术教育相结合

克鲁普斯卡娅认为,综合技术教育的开展必须依靠劳动教育对学生进行的实践教学,而劳动教育同时也需要综合技术教育不断为其实践形式作出指导。尽管克鲁普斯卡娅在劳动教育和综合技术教育的认知上一直存在误区,但在进入 20 世纪 30 年代后,她开始将各学科基础知识与生产实践综合起来看待。[2]

克鲁普斯卡娅始终认为,学校教育应是开展各层次综合技术教育的主要组织形式,学校综合技术教育的开展应该在普通教育的基础上进行。因此,她在《论综合技术教育》一文中着重指出:"综合技术教育不是一门什么特殊的学科,它应该贯穿到各门课程里去,体现在物理、化学、自然课和社会概论的选材上。"[3] 这些学科之间必须相互联系,并同实际生产活动,特别是劳动教学联系起来。1929 年 5 月,克鲁普斯卡娅在国家学术委员会首次全体委员会的报告中明确指出:"在实施综合技术教育的学校里,劳动的学习一方面应该教授学生一般的劳动技巧;另一方面,能够从技术、劳动组织以及劳动过程的社会意义上来理解劳动过程。"[4]

3. 劳动教育的方法与原则

针对劳动教育的方法以及实施过程中应当遵循的原则,克鲁普斯卡娅作了详尽且明确的论述:第一,必须从幼儿时期就实施劳动教育;第二,应该争取全体儿童参加劳动并正确分配劳动;第三,反对强迫命令,让儿童自觉自愿地参加工作,使工作不

---

① 成有信. 克鲁普斯卡娅和她的著作《国民教育和民主主义》[J]. 现代教育论丛, 1983（2）: 76-83.

② 张力天, 张剑尘. 论克鲁普斯卡娅的劳动与综合技术教育思想[J]. 继续教育研究, 2021（6）: 90-93.

③ 克鲁普斯卡雅. 克鲁普斯卡雅教育文选: 下卷[M]. 卫道治, 译. 北京: 人民教育出版社, 2006: 116.

④ 克鲁普斯卡雅. 克鲁普斯卡雅论教育: 中卷[M]. 卫道治, 译. 北京: 人民教育出版社, 2017: 809-810.

是规定做的某种事情,而是儿童本身积极性的表现;第四,必须使儿童感兴趣,因为只有这样他才会觉得自由轻松;第五,劳动必须适合儿童的体力和智力,为儿童所接受;第六,必须使儿童知道并看到自己的劳动成果,理解自己的劳动成果对社会、对国家有什么样的意义;第七,劳动不能妨碍学习,应当服从学校的教学和教育目的;第八,应当尽量扩大儿童的劳动范围,使他们不仅在学校、在家庭中参加劳动,同时还必须在校外参加有益的劳动;第九,应当给能力较弱的,执行不了工作的儿童帮助。[①]

(三) 克鲁普斯卡娅劳动教育思想的当代启示

1. 大力肯定劳动的教育意义,坚持教育与生产劳动相结合

克鲁普斯卡娅始终坚持马克思和恩格斯关于人的全面发展的理论,坚持社会主义教育要为社会主义革命和社会主义建设服务,与生产劳动结合的思想。[②]

克鲁普斯卡娅一贯强调劳动的教育意义。她认为只有使儿童从小习惯于劳动生活,学会尊重劳动和劳动人民,掌握既能从事体力劳动又能从事脑力劳动的本领,才能使他们成为社会主义社会的有益成员。儿童在劳动中表现自己的个性,通过劳动活动认识自己。特别是集体的生产劳动,还可以培养儿童的集体主义精神、内在纪律、组织能力及其他的许多优秀品质。[③]

按照克鲁普斯卡娅的意见,学生的劳动活动绝不能只局限在学校的范围以内。学校必须与社会保持密切的联系,把学生的学习活动同家务劳动、自我服务性劳动、各种社会公益活动以及生产劳动结合起来,通过校内外的各种劳动活动使学生深入了解各种自然现象和人类生活。不过,她认为学生的各种劳动活动一定要由学校根据教育的需要和学生身心发展的水平来组织。[④]

2. 坚持发展综合技术教育

卢梭、裴斯泰洛齐、费林别尔格、欧文等人都力图根据切身的经验来说明广泛实施为人民群众迫切需要的综合技术教育是必要的,也是可以行得通的。[⑤]

克鲁普斯卡娅论综合技术教育(节选)

克鲁普斯卡娅认为,对待教学的态度取决于教师的综合技术水平,取决于他能否把最简单的与比较复杂的劳动行为联系起来,能否生动地分析劳动过程的一切要素,而不仅仅取决于设备。当前的技术情况决定了综合技术教育可能达到的深度。但这绝不是说,在比较落后的地区就不能进行综合技术教育,综合技术教育不仅是技术进步的结果,而且也是工业化的工具。综合技术教育应该是群众性的,无一例外的。[⑥]

---

① 何国华. 克鲁普斯卡娅论劳动教育[J]. 江苏教育,1957(8):19-20.
② 克鲁普斯卡雅. 克鲁普斯卡雅教育文选:上卷[M]. 卫道治,译. 北京:人民教育出版社,2006:27.
③ 克鲁普斯卡雅. 克鲁普斯卡雅教育文选:上卷[M]. 卫道治,译. 北京:人民教育出版社,2006:34.
④ 克鲁普斯卡雅. 克鲁普斯卡雅教育文选:上卷[M]. 卫道治,译. 北京:人民教育出版社,2006:35.
⑤ 克鲁普斯卡雅. 克鲁普斯卡雅教育文选:上卷[M]. 卫道治,译. 北京:人民教育出版社,2006:188-189.
⑥ 克鲁普斯卡雅. 克鲁普斯卡雅教育文选:下卷[M]. 卫道治,译. 北京:人民教育出版社,2006:110.

综合技术教育不是一门什么特殊的学科,它应该贯穿各门课程,体现在物理、化学、自然课和社会概论的选材上。这些课程互相之间应有联系,特别是这些课程要跟劳动教育联系起来。只有这种联系才能使劳动教学具有综合技术的性质。不言而喻,实施综合技术教育的学校在不同的阶段有不同的面貌,但在实施综合技术教育的学校里,重点是理解劳动过程,发展把理论和实际结合起来的能力,发展理解一定现象的相互关系的能力,而在职业学校里,重点是使学生获得一些劳动技巧。[①]

克鲁普斯卡娅在实施综合技术教育的组织形式和方法方面提出了许多具体的意见。例如,加强造型艺术和制图的教学,以巩固学生的形象思维和视觉记忆;在校内组织小型工厂和实验园地,并且与周围的工厂、国营农场或集体农庄挂钩,使学生在校内外的生产劳动互相补充;组织学生到电站、拖拉机站、各种工厂去参观,以扩大他们的综合技术眼界;建立校外的儿童技术站、少年宫、俱乐部和图书馆,扩大学生的活动场所;等等。在有关著作中,她还向读者介绍了西欧和美国的劳动教育与职业教育情况,主张批判地吸收他们的工作经验。[②]

三、苏霍姆林斯基的劳动教育思想

(一)苏霍姆林斯基劳动教育思想产生的背景

苏霍姆林斯基是苏联著名教育实践家和教育理论家。苏霍姆林斯基一心扑在教育事业上,日复一日、年复一年地记录、总结自己的教育实践。他继承、借鉴了本国前辈教育家和其他国家教育家的教育思想,并对它们加以创新和发展,从而形成了独特的苏霍姆林斯基教育理论。在35年的教育生涯中,他始终坚持并注重学生的全面和谐发展,强调全面和谐发展必须以劳动教育为基础,劳动教育是苏霍姆林斯基教育体系的核心。[③]

基于当时的社会背景,苏霍姆林斯基以马克思列宁主义为指导,以克鲁普斯卡娅、马卡连柯等关于教育与生产劳动相结合的思想为基础,提出了自己对劳动教育的看法。苏霍姆林斯基自出生起就开始接受马克思列宁主义的影响,在接受教育的过程中系统地学习了辩证唯物主义和历史唯物主义的基本知识,掌握了运用辩证唯物主义和历史唯物主义分析和解决问题的方法,并将其应用于教育教学工作和教育理论研究。[④]苏霍姆林斯基教育理论中教育与生产劳动相结合、集体教育的作用、为学生提供劳动的物质场所等观点,在很大程度上受到克鲁普斯卡娅劳动教育思想的影响。苏霍姆林斯基教育理论也深受马卡连柯劳动教育思想的影响。马卡连柯在

---

① 克鲁普斯卡雅.克鲁普斯卡雅教育文选:下卷[M].卫道治,译.北京:人民教育出版社,2006:116-117.

② 克鲁普斯卡雅.克鲁普斯卡雅教育文选:上卷[M].卫道治,译.北京:人民教育出版社,2006:38-39.

③ 曾天山,顾建军.劳动教育论[M].北京:教育科学出版社,2020:136.

④ 王吉吉.苏霍姆林斯基劳动教育对个性全面和谐发展的作用研究[D].哈尔滨:哈尔滨师范大学,2017.

马克思主义教育思想的基础上,创造性地提出了并不是所有的体力劳动都能获得很好的效果,同时也反对生产劳动与科学文化知识的机械结合,认为这都是流于表面的肤浅形式。苏霍姆林斯基将马卡连柯看作他终身爱戴和敬重的老师,把自己的教育实践活动和理论研究当作马卡连柯教育事业的发展和延续。①

（二）苏霍姆林斯基劳动教育思想的核心内容

1. 劳动教育的目的

苏霍姆林斯基明确提出,教育的总目标在于培养未来的公民,培养劳动者,培养共产主义的建设者。② 在总目标的指导下,他进一步提出了劳动教育的具体目的,即在实际能力、智力和心理上做好劳动准备。劳动教育的目的主要包括劳动的社会目的和劳动的思想目的。

劳动的社会目的是指通过劳动或劳动教育,为社会创造财富(包括物质财富和精神财富),也就是劳动体现出的经济价值。无法创造出实际财富或经济价值的劳动是无效的劳动,更是没有任何教育意义的劳动。与此同时,苏霍姆林斯基表示,劳动的社会目的是劳动教育表面和最初的目的,劳动教育的本质和最终目的是劳动的思想目的,即培养创造性的劳动态度,一方面不仅满足自身的物质需要,另一方面使之成为人们的精神需求。③

2. 劳动教育的任务

苏霍姆林斯基认为,劳动教育的任务就是培养学生的劳动素养或劳动创造素养。劳动素养的一个重要内涵是"关切心"。劳动教育的一个重要目的,就是"使关切心成为学生始终不变的性格特征"④,成为其热爱劳动的一个重要标志。

劳动素养的另一个重要内涵是"创造性",苏霍姆林斯基称之为"劳动的创造素养"或"劳动中的创造精神"。他高度重视创造性的激发和培养,坚信社会进入了创造性劳动的时代,坚信人的创造性和可能性,坚信人对创造性劳动的永无休止的追求,坚信人能借助科学知识而越来越具有创造性。因此,帕夫雷什中学独特的作息制度(上午上课,下午全部安排成学生的自由活动时间),正是为学生从事创造性活动提供充裕的实践和活动空间,确保每个学生都有从事自己喜爱的劳动的特定角落,让他们在那里从事自由自在的创造性劳动,使劳动过程的创造性积淀为学生稳定的创造素养。⑤

3. 脑力劳动和认识性劳动是进行劳动教育的手段

脑力劳动对学生的全面发展起着极其重要的作用。学生在脑力劳动的过程中

---

① 王吉吉.苏霍姆林斯基劳动教育对个性全面和谐发展的作用研究[D].哈尔滨:哈尔滨师范大学,2017.

② 王天一.苏霍姆林斯基教育理论体系[M].北京:人民教育出版社,2003:201.

③ 王吉吉.苏霍姆林斯基劳动教育对个性全面和谐发展的作用研究[D].哈尔滨:哈尔滨师范大学,2017.

④ 苏霍姆林斯基.论劳动教育[M].萧勇,杜殿坤,译.长沙:湖南教育出版社,1987:171.

⑤ 孙孔懿.苏霍姆林斯基教育学说[M].北京:人民教育出版社,2018:253-254.

认识客观事物及其联系和规律性。脑力劳动能够使学生形成科学唯物主义的世界观,发展他们的兴趣,培养他们的感情和意志,帮助他们树立生活理想。学生的脑力劳动是一种积极的思维活动,它的目的是正确地、科学地认识现实。这种活动之所以应当是积极的,是因为如果没有这种属性,学习就会失去劳动的性质,变得毫无意义,使学生感到是沉重的负担,学生在这种情况下就会消极地掌握知识。所谓脑力劳动并不是单纯意味着"思考"。思维只有在目的明确并力求达到一定结果的情况下,才具有劳动的性质。①

学生的体力劳动始于教学的最初阶段。开始时,在这种劳动中占优势的是认识的目的,即探索大自然的规律性,认识劳动的创造性,学习各种技能和技巧。这种目的把认识性劳动与生产劳动区别开来,后者首要的任务是创造物质财富。认识性劳动在教学过程中还可以称为试验性或研究性劳动。② 从事认识性劳动——这是与学生的体力、年龄特点和兴趣相适应的劳动教育的决定性阶段。学生在体力和能力不允许他们把生产物质财富作为首要的目的之前,应当在劳动活动中把进行试验和探讨作为首要的目的。

(三)苏霍姆林斯基劳动教育思想的当代启示

1. 高度重视劳动和劳动教育在人的全面和谐发展中的作用

首先,苏霍姆林斯基将劳动教育视为德、智、体、美诸育的前提、手段、基础和综合。他指出:"劳动不是最终目的,而是达到教育过程中一系列属于各个方面——社会、思想、道德、智力、创造性、美学、情感——目的的一种手段。"③ "劳动,只有劳动,才是一个人全面发展的基础。如果一个人根本体会不到劳动的乐趣,那全面发展就无从谈起。"④ 其次,学生身心两个方面都要同时得到发展,而且还要手脑并用、脑体结合。最后,学生只有在德、智、体、美、劳多方面达到一定的发展深度和发展广度,形成统一体后,才能全面发展。他说:"要实现全面发展,就要使智育、德育、体育、劳动教育和审美教育深入地相互渗透和相互交织,使这几方面的教育呈现为一个统一的完整过程。"⑤

2. 强调通过劳动促进集体劳动与单独劳动相结合,实现劳动教育全覆盖

苏霍姆林斯基认为,劳动教育应当使每个学生既能产生创造性想法,又能干具体的活,让脑力劳动和体力劳动统一到每一个学生身上,防止出现一些学生专门动

① 苏霍姆林斯基.苏霍姆林斯基论劳动教育[M].萧勇,杜殿坤,译.北京:教育科学出版社,2019:72,74.

② 苏霍姆林斯基.苏霍姆林斯基论劳动教育[M].萧勇,杜殿坤,译.北京:教育科学出版社,2019:116,118.

③ 苏霍姆林斯基.苏霍姆林斯基选集:第3卷[M].蔡汀,王义高,祖晶,主编.北京:教育科学出版社,2001:170.

④ 苏霍姆林斯基.苏霍姆林斯基选集:第3卷[M].蔡汀,王义高,祖晶,主编.北京:教育科学出版社,2001:871.

⑤ 曾天山,顾建军.劳动教育论[M].北京:教育科学出版社,2020:139.

脑而另一些学生专门动手的分裂现象。这样的目标只有在集体劳动与个体单独劳动相交替、相结合的情况下才能得到实现。①

集体劳动不仅能够促进学生社会化进程，而且能够促进学生的个性发展。在集体劳动中，学生会懂得，个人的义务和荣誉就在于达到共同的目标，即完成集体劳动任务。②除此之外，集体的劳动生活是每个学生个性形成和发展的复杂过程。集体劳动不仅是学生相互之间科学知识和劳动技能的交流，更是精神财富的交流。

在重视集体劳动的同时，苏霍姆林斯基也重视学生的"单独劳动"或称"个人劳动"。单独劳动其实就是劳动教育中的自我教育。苏霍姆林斯基认为，社会主义社会的劳动集体正在形成新的相互关系，"每个人都履行自己对社会的道德职责……取消了专门的监督，把劳动质量的最终检查权交给了集体的每一个成员"③。他力求"让一个人在少年时代和青年早期就尽可能多地单独劳动，让他的良心成为自己唯一的内驱力和主宰"，让他在没有任何监督和无需向任何人报告的情况下成为一个热爱劳动的人"④。

3. 教育与生产相结合，从必要性到现实性

苏霍姆林斯基深刻揭示了教育与生产劳动相结合的必要性和可能性，认为它体现了人的劳动素养和一般发展（即道德的、智力的、审美的、身体的发展）相结合的教育思想。教育教学与生产劳动相结合，也是当时苏联社会发展的现实要求。苏联的中等教育在普及之后就面临着一项新任务，即不仅要为高等学校输送新生，还要直接为社会各生产部门输送人才，这就需要每个青年学生根据个人素养、兴趣和能力选择未来职业，立志为社会进步而热爱劳动。苏霍姆林斯基注意到，随着社会的发展，体力劳动与脑力劳动的差别正在逐步消失，绝大多数职业中的体力劳动与脑力劳动已密不可分，脑力劳动已成为达到劳动目的的必要手段。为了使学生正确看待体力劳动和脑力劳动，纠正劳动有高低贵贱之分的偏见，应当"使每个学生真正认识到所谓简单的体力劳动的实质，认识到它与思维、知识、科学和劳动技巧的关系。……要使体力劳动在学生时代就成为精神生活的重要组成部分，并使之趣味横生，使学生把它纳入同其他思维活动密不可分的统一整体"⑤。

苏霍姆林斯基
劳动教育思想
的实践

①　孙孔懿.苏霍姆林斯基教育学说[M].北京：人民教育出版社，2018：257-258.
②　苏霍姆林斯基.苏霍姆林斯基选集：第1卷[M].蔡汀，王义高，祖晶，主编.北京：教育科学出版社，2001：655.
③　苏霍姆林斯基.苏霍姆林斯基选集：第2卷[M].蔡汀，王义高，祖晶，主编.北京：教育科学出版社，2001：36.
④　苏霍姆林斯基.苏霍姆林斯基选集：第5卷[M].蔡汀，王义高，祖晶，主编.北京：教育科学出版社，2001：715.
⑤　苏霍姆林斯基.苏霍姆林斯基选集：第5卷[M].蔡汀，王义高，祖晶，主编.北京：教育科学出版社，2001：801.

第二节　西方教育家的劳动教育思想

各阶段的劳动教育思想都与当时的社会经济、政治和科学文化发展相互关联，本节主要以洛克、卢梭、裴斯泰洛齐和凯兴斯泰纳为代表，介绍西方教育家的劳动教育思想。其基本发展趋势为从关注生产性，以体力劳动为主，到生产性与社会性兼具，关注个体发展，再到突出育人性，指向国家利益。

一、洛克的劳动教育思想

（一）洛克劳动教育思想产生的背景

17世纪之后，英国农业、手工业不断发展，商品经济兴盛，英国革命随之发生，欧洲资产阶级登上了历史舞台。尽管英国的学校教育主要沿袭了文艺复兴和宗教改革的传统，教会渗透学校、学制双轨，但当时的科学技术发展还是冲击了陈旧的教育思想。由于洛克在哲学和政治上的成就，其实科教育和绅士教育思想在当时影响广泛，而他的劳动教育思想正是其绅士教育思想的对照，他的劳动教育主要是为劳动人民子女设计的与绅士教育迥然不同的教育，即劳动学校的教育，儿童以劳动为主，自食其力，同时也为以后的劳动生涯奠定基础。[①]

在论述财产权的归属问题时，洛克也有提及劳动，认为是劳动确定了财产权的归属。土地和一切低等动物为一切人所共有，但是每人对他自己的人身享有一种所有权，除他以外任何人都没有这种权利。他的身体所从事的劳动和他的双手所进行的工作，可以说是正当地属于他的。[②]

（二）洛克劳动教育思想的核心内容

洛克的劳动教育思想主要体现在1697年他起草的《贫穷儿童学校计划》中，他建议每个教区建立1所劳动学校，要求领取救济金的贫困家庭把13—14岁的儿童送到学校学习，儿童全部参加劳动，通过劳动来抵偿自己的生活开支。而劳动学校中主要是纺织品制作等方面的手工劳动，缺乏科学知识文化的教育，雇主可以在学校中挑选学徒，学徒在23岁前都要为雇主提供无偿服务。可见其本质是贫困儿童收容所和职业分配机关。

关于劳动教育的目的，洛克认为对于"绅士"而言，劳动教育的主要目的是使他利用一种有用的和健康的体力，去从别的较为正经的思想和工作中得到消遣。洛克把园艺和农艺、木工视为对"绅士"健康而有益的娱乐，并认为他们学会园艺和木工后就能够更好地管理、教导他的园丁设计并创造许多有趣的东西。而对贫穷儿童而

---

①　徐辉.从生产性到育人性：西方劳动教育思想的历史演变及启示[J].教育科学，2020，36（5）：27-34.
②　崔玉变.中西政治思想家评传[M].上海：上海交通大学出版社，2014：197.

言,劳动教育的目的则是获得生活和生产技能,为以后的工作奠定基础。从社会的角度讲,洛克所提出的劳动教育方案还有助于社会安定,减轻教会的负担。

(三)洛克劳动教育思想的当代启示

洛克提出的劳动学校计划虽然在当时没有广泛实施,但他的劳动教育思想对英国18世纪后期的教育产生了重要影响。英国的"产业学校"在某种程度上可以看作洛克劳动学校的实践,这些与"济贫区学徒制度"相联系而建立的贫苦儿童教育机构,以及"慈善学校""工读学校"等都以贫苦儿童为对象,实施劳动教育,在普及初等教育的同时也传授一些生活和生产技能。

尽管洛克的劳动教育思想主要从经济的角度提出和论述其意义、作用,体现出功利性、生产性、阶级性的特点,但也包含了强健体魄、自食其力的内容。随着现代科技的快速发展,洛克的劳动教育思想提醒我们要加强对体力劳动的重视。

二、卢梭的劳动教育思想

(一)卢梭劳动教育思想产生的背景

卢梭生活在等级森严的法国封建君主专制时期,这一时期的教育处于天主教会的控制之下,他们对民众进行愚化教育,为封建统治阶级培养"顺民"。教会大肆宣扬性恶论,认为人性本恶,人从一生下来就是有罪的,人活着的目的就是赎罪。教育内容以古典主义文学和神学为主,通过机械的教育方法向学生灌输宗教思想。

随着启蒙运动的发展、近代自然科学的繁荣,新思想、新知识的传播使人们由蒙昧无知走向了理性。卢梭正是启蒙运动中著名的思想家、法国大革命的先行者,他所论述的社会契约理论主张每个社会成员都是契约社会中不可分割的一部分,他们是自由和平等的。他的教育思想旨在培育任何时候都能独立自主、自由的新人,即自由平等的资产阶级新人。在卢梭的著作《爱弥儿》中,他将劳动教育视为达到这一意旨的重要途径。他认为劳动为人自由的实现奠定了基础,人通过参加劳动,学会一种手艺,"这种手艺虽不能使你发财致富,但有了它,你就可以不需要财富"[1]。

卢梭劳动教育思想的形成与其深厚的哲学思想颇有渊源,尤其是感觉论和性善论为其劳动教育思想的形成提供了哲学基础。卢梭肯定客观物质世界是感觉的唯一对象,认识是人对客观事物的反映。他说我存在着,我有感官,我通过我的感官而有所感受。这就是打动我的心弦使我不能不接受的第一个真理。[2]而关于性善论,卢梭在给克里斯多夫的信里提到他的全部著作都在强调性善论,他指出人是本性为善的存在者,他热爱正义和秩序;人心中没有原初的堕落;一切加诸人心的邪恶都不出于人的本性。[3]

---

① 卢梭.爱弥儿:上卷[M].李平沤,译.北京:商务印书馆,2017:291.
② 李武林,谭鑫田.西方哲学史教程[M].济南:山东大学出版社,1987:468.
③ 张明,于井尧.西方哲学史[M].长春:吉林文史出版社,2006:192.

（二）卢梭劳动教育思想的核心内容

1. 劳动教育的意义

（1）培养"新人"的独立性

卢梭指出劳动教育在培养"新人"的独立性方面有着十分重要的意义,假如不会用双手劳动,那么人就将变成社会中的寄生虫。他认为,劳动是社会中的人不可逃避的责任。任何一个公民,无论他是贫还是富,是强还是弱,处于社会中的人需要通过劳动来努力完成自己的社会职责,从而成为资产阶级社会所需要的自食其力的新人。同时,他指出劳动也是维持生而为人尊严的必需品,只有依靠自己的勤勉劳动,才能拥有自由、健康和正直的生活,即便面对社会动荡也可以保持独立的人格。

（2）尊重劳动者,陶冶心灵

劳动教育可以使人养成正确的劳动观念。在卢梭看来,劳动教育的作用之一就是培养人形成热爱劳动、尊重劳动者、以劳动为荣等正确的劳动观,从而消除对劳动的偏见。在卢梭和爱弥儿亲自参加田间劳作的过程中,他们体会到了劳动人民的艰辛和收获的喜悦,因此他们尊重别人的劳动,以便他自己的劳动得到保障。尊重别人的劳动不仅是自己良好道德品质的体现,也是对自己劳动成果的保障和负责任。此外,参加劳动可以避免盲动。卢梭认为,闲荡是道德败坏的源泉,人只有通过体力运动和劳动,才能抵制住诱惑,不至于走上歧途。[①]

（3）发展智力、体力

卢梭认为劳动教育使身体锻炼和思想锻炼互相调剂,培养体力和智力运用相结合的人,即能行动又能思想的人。劳动教育可以使儿童的身体和双手都得到锻炼,儿童四肢变得柔和,到长大的时候可以运用自如,这样就能养成更强健的身体。他说,"我不打算详细证明体力劳动和身体锻炼对磨砺性格和增进健康有什么功用,这是谁也没有争论的;长寿的例子,差不多在所有最喜欢锻炼、最受得住劳累和最爱干活的人当中都是可以找得到的"[②]。

2. 劳动教育的内容选择

卢梭认为,劳动教育的内容选择有如下标准:应该是有用而且诚实的,不能使从事它的人养成一种丑恶的乖戾人情的心灵;应是能引起人的爱好与持久热情的;是适合其年龄与性别的,凡是待在房间里坐着做的职业是不适合的;应是卫生且有趣味的职业。[③]卢梭对劳动教育内容的选择代表了小资产阶级、手工业者和农民的立场,他依据上述标准设计了劳动教育内容选择的次序:先是历史最悠久的最高尚的农业,再是最能使人接近自然状态的手工业如炼铁、木工等,最后是多方面劳动技术

---

① 张丽,阮成武.培养社会新人:卢梭劳动教育思想意旨及价值澄明[J].教育史研究,2021,3(2):176-187.

② 卢梭.爱弥儿:上卷[M].李平沤,译.北京:商务印书馆,2017:42.

③ 张丽,阮成武.培养社会新人:卢梭劳动教育思想意旨及价值澄明[J].教育史研究,2021,3(2):176-187.

的学习。他指出面对动荡的社会，人们应当学习尽可能多的劳动本领。

（三）卢梭劳动教育思想的当代启示

卢梭的劳动教育思想相比洛克的"劳动消遣论"进步不少，他从培养"新人"的目标出发，强调劳动和劳动教育，把劳动教育视为培养"新人"不可缺少的途径。卢梭希望少年儿童通过参加生产劳动，既获得劳动的知识、技能，促进智力发展和体质强健，又生发对劳动和劳动人民的情感，这些思想在当今也对我们有所启示。但卢梭的劳动教育思想又带有一定的时代局限性，他的目标是培养反封建的资产阶级社会新人，而这个社会是理想中的契约社会，故而他所要培养的新人是"抽象的人"，他的劳动教育是为了实现抽象人性的自然发展，其内容选择也较为局限，主要围绕农业和手工业生产。我们应当突破其劳动教育内容选择的局限，根据时代发展开发多种多样的劳动教育内容，尽量使日常生活劳动、生产劳动、服务性劳动等都有所涉及。

三、裴斯泰洛齐的劳动教育思想

（一）裴斯泰洛齐劳动教育思想产生的背景

工业革命、资产阶级革命的爆发是裴斯泰洛齐劳动教育思想产生的直接历史渊源。农场主在资本的驱使下改造既有的封建式土地利用方式，追求更高的利润，更多地开展养殖业或手工业，部分农民被迫成为手工业者，另一部分缺乏农业之外技能的劳动者生活落魄，平民教育不受重视。面对这样的现实，裴斯泰洛齐开始关注与贫民子女教育联系更为紧密的劳动教育，并开展相应的教育实践。

文艺复兴破除了人们的精神枷锁，更加重视人本身和人的现实生活，人文主义教育也就将儿童教育目标由宗教转向了现实生活。裴斯泰洛齐深受卢梭重视自由、平等、博爱，以儿童为中心的自然主义教育观念的影响，同时，康德的先验论哲学、莱布尼兹的认识论也影响了裴斯泰洛齐的教育观。

随着启蒙思想家拉夏洛泰、爱尔维修、狄德罗、孔多塞等提出了国民教育，新式学校也逐渐出现。裴斯泰洛齐的教育实践深受国民教育思潮的影响，他是西方教育史上第一位将教育与生产劳动相结合思想付诸实践的教育家。

（二）裴斯泰洛齐劳动教育思想的核心内容

1. 教育目的在于人身心的和谐发展

裴斯泰洛齐认为教育的目的主要在于人身心的和谐发展。他认为劳动教育包括身体各种器官训练、生活能力训练、职业训练和其他一切有实践意义的教育。裴斯泰洛齐的劳动教育实验就是要通过对儿童脑、口、手的训练，促使其成为有道德、有智慧、有劳动能力和身心健康的人，即实现儿童身心的和谐发展。这一教育目的，契合卢梭的自然主义教育思想，同时也是裴斯泰洛齐开展劳动教育的最终归宿。[①]

---

① 曾天山，顾建军.劳动教育论[M].北京：教育科学出版社，2020：100.

2. 教育心理学化的原则

裴斯泰洛齐主张实现教育心理学化。教育心理学化是把教育提高到科学的水平,将教育科学建立在人的心理活动规律的基础上。[①]裴斯泰洛齐认为,把教育与生产劳动相结合应遵循教育心理学化的基本原则,他深信这必将在培养人全面发展的个性中发挥真正的作用。他说,当把学校和工场相结合,并在真正的心理学基础上办学的时候,新的一代人必然会培养起来。他主张劳动教育课程的设计与开发都应遵循人的心理发展规律,将课程目标、课程内容、课程实施等与学生能力发展规律相联系。合理的劳动课程目标定位有利于维持学生的学习兴趣和积极性。裴斯泰洛齐把语言、数学、历史、地理、艺术等课程与手工业和农业生产技能训练相结合,同时强调通过体育来训练劳动精神和学习劳动技能。他认为学习与劳动相结合、学校与工场相结合是遵循自然法则培养人的重要方法和路径。

3. 注重人的能力培养

裴斯泰洛齐被认为是教育史上第一个把培养能力确立为教学任务的人,他认为教育问题不在于传授专门的知识或专门的技能,而在于发展人类的基本能力。裴斯泰洛齐所指的能力不局限于某种具体的操作技能,而是更为广阔的能力,能力的培养不仅包括技能的获得,也包括人生下来所有潜能的发展,他认为劳动教育能够提升民众的劳动与就业技能,让人养成热爱劳动的品质。[②]

(三)裴斯泰洛齐劳动教育思想的当代启示

裴斯泰洛齐的劳动教育思想具有明显的革新性,出于自然而归于社会。他关注劳动人民子女的教育问题,其所创办的贫儿院和学校使大批弱势儿童在实践中获得了劳动技能和科学文化知识,符合社会发展的需要,但其思想具有一定的阶级和时代局限性,劳动教育的对象局限于贫苦儿童。

他所倡导的劳动教育心理学化,主张开设符合儿童认知能力、心理发展规律的劳动课程能够为当今的劳动教育带来启示,教育者不仅要让学生接受劳动教育,还要使他们成为劳动教育的主体,要适应学生的心理时机,尽力调动学生的自我能动性和积极性,培养他们的独立思考能力。[③]

四、凯兴斯泰纳的劳动教育思想

(一)凯兴斯泰纳劳动教育思想产生的背景

凯兴斯泰纳是德国著名教育家,公民教育和劳作教育思潮的代表人物。他生活在民族主义的时代,国家之间的紧张氛围使欧美各国民族主义教育的趋势增强,其

① 吴式颖,李明德.外国教育史教程[M].3版.北京:人民教育出版社,2018:198.

② 刘冲,姜照雯.裴斯泰洛齐劳动教育思想及其当代价值[J].牡丹江教育学院学报,2021(10):7-9.

③ 经柏龙,周佳慧.裴斯泰洛齐劳动教育思想之精髓及其解析[J].沈阳师范大学学报(社会科学版),2021,45(1):115-119.

公民教育理论是德国"国家主义教育"政策的衍生。在凯兴斯泰纳的公民教育理论体系中,劳动教育思想是重要但又相对独立的部分。《劳作学校要义》一书详细论述了他的劳动教育思想。同时,他所提倡的"劳作学校"还深受裴斯泰洛奇的教育思想影响。

19世纪末20世纪初,凯兴斯泰纳在任慕尼黑市教育局局长期间,提议把国民学校改为劳作学校。1919年,德意志共和国的新宪法规定公民科和劳作科为小学的必修科,这是劳动教育第一次作为法定正式课程进入西方中小学。

（二）凯兴斯泰纳劳动教育思想的核心内容

1. 劳作与劳作学校的定义

凯兴斯泰纳所阐释的劳作不是狭义的手工劳动,而是"身体工作"和"精神工作"中的全部活动。[1] 他认为劳作不只是体力上的,还是一种身心并用的活动。劳作与游戏、运动、活动不同,劳作既有客观目的,又须经受艰辛,所以富有教育意义。此外,劳作应能唤起个人的兴趣,使学生有内心要求,按照自己的计划想方设法去完成,并检验自己的劳动成果。[2]

劳作学校则是培养公民的学校,是从国家公民教育的目的引出学校的任务、组织原则和行为准则,依此去组织学校。[3]

2. 劳作学校的教育任务

劳作学校有三项任务:一是职业陶冶的预备,帮助学生将来能在国家的组织团体中担任一种工作或一种职务,也就是职业的预备教育。其目的不限于操作工具、机械等技能,而是要培养学生对工作的兴趣、劳作的态度。二是职业陶冶的伦理化,要求学生理解所任职务的社会意义,把个人的工作与社会的进步联系在一起,把职业陶冶与性格陶冶结合起来,简单来说就是职业道德教育。三是团体的伦理化,要求在学生个人伦理化的基础上,把学生组成工作团体,培养其互助互爱、团结工作、积极劳动的精神。[4]

凯兴斯泰纳认为劳作学校是实现人的性格陶冶的重要场域,他把劳作学校称作性格陶冶的学校。所谓的"性格",含义较为宽泛,在心理方面,性格有四种心理力量,即意志力、判断力、灵活性和坚韧性,需要通过教育来培养。凯兴斯泰纳要求以性格陶冶为中心开展训育和教学。

3. 劳作学校的课程

凯兴斯泰纳为劳作学校设计了不同于传统"书本学校"的课程体系。他认为,组织完善的公立学校必须把"劳作教学"列为独立科目。他将手工劳动作为独立的学校课程,改革传统的学科内容并摒弃旧式的知识灌输,重视体育课程。由于普通

① 曾天山,顾建军.劳动教育论[M].北京:教育科学出版社,2020:110.

② 吴式颖,李明德.外国教育史教程[M].3版.北京:人民教育出版社,2018:313.

③ 李明德,金锵.教育名著评介:外国卷[M].福州:福建教育出版社,1992:267.

④ 吴式颖,李明德.外国教育史教程[M].3版.北京:人民教育出版社,2018:313.

教师不具备技术能力,所以劳作学校应聘请专门的技术教员担任教师,技术中学的教师应由专门技术学校毕业的人担任。[①]

4. 劳作学校的教学实施

实践教学与团体劳作是劳作学校教学实施的重要途径。凯兴斯泰纳认为,劳作学校应当实施团体劳作,并在劳作中陶冶儿童的性格。各种学科的组织都必须以团体工作为基本原则,发展利他主义,引导学生关注社会利益。与传统的书本教学相对,凯兴斯泰纳强调在劳作学校中教师应按照职业的种类对学生实施分组教学,在讲清学科的基本概念的基础上着重培养和训练学生逻辑思考的本领,要注重让学生通过实际观察和亲身体验的方式获取知识和经验,积极发展学生的实践能力。

（三）凯兴斯泰纳劳动教育思想的当代启示

凯兴斯泰纳的劳动教育思想关注劳动教育的育人意义,但是受时代的局限,沾染了一定的种族主义色彩。不过对于我们当前的劳动课程体系的建设和劳动教学的具体实施而言,他的观点仍然具有启发性。凯兴斯泰纳的劳动教育思想提醒我们在劳动教育实践中要激发学生的劳动兴趣,促进其正确劳动态度和劳动习惯的养成,努力培养学生的团结合作精神和创造性劳动的能力,从而使学生能够适应未来世界的发展。

第三节　我国教育家的劳动教育思想

关于劳动教育,我国近代教育家蔡元培、陶行知、吴玉章和晏阳初等对此都有深刻的见解,他们躬行实践总结出的宝贵经验,对当下我国研究与实施劳动教育不乏启示。本节主要探讨蔡元培、陶行知和晏阳初的劳动教育思想。

一、蔡元培的劳动教育思想

（一）蔡元培劳动教育思想产生的背景

旧中国的封建传统教育提倡"学而优则仕",在这一教育思想之下,学子们大多为了谋取功名利禄而读书,忽视或轻视生产劳动,这加剧了教育与劳动的分离,以及劳心与劳力的对立。中华民国时期虽然进行了教育改革,但文人们依然存在读书做官的文化心理,蔡元培认为"如此旧染污俗,永锢国民之身而不洗除,则吾国将来决难立于世界之上"[②]。

① 曾天山,顾建军.劳动教育论[M].北京:教育科学出版社,2020:110.
② 蔡元培.蔡元培全集:第2卷[M].高平叔,编.北京:中华书局,1984:298.

俄国十月革命的胜利使蔡元培看到了劳动人民的历史主动性与伟大的革命创造性,他深受鼓舞,于 1918 年提出了"劳工神圣"的口号。此外,蔡元培也深受杜威手工劳动和"做中学"思想的影响,认为以记诵为主的课堂教学违背学生的天性,放弃使用知识的学习大为不妥,于是大力提倡手工活动与教育相结合。[①]

（二）蔡元培劳动教育思想的核心内容

1. 批判旧式教育,重视劳动与劳动教育的意义

对读死书、死读书的旧式教育,蔡元培是坚决反对的。他说:"吾国之旧教育以养成科名仕宦之材为目的。科名仕宦,必经考试,考试必有诗文,欲作诗文,必不可不识古字,读古书,记古代琐事……其他若自然现象,社会状况,虽为儿童所亟欲了解者,均不得阑入教科,以其于应试无关也。"[②] 与对旧式教育的批判态度不同,蔡元培非常重视和提倡劳动教育,他认为"劳动是人生一桩最要紧的事体",劳动"使人之精神有张有弛",人应"养成勤劳之习惯"[③]。1927 年,蔡元培等人在上海筹备设立劳动大学,以"希望学生成为劳心而又劳力的完全劳动者;学生一面研究学艺,一面必须实行体力的工作,以养成劳动的技能习惯,以及尊重劳动的精神"为办学方针。[④]

关于劳动教育的意义,蔡元培认为:"是故研究教育事业,必须脑力、劳力同时互用,否则不能有良好结果。……进一层言,脑力与劳动同时并进之好处,非独养成身体发达之平均;而最大关键,乃在打破劳动阶级与智识阶级之界限。"[⑤]

2. 倡导"即工即学"和"工学结合"

针对劳动教育的实施,蔡元培主张"即工即学"和"工学结合"。他说:"近人盛倡勤工俭学,主张一边读书,一边做工。我意校中工作,可以学生自为。成天读书,于卫生上也有妨碍。……托尔斯泰主张劳动主义,他自制衣履,自作农工,反对太严格的分工。吾愿学生于此加以注意。"[⑥] 此外,蔡元培还对这种新方法的使用和不断改进进行了论述。他说:"旧的方法不能满足人类的需要,于是世界上有了一种新的方法。这种新方法的原则,是出力少而生产多……这种方法,也是永远在进步的。要学习这种新方法,而且要不断地加以改良,所以要劳动教育。……但是工厂的学徒,从前不施以任何教育,这是因为方法简单,容易学得。现在有了机械,方法复杂,不是从前那样教法可以学到,所以必须施行教育。"[⑦]

3. 推崇"劳工神圣"的思想

蔡元培深受俄国十月革命胜利的鼓舞,于 1918 年提出了"劳工神圣"的口号。他说:"凡用自己的劳力作成有益于他人的事业,不管他用的是体力,是脑力,都是劳

① 曾天山,顾建军.劳动教育论[M].北京:教育科学出版社,2020:124.
② 蔡元培.蔡元培教育论集[M].高平叔,编.长沙:湖南教育出版社,1987:207.
③ 蔡元培.蔡元培教育文选[M].高平叔,编.北京:人民教育出版社,1980:74.
④ 蔡元培.蔡元培教育文选[M].高平叔,编.北京:人民教育出版社,1980:95.
⑤ 蔡元培.蔡元培教育论集[M].高平叔,编.长沙:湖南教育出版社,1987:428.
⑥ 蔡元培.蔡元培教育文选[M].高平叔,编.北京:人民教育出版社,1980:132.
⑦ 蔡元培.蔡元培全集:第 2 卷[M].高平叔,编.北京:中华书局,1984:468-469.

工。所以农是种植的工，商是转运的工，学校职员、著述家、发明家，是教育的工，我们都是劳工。我们要自己认识劳工的价值。劳工神圣。"[①] 这里所说的"劳工"并不是一个严格意义上的科学概念，但的确能反映出蔡元培对普通百姓的深厚感情以及对劳力与劳心相统一的美好向往。[②] 这一口号的提出在客观上有利于知识分子与工人群众的结合，促使知识分子参加劳动，劳动大众学习文化。

（三）蔡元培劳动教育思想的当代启示

1. 要重视劳动教育的价值，发挥其独特的育人作用

蔡元培认为，工是人的天责，学是工的预备，这里的"工"既包括"工作"，也含有"劳动"的意思。他首次提出了"军国民教育、实利主义教育、公民道德教育、世界观教育、美感教育皆今日之教育所不可偏废"的教育思想，劳动教育就包含在这"五育"之中。他把劳动教育视为促进人身心自由及和谐发展不可缺失的力量，主张通过劳动教育"人人皆须致力于生产事业，人人皆得领略优美的文化"[③]。显然，蔡元培十分注重发挥劳动教育独特的育人价值和启蒙作用。

2. 劳动教育必须有鲜明的价值导向

从蔡元培"即工即学"和"工学结合"的主张中可以看出，他希望通过不断加强职业技术培训，使学生成为劳心又劳力的"完全劳动者"，最终实现教育提高国家经济实力和改善人民生活的作用。蔡元培不但提出了"劳工神圣"的口号，还躬行实践，对平民教育的提倡就是很好的体现。在任北京大学校长期间，他提倡并积极参与"校役夜班"的创办，免费为全校的校役提供学习知识与技能的机会，教员则由学生义务担任。此外，他还大力支持学生开展平民教育讲演以及创办平民夜校、商业夜校等，意在增进平民的知识，唤起平民的自觉心。显然，他的劳动教育思想具有鲜明的政治导向和积极、民主的特征。

3. 劳动教育必须与现实生活紧密结合

蔡元培深受杜威实用主义教育的影响，对读死书、死读书的旧式教育持坚决反对态度，认为放弃实用知识的学习大为不妥。他说："夫人类自有生以后，即不能遁乎厚生利用之范围。以记诵为常课、而屏除致用各科者，诚与人性相违。且教科过重抽象，则神经受过度之刺激，而且启情窦早开之弊。故普通教育中多列手工诸科，不得不视为至当。即如德佛伊氏 Dewey（通译杜威）一派，欲以烹饪、裁缝及金工诸工为一切科学之导线者，其理论之直当，所不待言。"[④] 据此可以看出，蔡元培将社会生活和职业培训作为教育的基础，重视将文化知识的学习融入各种技能的培训，强调实利主义教育是当务之急的教育。

---

① 蔡元培. 蔡元培教育文选［M］. 高平叔，编. 北京：人民教育出版社，1980：57.
② 曾天山，顾建军. 劳动教育论［M］. 北京：教育科学出版社，2020：124.
③ 蔡元培. 蔡元培教育文选［M］. 高平叔，编. 北京：人民教育出版社，1980：184.
④ 蔡元培. 蔡元培全集：第2卷［M］. 高平叔，编. 北京：中华书局，1984：411.

二、陶行知的劳动教育思想

（一）陶行知劳动教育思想产生的背景

民国初年,民族危机、教育与生活相互分离等社会问题亟须解决,陶行知认识到当时的中国还是个农业大国,是个"穷国",于是提出了"过劳动的生活就是受劳动的教育"[①]。他倡导教育救国,认识到劳动教育于国、于教、于人的价值,提出劳动教育是人民的教育、生利的教育、整个人的教育以及符合历史前进的教育。[②]

受裴斯泰洛齐"生活具有教育的作用"的思想以及杜威实用主义教育思想的影响,陶行知逐渐形成了自己的一套生活教育理论,其核心内容是"生活即教育,社会即学校,教学做合一",他主张人们"过什么生活,用什么书"[③],做到用活书、活用书,人人都可以通过参与社会实践获得生活的教育。他强调"做"是连接生活和教育的纽带,要"在劳力上劳心"。

（二）陶行知劳动教育思想的核心内容

1. 劳动教育的基础:在劳力上劳心,用心以制力

"在劳力上劳心"是陶行知劳动教育思想的基础,即他主张教育与劳动相结合,实现劳心与劳力的统一,并且要在物质生产劳动的基础上进行精神生产劳动,他希望最终培养出的是用大脑指挥双手、用双手锻炼大脑的手脑健全的人。但在中国传统的教育之下,教育与劳动、劳心与劳力是被截然分开的,因而就形成了"书呆子"(劳心者)和"田呆子"(劳力者)两个极端。所谓"书呆子",就是指当时学校中的那些只劳心而不劳力、只读书而不做工的人,这群人里既有"教死书""死教书""教书死"的教书人,又包括"读死书""死读书""读书死"的读书人。而"田呆子"则是指社会上那些只知道"做死工""死做工""做工死"的劳力者。陶行知认为正是传统教育的这种弊端,使中国得了两种病:"一种是'软手软脚病',一种是'笨头笨脑病'。害'软手软脚病'的人,便是读书人,他的脑袋一定靠不住,是呆头呆脑的。而一般工人、农民都是害的'笨头笨脑病',所以都是粗手粗脚。"[④]同时,他指出:"一个人要贡献社会,一定要手与脑缔结大联盟。然后,可以创造,可以发明,可以建设国家。"[⑤]

2. 劳动教育的逻辑:行—知—行

陶行知在《行知行》一文中指出:"行是知之始,知是行之成。"这体现了他对实践与认知关系的独特见解,即认识来源于实践,只有通过实践才可以得出真知,强调

[①] 陶行知.陶行知全集:第2卷[M].方明,主编.成都:四川教育出版社,2005:233.

[②] 陶行知.陶行知全集:第1卷[M].方明,主编.成都:四川教育出版社,2005:90.

[③] 陶行知.陶行知全集:第2卷[M].方明,主编.成都:四川教育出版社,2005:233.

[④] 陶行知.陶行知全集:第2卷[M].华中师范学院教育科学研究所,主编.长沙:湖南教育出版社,1985:605.

[⑤] 陶行知.陶行知全集:第2卷[M].华中师范学院教育科学研究所,主编.长沙:湖南教育出版社,1985:605.

要通过实践活动来获取真知,进而反哺课堂文化教育。他反对传统灌输式的教学方法,主张以学定教,同时教法和学法又要共同服从实践的需要,即"行"是选择教学方法的根本依据。但陶行知对"行知"的肯定并不意味着他否定"闻知"和"说知",相反他同样承认这两者的存在与价值,正如他在《行是知之始》一文中提出的:"我们拿'行是知之始'来说明知识的来源,并不是否认闻知和说知,乃是承认亲知为一切知识之根本。"[1] 他还进一步指明了这三者之间的关系,点明了实践出真知与间接读书获取知识的区别:"闻知与说知必须安根于亲知里面方能发生效力。"[2] "我们对一群毫无机器工厂劳动经验的青年演讲八小时工作的道理,无异耳边风。"[3] 他认为只有在生产实践中进行劳动教育才能使其具有长久生命力。

3. 劳动教育的载体:一切可能的素材

陶行知生活教育理论的核心内容是"生活即教育,社会即学校,教学做合一",即他认为社会就是广大平民百姓的学校,具有学校的意味,广大平民百姓要通过实践接受生活教育。一方面,社会是广大劳苦大众唯一的学校,应打破学校和社会之间的隔离,把学校的一切延伸到社会生活中和自然中,把整个社会当作教育的场所;另一方面,要善于运用社会力量来促进学校的发展。在陶行知看来,"生活教育就是生活所原有,生活所自营,生活所必需的教育"[4],他打破了学校教育的局限,把教育放到整个社会中进行,用学校周边一切可能的素材开展劳动教育,极大地丰富了劳动教育的内容和载体。他在《生活即教育》中写道:"我们此地的教育,是生活教育,是供给人生需要的教育。人生需要什么,我们就教什么。……是那样的生活,就是那样的教育。"[5] 他的"育才二十三常能"包含对种菜、洗补衣服、说国语等日常生活技能的要求,并且他还在育才学校中开设了日常劳动教育的课程,将扫地、做饭、种菜等都作为课程内容。此外,他也在学校中开设了生产劳动课程,使每位学生都能在自己分得的土地上种植作物。在这期间,学生既能够切实地体验劳动,增强相关的知识与技能,同时又能收获劳动所带来的乐趣,培养正确的劳动观和劳动态度。陶行知认为学生参与劳动过程本身就是一个接受教育的过程,这体现了他对教育蕴含在生活所有劳动中的主张。

育才二十三
常能

(三)陶行知劳动教育思想的当代启示

1. "劳动教育"是个立体的概念

陶行知的劳动教育目标可以分为五个维度:学习劳动知识、掌握劳动技能、学会

① 陶行知. 行是知之始[M].朱永新,主编.苏州:古吴轩出版社,2016:4.
② 陶行知. 行是知之始[M].朱永新,主编.苏州:古吴轩出版社,2016:4.
③ 陶行知. 陶行知全集:第2卷[M].华中师范学院教育科学研究所,主编.长沙:湖南教育出版社,1985:153.
④ 陶行知. 陶行知全集:第2卷[M].华中师范学院教育科学研究所,主编.长沙:湖南教育出版社,1985:633.
⑤ 陶行知. 陶行知全集:第2卷[M].华中师范学院教育科学研究所,主编.长沙:湖南教育出版社,1985:181.

互相合作、体认劳动价值和树立健康人格。[①] 这就打破了人们将劳动教育等于劳动锻炼或手工作业的简单认知。陶行知认为劳动教育既是培养人的手段，又是培养人的内容，不仅是体力性的，更重要的是精神性的，强调"在劳动中"和"通过劳动"自立立人，使人习得劳动知识与技能，形成尊重劳动和劳动人民的正确态度，具有改造社会的奉献精神与责任担当。与此同时，陶行知还强调劳动教育应该是一个"在劳力上劳心，用心以制力"的过程，要培养的不是单纯的劳力者或者劳心者，而是手脑双挥的"整个人"，这是一种兼具农夫的身手、科学的头脑和社会改造的精神与责任的人。[②]

2. 要将劳动教育日常化和生活化

陶行知生活教育理论主张生活是教育的中心，能决定教育，教育只有在生活中通过社会实践才能真正发挥作用。他强调要用生活来进行教育，为了生活的向前向上发展而教育。劳动教育是其重要的组成部分，其本质是"是劳动的生活，就是劳动的教育，是不劳动的生活，就是不劳动的教育"[③]。陶行知提出的"育才二十三常能"就是育才学校日常劳动教育课程的主要内容，他还在学校中开设了生产劳动课程，这些都体现了教育与生活的紧密结合。他还倡导"小先生制"，即希望在日常生活中，每个人都能做到随时随地地把自己通过实践习得的知识、技能与技艺传授给他人，实现共同进步。

3. 要有科学合理的劳动教育评价体系

劳动教育的有效开展，离不开科学合理的劳动教育评价体系的构建。针对这方面的问题，我们可以从陶行知的劳动教育思想中得到如下启示：首先，评价要紧紧围绕课程内容。陶行知倡导生活教育，故以"生活力"为标尺，制定具有"生活力"的评价标准，使用具有"生活力"的考试。如在南京晓庄学校，陶行知提出"不会种菜，不算学生""不会烧饭，不得毕业"[④] 的评价标准。其次，要将劳动教育场地和设施也列入评价体系。陶行知规定乡村小学、师范学校必须开设农场，必须使每位学生都能分到一定的土地进行耕种。最后，评价标准要"因龄而异"，进行量化考核。陶行知对儿童和成人的劳动教育评价标准分别进行了量化规定，对儿童要以日常生活劳动的考核为主，意在培养其劳动意识与劳动习惯，规定一名儿童一年的劳动量为：生活劳动教育包括自己的衣服自己洗，四季共洗 100 套；生产劳动教育包括一年种菜 50 斤、养鸡或鸭 1 只得蛋 50 个和种树 50 棵等。[⑤] 对成人则要以生产劳动的考核为主，意在培养其劳动能力和塑造其劳动精神。一名青年一年的劳动量为：每人种树至少

① 李超玲,黄梅红.黄炎培与陶行知劳动教育思想比较及启示:基于 NVivo12.0 的编码分析[J].当代教育论坛,2022(1):117-124.

② 张珍珍.陶行知劳动教育思想及时代意蕴[J].巢湖学院学报,2021,23(5):138-144.

③ 陶行知.生活即教育[M].武汉:长江文艺出版社,2021:201.

④ 陶行知.陶行知全集:第 1 卷[M].方明,主编.成都:四川教育出版社,2005:90.

⑤ 陶行知.陶行知全集:第 3 卷[M].方明,主编.成都:四川教育出版社,2005:71.

二百株;用新稻种,每人种一丘田试试看;用新麦种,每人种一丘田试试看;织布、织毛巾、织袜等每人学会一种,从事增进生产①。

三、晏阳初的劳动教育思想

（一）晏阳初劳动教育思想产生的背景

1918 年,晏阳初从耶鲁大学毕业后毅然赴法国为在欧洲战场上做苦力的华工服务,继而开展华工教育。在与华工的朝夕相处中,他"发现了苦力之苦,也发现了苦力之力",坦言是这些苦力使他开始认识到真正的中国。②为此他说:"我立志,回国以后,不做官,也不发财,抛弃一切荣华富贵,把我的终生献给劳苦大众,为教育劳苦大众,始终不渝!"③

他首开华工识字班,并自编了识字教材《千字课本》,还创办了《华工周报》,这是他从事平民教育的开始。1920 年 8 月,他回国并担任了中华基督教青年会全国协会平民教育科科长。1923 年 8 月,中华平民教育促进会总会成立,他担任总干事,从此积极致力于平民教育运动。④他的劳动教育思想就体现在其平民教育的理论与实践之中。

（二）晏阳初劳动教育思想的核心内容

1. 强调教育与生活实际相结合,知识分子与工农大众相结合

晏阳初非常重视国民的文化素质,他说:"一个共和国的基础稳固不稳固,全看国民有知识没有。"⑤然而,那时"中国最大多数的人民,不但缺乏智识,简直他们目不识丁,所谓中国人民有 80% 是文盲"⑥。同时他还说"中国大部分的文盲不在都市而在农村,中国是以农立国,中国的大多数人民是农民。农村是 85% 以上人民的着落地,要想普及中国的平民教育,应当到农村里去……"⑦于是在他的倡议下,1923年中华平民教育促进会(简称平教会)成立,1929 年平教会在河北定县(今定州市)成立了"定县实验区",从此他便全身心投入乡村改造。晏阳初不仅自己身体力行地倡导乡村教育与建设,还鼓励知识分子从象牙塔中走出来,从书本中走出来,深入到工农大众的真实生活中去。在此基础上,他提出了"农民科学化,科学简单化"的平民教育目标,并认为"我们欲'化农民',我们须先'农民化'"。在他的积极号召下,当时一批又一批大学生、教授、学者和医生纷纷从城市来到农村,参加定县乡村平民教育实验,与村民们一起劳动和生活,走上知识分子与工农大众相结合的道路。⑧

---

① 陶行知.陶行知全集:第 3 卷[M].方明,主编.成都:四川教育出版社,2005:73.
② 晏阳初.晏阳初教育论著选[M].马秋帆,熊明安,主编.北京:人民教育出版社,1993:34.
③ 宋恩荣,熊贤君.晏阳初教育思想研究[M].沈阳:辽宁教育出版社,1994:2.
④ 孙培青.中国教育史[M].3 版.上海:华东师范大学出版社,2009:453.
⑤ 晏阳初.晏阳初教育论著选[M].马秋帆,熊明安,主编.北京:人民教育出版社,1993:1.
⑥ 晏阳初.晏阳初全集:第 1 卷[M].宋恩荣,总主编.长沙:湖南教育出版社,1989:247.
⑦ 晏阳初.晏阳初全集:第 1 卷[M].宋恩荣,总主编.长沙:湖南教育出版社,1989:245-246.
⑧ 孙培青.中国教育史[M].3 版.上海:华东师范大学出版社,2009:456.

2. 主张开展农村新生产劳动教育,提倡教育救国

晏阳初是一个教育救国论者,他认为当时中国所有的问题都应归结到"人的改造"上来,而这在根本上就需要靠教育来实现。同时,他还认为中国的经济基础不在城市而在农村,中国的广大人口是农民,因此想要改造中国就需要从改造农村、重视乡农村教育与建设做起。[①] 通过调查,他发现中国农村问题虽然千头万绪,但最终都可以归结到"愚""穷""弱""私"这四点上,并强调这些问题如果得不到解决,任何建设事业都将谈不上。为此,他专门提出了"四大教育",即"文艺教育""生计教育""卫生教育""公民教育",以期提升全国人民的知识力、生产力、强健力、团结力。在"四大教育"中,"公民教育"最为根本,这种教育旨在培养人的公共心、团结力,使他们具有最低限度的公民常识和政治道德。那么,如何才能实现这种教育理想呢?开展农村新的生产劳动教育不失为一种选择。正如晏阳初指出的那样:"教者与学者,都要在实际生活上去实地历练才成。比如教农村青年选择良种,驱除病虫,其方法不重在教室内黑板的讲演,而重在田地里的实际工作。其目的不光在增加生产,还要输入科学知识,造成科学头脑,这正是在改良实际生活的实验中,培养民族的新生命,振拔民族的新人格。又如在农村里提倡办合作社,其目的不仅在增加农民的收入,还要培养他们的合作精神、合作技能,以促进民族的新组织、新团结。"[②]

3. 培养有知识、有生产力、有公共心的整个人

晏阳初认为,平民教育的目的是教人做"整个的人",这种人"第一要有智识力,第二要有生产力,第三要有公共心"[③]。"总之,平民教育是养成有知识、有生产力和有公德心的整个人。"[④] 他批评了以前国人的一个通病:没有读书以前,愿意做工和劳动,一旦成为文人,就不愿参加生产劳动了。还有一部分人,"两耳不闻窗外事,一心只读圣贤书",变成了四肢不勤、五谷不分的书呆子。于是他提出:"平民教育于实施文字教育外,使人人备具生产的技能,造成能自立的国民。倘全国人民均有生产能力,国民生计,必皆富足。"晏阳初在论述、创办乡村建设学院的"六大目标"时仍然把"劳动者的体力"作为第一目标。他说:"推行省政建设,改造乡村,身体要是一副钢筋铁骨。"[⑤]"一个人非讲求体力不可,体力不好,则容易悲观、消极。单求体力还不行,我们还要能够劳动,千万不要以为劳动有损于你们的人格,有损于你们的体面。"[⑥]

(三)晏阳初劳动教育思想的当代启示

1. 要扎根现实生活开展劳动教育

在开展劳动教育的过程中,晏阳初不仅躬行实践,还积极号召广大知识分子

① 晏阳初.晏阳初全集:第1卷[M].宋恩荣,总主编.长沙:湖南教育出版社,1989:245-246.
② 晏阳初.晏阳初教育论著选[M].马秋帆,熊明安,主编.北京:人民教育出版社,1993:63.
③ 晏阳初.晏阳初教育论著选[M].马秋帆,熊明安,主编.北京:人民教育出版社,1993:34.
④ 晏阳初.晏阳初教育论著选[M].马秋帆,熊明安,主编.北京:人民教育出版社,1993:34.
⑤ 晏阳初.晏阳初教育论著选[M].马秋帆,熊明安,主编.北京:人民教育出版社,1993:33.
⑥ 宋恩荣,熊贤君.晏阳初教育思想研究[M].沈阳:辽宁教育出版社,1994:193.

"农民化",鼓励他们"抛下东洋眼镜,西洋眼镜,都市眼镜,换上一副农夫眼镜"[1],甘作农民的学徒,这样才能最终达到"化农民"的目的。同时,他还认为广大平民的劳动教育要以平民的需求为导向,他们需要什么就学习什么,而且要用经济、简单、适宜的方式进行。他指出:"我们研究的一切设施与方法,都必须把握四大原则:其一,力求简单;其二,力求经济;其三,力求实际。其四,是否有基础性。"[2]因此,晏阳初提出,在定县要从农业生产、农村经济、农村工业各方面入手,以达到农村建设的目标。在农业生产方面,注意选种、园艺、畜牧各部分工作,应用农业科学提高生产,使农民在农事方面能接受最低程度的农业科学;在农村经济方面,利用合作方式教育农民,组织合作社、自助社等,使农民在破产的农村经济状况下,能够得到相当的补救方法;在农村工作方面,除改良农民手工业外,还提倡其他副业,以充裕其经济生产力。[3]

2. 劳动教育是个多方面共同进行、相互促进的系统工程

在实地调查的基础之上,晏阳初将中国农村的问题归结到"愚""穷""弱""私"这四点上,并针对性地提出了"四大教育",期望能以文艺教育攻愚,培养平民的知识力;以生计教育攻穷,培养生产力;以卫生教育攻弱,培养强健力;以公民教育攻私,培养团结力。为保证"四大教育"的顺利实施,他还创造性地提出了"三大方式",即:以学校式教育为重点,发挥主导作用;以社会式教育作延伸,发挥推广作用;以家庭式教育作协调,发挥辅助作用。这也有助于克服过去教育与社会相脱节、与生活实际相背离的弊端,有助于发挥教育的整体作用。晏阳初的"四大教育""三大方式"的理论把乡村教育视为与乡村文化、经济、卫生、道德等方面共同进行,学校、社会、家庭相互促进的系统工程,这在中国教育史上是一种创新,时至今日仍具有现实意义。[4]

3. 劳动教育必须有鲜明的政治立场

晏阳初将实施"四大教育"视为"救国救民的唯一方法"[5],其中,他又将实施公民教育视作根本。对此,他曾说"激起人民的道德观念,施以良好的公民训练,使他们有公共心、团结力,有最低限度的公民常识、政治道德,以立地方自治的基础。我们办教育,固然要注意文艺、生计、卫生,但是我们不能忘了根本的根本,就是人与人的问题,大家要都是自私自利,国家就根本不能有办法,他没有复兴的希望"[6]。晏阳初用尽毕生精力推行平民教育和乡村建设、乡村改造运动,希望实现复兴农村、拯救国家的美好愿望,他的这种担负起"民族再造"使命的爱国思想、社会责任感和抱着"牺牲一切"为平民大众而艰苦奋斗的精神,是非常可贵的。

---

① 晏阳初.晏阳初全集:第1卷[M].宋恩荣,总主编.长沙:湖南教育出版社,1989:221.
② 晏阳初.晏阳初教育论著选[M].马秋帆,熊明安,主编.北京:人民教育出版社,1993:56.
③ 孙培青.中国教育史[M].3版.上海:华东师范大学出版社,2009:455.
④ 孙培青.中国教育史[M].3版.上海:华东师范大学出版社,2009:457.
⑤ 晏阳初.晏阳初全集:第1卷[M].宋恩荣,总主编.长沙:湖南教育出版社,1989:175.
⑥ 晏阳初.晏阳初全集:第1卷[M].宋恩荣,总主编.长沙:湖南教育出版社,1989:248-249.

思 考 探 究

1. 通过对马克思主义劳动教育思想的学习,我们应该怎样在教育实践中开展好劳动教育?

2. 裴斯泰洛齐的劳动教育思想与实践的特点和意义是什么?

3. 陶行知劳动教育思想的核心内容是什么?

4. 我国近代教育家的劳动教育思想与实践对当代劳动教育的实施有哪些启示?

第四章
我国劳动教育政策及实践

学习目标

❶ 了解新民主主义革命时期以来我国不同历史时期的社会背景和劳动教育相关政策的主要内容及有关实践。

❷ 能够理解并总结不同历史时期劳动教育政策和实践的重要特征与变化趋势。

❸ 体会不同时期劳动教育内涵的变化，把握新时代劳动育人的核心价值。

教育政策是国家或政党在一定历史时期为实现一定教育目标所制定的具体行动纲领和行动准则。百年来中国共产党经历了新民主主义革命时期、社会主义革命和建设时期、改革开放和社会主义现代化建设新时期、中国特色社会主义新时代四个历史时期。梳理中国共产党百年来劳动教育政策的历史发展过程,可以发现劳动教育的价值取向呈现出为政治动员服务、为生产建设服务、为阶级斗争服务、为经济发展服务、为素质教育服务五种不同的取向。通过学习不同时期的劳动教育政策,我们能够勾勒出不同时期劳动教育实施的图景,把握劳动教育演变的历史规律,同时从历史中汲取营养,沟通理论学习和实践的桥梁。本章我们将从政策及实践的角度介绍我国劳动教育的发展历程。

第一节　新民主主义革命时期的劳动教育政策及实践

从 1921 年 7 月中国共产党建立至 1949 年 10 月中华人民共和国成立,是新民主主义革命时期。这一时期的主要目标是通过革命的手段推翻帝国主义和封建主义的统治,实现国家独立和人民解放。中国共产党领导中国人民取得了反帝反封建的最终胜利,中国社会的性质由半殖民地半封建社会转为新民主主义社会。中国社会呈现出前所未有的新面貌,这也为新的教育思想的出现提供了空间,我国劳动教育思想在这一时期得以扎根、发展。

一、时代背景

（一）社会背景

1921 年,中国共产党成立。壮大中国共产党队伍,扩大群众基础,争取国家主权是当时的重要任务。这一时期战争频繁,共产党人认识到,要建立坚实的政党需要坚实的群众基础,因此这一时期的劳动教育重心落在为政治动员服务上。战争环境不具备开展系统的劳动教育的条件,因此劳动教育的组织形式较为灵活。

（二）教育思想的变迁

在文化方面,新文化运动促进了马克思主义在中国的广泛传播。平等的教育观、社会主义劳动教育观、劳工神圣等先进思想深入人心。中国共产党积极将马克思主义与中国教育的实际相结合,逐步取得对中国教育的领导权,并对教育进行了灵活多样的实践探索[①],这个时期的教育主要有以下几个特点:

（1）工农教育以提高工农政治觉悟和文化水平为目标。

---

① 朱永新,罗晶.中国共产党与中国教育百年[J].教育研究,2021,42(7):4-15.

（2）关注工人、农民教育权利，普及义务教育，注重教育公平。

（3）教育形式因地制宜，灵活多样，注重学习与生产相结合。

整体而言，由于外在条件的原因，中国共产党未颁布有关劳动教育的专门文件，但对马克思主义的劳动教育思想有了较为深入的把握，为日后劳动教育政策的颁布奠定了基础。这一时期的劳动教育目标在于为政治动员服务，实施形式较为灵活。这一时期虽然少见有关劳动教育的专门政策，但出现了较为丰富的体现劳动精神、劳动教育的讲话和文章。

二、政策要义

（一）重点政策概览

1921 年，中国共产党第一次全国代表大会通过的《关于中国共产党任务的第一个决议》要求建立劳工补习学校或劳工组织讲习所，以培养党务人员。

1921 年，毛泽东创办湖南自修大学时将"求知识与劳力两阶级之接近"作为湖南自修大学的重要组织原则。为此学校"应注意劳动"，"应有相当之设备，如艺园、印刷、铁工等"[①]。

1922 年，中国共产党第二次全国代表大会宣言提出教育的任务要求和奋斗目标，《中华苏维埃共和国宪法大纲》明确"以保证工农劳苦民众有受教育的权利为目的"，文化教育机关"在工农劳苦群众手里"，"工农及其子弟享受教育的优先权"[②]。

1922 年，第一次全国劳动大会通过了《劳动法案大纲》，男女劳工的受教育机会首次得到保障。

1932 年 5 月，湘鄂省苏维埃政府训令规定，"教育与工业生活农业生活结合，即劳动与教育结合，劳心与劳力结合，理论与实际结合"[③]。

1934 年 4 月，中央人民委员会颁布的《小学课程教则大纲》指出，"要教育极广大的劳动群众的子弟，使他们成为有能思想的头脑，有能劳作的两手，有对劳动的坚强的意志的完全的新人物"[④]，提倡通过劳动教育提高学生的思想觉悟，培养革命需要的人才。

1939 年由于战争的爆发，物资被大量消耗，根据地生活必需品告急，为保障广大群众和战士正常生活和战斗，《1939 年边区教育的工作方针与计划》提出："加强各学校的生产劳动，使生产工作不仅以劳动为目的，更进而在实际上启发儿童认识生产的意义，一方面使每个学校都能靠自己劳动所获维持生活，准备在战时解决可能发生的学校给养问题。"[⑤]

1939 年抗日军政大学建立，为加强抗日统一战线，毛泽东在《中共中央军事委

①　刘向兵，曲霞.党史百年历程中劳动教育的功能及其实现[J].教育研究，2021，42（10）：4-10.

②　中央档案馆.中共中央文件选集：第七册[M].北京：中共中央党校出版社，1991：775.

③　李蔺田，王萍.中国职业技术教育史[M].北京：高等教育出版社，1994：226.

④　张挚，张玉龙.中央苏区教育史料汇编：上册[M].南京：南京大学出版社，2016：431.

⑤　陕西师范大学教育研究所.陕甘宁边区教育资料（教育方针政策部分）：上[M].北京：教育科学出版社，1981：50.

员会关于整顿抗大问题的指示》中明确抗大的两个重要教育原则：一是教育学生决心深入下层实际工作，反对轻视实际工作经验；二是接近工农，决心为工农服务，反对看不起工农的意识。①

1940 年通过的《边区教育宗旨和实施原则（草案）》进一步强调："边区教育应特别注重劳动教育，使儿童青年从事劳动，使他们在集体劳动中锻炼他们的身体，发展他们的集体精神，训练他们的组织能力，并且养成他们劳动的兴趣和重视爱好劳动的习惯。"②

直到新中国成立前夕中国共产党仍然强调教育与生产的紧密关系，1944 年 5 月，《解放日报》社论指出，"我们的教育绝对不是孤立的，而是必须和边区的生产紧密联系在一起"③。

（二）政策特点

在新民主主义革命时期，中国共产党的劳动教育政策主要体现为学习和继承马克思主义中教育与生产劳动相结合的思想，相关政策发挥了劳动教育为政治动员服务的功能，主要有以下特点：

第一，逐步确立起教育与生产劳动相结合。教育与生产劳动相结合是指教育与农业、手工业等生产劳动相结合，就教育方式而言，是教育和体力劳动的结合，就劳动方式而言，其本质是体力劳动的合作组织形式。

新民主主义革命时期教育方针的变化

第二，教育和生产劳动都是为革命斗争服务的工具。教育通过与生产劳动相结合，对广大干部群众、工人农民进行政治动员，培养工农群众的解放意识，为争取民族独立和国家解放而不断奋斗。

第三，对工农群众和广大干部采取不同的教育形式。对广大干部，主要通过建立大批干部学校进行思想宣传；对工农群众，则主要通过组织大量社会活动进行政治动员。④

李大钊与《劳动教育问题》

三、劳动教育实践

（一）劳动教育实践指导文件

在延安时期，中国共产党特别注重中小学劳动教育实践，不仅设立了正式的劳动教育课程，还注重劳动教育与其他课程的渗透。中小学每周有 2～3 个下午作为生产劳动时间来完成学校的任务。⑤ 社会活动、生产劳动在《边区小学教育实施纲要》

①　章锁江，郭永松，邵五甲．教育必须与生产劳动相结合：学习毛泽东教育思想的实践与思考[J]．中国高教研究，1993（6）：24.

②　张志强，郝琦．延安时期劳动育人的有效性及经验启示[J]．理论月刊，2021（3）：14-23.

③　陕西师范大学教育研究所．陕甘宁边区教育资料（教育方针政策部分）：下[M]．北京：教育科学出版社，1981：406.

④　朱文辉，高一卓．中国共产党百年劳动教育政策：历史回溯、特征体认与前景展望[J]．教育理论与实践，2021，41（31）：22-28.

⑤　韩作黎．延安教育研究[M]．郑州：文心出版社，2003：440.

中均被列为正式课程。为了贯彻教育和生产劳动相结合的指导方针,劳动教育成为重要的教学方法渗透到各门学科中。如"在小学里,常识课讲生产知识,国语课讲劳动是光荣的、毛主席热爱劳动儿童的故事,算术计算儿童生产成绩,练习记工记账"[①]。

劳动教育开展的形式多样,内容生动活泼,考虑了学生的年龄、兴趣及性别等差异。例如,当时的延安市完小按照学生的年龄、体力分成木工组、纺织组、农业畜牧组,并邀请劳动英雄教学生木工、纺织和养鸡,学生上午念书、下午生产,生产的收益归个人所有。[②]延安抗小把全校学生按照年龄、体力、劳动性质分成纺纱组、农业组、木工组、缝补组和养蚕组等,每组聘请一两位老师负责指导。[③]边区中等学校普遍参加了以种粮、纺毛线、打盐、烧炭、建校舍为主要内容的生产劳动,规定每个学生每年必须有 20 天至一个月的时间参加生产劳动。

劳动教育也注重依靠群众力量灵活办学。根据地的各级各类教育大力提倡师生自建校园、参加春耕秋收、学习手工技艺等活动。很多地区都开展了灵活的劳动教育实践。川陕苏区小学专门开设了每周两节的"劳动实习"课程。广西左右江苏区兴办的劳动小学,实行"上午上课,下午劳动,早晚写作"的教学制度。在闽西苏区,不少学校建立了儿童菜园、肥料所和生产劳动实习场地,经常组织儿童参加劳作,把书本知识学习与生产技能训练结合起来。这一时期虽然没有明确提出劳动教育概念,但在实践中都强调劳动教育,努力改变劳动和教育相分离的状况,使二者有机结合。

这一时期的劳动教育牢牢把握了思想教育价值。劳动教育的价值不仅在于实际生产,也包括劳动知识的学习和劳动品格的塑造。如对小学劳动教育开展了纠偏工作,纠正"一味强调生产",单纯从经济利益出发而忽视了生产的教育意义;纠正滥用半日制,因生产而忽视文化教育和科学知识讲授等现象。[④]对边区中学生进行劳动教育,要求他们既要充分认识工读的意义,也要杜绝过分夸大教育的意义,认为生产即教育、劳动即教育、生活即教育。[⑤]为了达到思想改造的目的,延安时期学校教育选择的"劳动",原则上以"广泛使用劳动力",技术含量不高,"以手工业为主"的体力劳动为主,[⑥]目的在于,使学生通过克服劳动过程中的困难形成"劳动意识",培养其无产阶级思想情感以及热爱劳动的价值观念。

（二）劳动教育具体实践

I. "工读"思潮与劳动教育

中国共产党注重加强在工人中的宣传和组织工作,以促成马克思主义同中国工人运动的进一步结合,主要有以下方式:

劳动解放

---

① 教育科学研究所筹备处 . 老解放区教育资料选编［M］. 北京:人民教育出版社,1959:227.

② 教育科学研究所筹备处 . 老解放区教育资料选编［M］. 北京:人民教育出版社,1959:209-220.

③ 程今吾 . 延安一学校［M］. 北京:中国青年出版社,2012:21.

④ 教育科学研究所筹备处 . 老解放区教育资料选编［M］. 北京:人民教育出版社,1959:224-232.

⑤ 教育科学研究所筹备处 . 老解放区教育资料选编［M］. 北京:人民教育出版社,1959:209-220,224-232,240-249.

⑥ 教育科学研究所筹备处 . 老解放区教育资料选编［M］. 北京:人民教育出版社,1959:245.

（1）出版通俗刊物，对工人进行阶级教育，广泛宣传先进思想。如上海的《劳动界》（图4-1-1）、北京的《劳动音》、广州的《劳动者》（图4-1-2）、济南的《济南劳动》等。

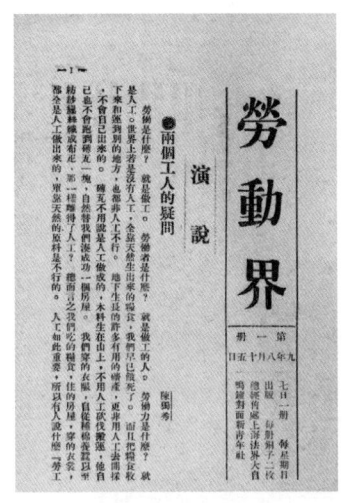 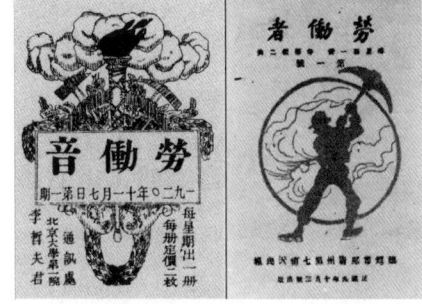

图4-1-1　上海《劳动界》第一册　　图4-1-2　北京的《劳动音》和广州的《劳动者》

（2）举办工人补习学校，向工人讲述马克思主义。如北京党组织在工人比较集中的长辛店开办了劳动补习学校，上海党组织在纱厂比较集中的沪西开办了劳动补习学校，武汉党组织在武昌第一纱厂和汉阳兵工厂开办了识字班。各地党组织通过这种形式，以劳动教育为切入点，在工人群众中宣传科学社会主义思想，提高工人阶级的觉悟，发现和培养一批工人中的骨干分子；共产主义知识分子本身也得到了锻炼和改造，并同工人群众结合起来。

（3）帮助工人建立工会，开展活动，宣传"劳工神圣""劳动光荣"等思想。如上海成立机器工会、印刷工会、纺织工会，湖南成立湖南工团联合会，安源成立安源工人俱乐部，北京组织了长辛店工人俱乐部，等等。1921年五一国际劳动节时，各地党组织领导工人举行了庆祝活动，有的还领导了工人的罢工斗争。[①]1922年、1925年分别召开第一次和第二次全国劳动大会，并通过了《工人教育的决议案》。

2. 干部和民众中的劳动教育

土地革命战争时期，中国共产党主要通过开办红军学校、红军大学、马克思主义大学、干部训练班等进行干部教育；在群众中主要通过扫盲运动，如开办冬学、夜校、半日校、识字班，以及农民运动讲习所、劳动学院等，还有通过媒介宣传等方式，传播马克思主义和党的政策方针，提高群众的文化水平和政治觉悟，使教育与生产劳动相结合，"要用教育来提高生产劳动的知识技术，使教育与劳动统一起来"[②]。

① 龚书铎.中国近代史：1919—1949[M].北京：中华书局，2010：27
② 江西省教育学会.苏区教育资料选编：1924—1934[M].南昌：江西人民出版社，1981：97.

3. 中小学劳动教育

1934年,在第二次全国苏维埃代表大会上,毛泽东同志提出苏区的教育"在于使文化教育为革命战争与阶级斗争服务,在于使教育与劳动联系起来"[①],正式确立了"劳动与教育相结合"(以下简称"教劳结合")的方针。随后,各根据地开始进行广泛的教劳结合实践,如1938年《陕甘宁边区小学规程》将生产劳动纳入课程,晋察冀边区于1943年编写《生产课本》与《怎样种庄稼》等教材,参见图4-1-3,1945年晋冀鲁豫的初小国语常识合编课本涉及生产知识、劳动观念的课文占38%,这些都促进了教劳结合方针的贯彻实施。[②]但这一时期劳动教育课程和教材仅局限于革命根据地的部分地区、个别教材,尚未形成全国统一、稳定有序的劳动教育建设局面。

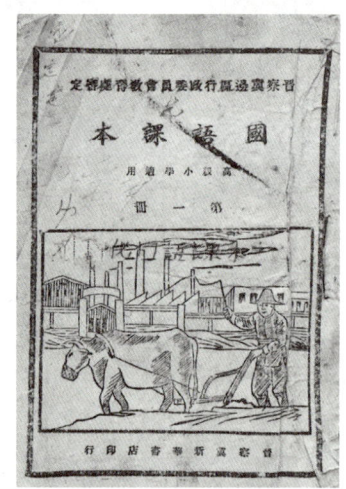

图4-1-3　晋察冀边区教材封面中的劳动教育意味

第二节　社会主义革命和建设时期的劳动教育政策及实践

从1949年10月至1978年12月党的十一届三中全会召开,是社会主义革命和建设时期。中国共产党带领中国人民成立新中国后,亟须建立新的社会制度,巩固新生政权,因此进行社会改造,建立完整独立的工业体系、适应社会主义制度的国民经济体系和马克思主义的教育体系等成为当时建设的重点任务。1949—1978年是国家探索和建设社会主义教育的重要时期,因此颁布的劳动教育政策较多;国家在

---

① 毛泽东. 现在要说到苏维埃的文化教育了[J]. 红色中华, 1934(3): 8-9.
② 王洪晶, 曲铁华. 中国共产党百年劳动教育政策: 历程、经验与展望[J]. 中国教育学刊, 2021(8): 1-7.

建设过程不断根据实际调整劳动教育政策,因此呈现出较多的变化。

一、时代背景

（一）社会背景

新中国成立初期,国家百废待兴,工农劳动成为发展生产的必要手段,劳动教育也自然为生产服务。为适应新中国成立初期的政治、经济模式,尽快改变"一穷二白"的状况,我国将经济建设摆在了首位。新中国成立后经过三大改造,我国逐步建立起社会主义政治经济制度,在教育方面参考苏联模式和解放区的经验,确立了旨在"为工农服务和促进生产"的教育建设方针。在这一方针的指导下,我国中小学大力开展以农业劳动、工业生产为主要形式的劳动教育,旨在培养学生的基本劳动知识和能力,为国家经济建设服务。

新中国成立以来,经过四年的恢复与发展,到1953年我国中小学毕业生数明显增多,与1949年相比,小学生增加了1倍,中学生增加了185%以上,[①] 但是现实状况仍然不能满足初中和小学毕业生全部升学的需求。对此,教育部、宣传部、青年团中央等部门就组织不能升学的高小和初中毕业生参加生产劳动的工作,陆续出台了一系列政策,组织了多样化的劳动教育活动,[②] 以此来缓解升学压力。这一时期逐步继承并发展了"教育与生产劳动相结合"的马克思主义劳动教育思想。这本是符合社会和教育发展规律的教育实践,但随着教育规模进一步扩大,教育管理权被下放并受到极端思想的影响,劳动教育的内涵被歪曲,教劳结合思想出现极左倾向,劳动教育进入曲折发展阶段。

（二）教育思想的变迁

在"教育与生产劳动相结合"方针的指导下,经过几年的恢复发展,我国教育事业在规模和质量上都取得了巨大进步。1958年,国家教育管理权下放以后,有些地区、县出现了大量挤占、挪用教育经费的现象,我国教育经费支出出现了明显的下降趋势。在此背景下,我国开始尝试把劳动教育作为解决教育经费问题的重要手段,主要形式为勤工助学,鼓励中小学毕业生自食其力,参加工农生产劳动。然而在实施过程中受到"左"倾错误思想的影响,劳动教育开始以搞政治运动的方式来组织师生参加生产劳动。[③]

1966年"文化大革命"到来,劳动教育遭到极大破坏。"知识分子劳动化""劳动就是学习""工厂就是学校""学校以生产劳动为中心"等歪曲劳动教育内涵的口号大规模出现,使劳动教育偏离了历史方向,导致劳动教育的发展受到严重阻碍。[④]

---

① 卓晴君,李仲汉.中小学教育史[M].海口:海南出版社,2000:426-428.

② 郝志军,王艺蓉.70年来我国中小学劳动教育政策的反思与改进建议[J].西北师大学报(社会科学版),2020,57(3):124-130.

③ 祁占勇.新中国成立70年来我国劳动教育政策的价值选择及其变迁[J].国家教育行政学院学报,2019(6):18-26.

④ 古光甫,邹吉权.中国共产党建党百年来劳动教育:政策变迁、时代内涵及实施路径[J].职教论坛,2021,37(6):14-22.

这一时期劳动教育主要被视为阶级斗争的手段,强调通过劳动教育进行思想改造,这是劳动教育政治化阶段,也是劳动教育异化阶段,偏离了马克思主义强调的以现代科学知识为基础、以机器为工具的现代劳动,[①] 是一种不健全的发展态势。

二、政策要义

(一)劳动教育稳步发展

1. "教劳结合"思想被写入国家教育方针

1950 年,教育部副部长钱俊瑞在《当前教育建设的方针》一文中提出:"为工农服务,为生产建设服务,这就是当前实行的新民主主义教育的中心方针。"并在后续具体论述中提出:"我们在各种和各级教育工作中应该树立尊重劳动和热爱劳动的正确观点与习惯,应该肃清那种贱视劳动和劳动者的错误观点与习惯。"[②]

2. 劳动课程正式进入国家课程体系

1953 年,政务院提出学校应该鼓励学生毕业之后从事生产劳动,而不是让学生继续升学。1954 年《关于高小和初中毕业生从事劳动生产的宣传提纲》批判了社会上普遍存在的轻视体力劳动的思想,从思想上鼓励毕业的中小学生从事生产劳动,为国家建设做贡献,注重培养学生重视工农生产劳动的社会主义劳动观。

1954 年,青年团中央出台了新中国成立后第一个关于劳动教育的政策——《关于组织不能升学的高小和初中毕业生参加或准备参加劳动生产的指示》,鼓励毕业生参加劳动生产,奠定了这一时期劳动教育政策为劳动生产服务的基调。

1955 年 4 月,教育部要求,除着重培养学生的劳动意识之外,还应注重进行"综合技术教育",[③] 劳动教育内容和形式得到丰富。

1955 年,教育部颁发《小学教学计划及关于小学课外活动的规定》,规定小学阶段正式设立手工劳动科,每周 1 节,并要求"和有关学科的教学密切联系起来","充分结合当地生产的实际,并争取当地著名技术家的协助,尽量培养学生的创造才能"[④];同时,将"生产劳动"作为"课外活动"的重要内容,提出分组进行栽培活动等,每周活动一次或两次。

1956 年,教育部颁发《1956—1957 学年度中学授课时数表》,规定"初中三年级增设工农业基础知识课,每周 2 小时""初、高中各年级增设实习课,每周时数除初中三年级为 1 小时外,其他各年级均为 2 小时。初中进行教学工厂和试验园地两种实习,高中进行农业实习、机器学实习和电工实习"[⑤]

---

① 曾天山.我国劳动教育的前世今生[N].人民政协报,2019-05-08(10).

② 何东昌.中华人民共和国重要教育文献:1949—1975[M].海口:海南出版社,1998:17-24.

③ 何东昌.中华人民共和国重要教育文献:1949—1975[M].海口:海南出版社,1998:449-450.

④ 课程教材研究所.20 世纪中国中小学课程标准·教学大纲汇编:课程(教学)计划卷[M].北京:人民教育出版社,2001:232.

⑤ 课程教材研究所.20 世纪中国中小学课程标准·教学大纲汇编:课程(教学)计划卷[M].北京:人民教育出版社,2001:247.

随后为加强中小学生对生产技术知识的学习,教育部又印发了《关于1956—1957年度中、小学实施基本生产劳动技术教育的通知》,规定符合条件的城乡小学可开设手工劳动课程。[①]

总的来看,这一时期劳动教育建设主要依据解放区经验和苏联经验进行,劳动教育内容主要以体力劳动、生产劳动和技术劳动等为主,注重培养正确劳动观念和习惯,目标是为农业生产和工业建设提供人力基础。因此,这一时期劳动教育政策具有如下特点:

第一,由于恢复经济和生产建设是新中国成立初期的首要任务,这时的劳动教育特别强调劳动教育与农业生产和工业建设紧密联系,鼓励高小和初中毕业生参与实际劳动生产。

第二,开设系统正规的劳动教育课程,针对不同学段采取不同形式的劳动教育。在中小学阶段主要表现为手工劳动,后期在初高中阶段增设专业实习。

第三,劳动教育内容更偏重体力劳动,脑力劳动尚未成为劳动教育的主要内容,但培养“有技术”的劳动者成为新要求。

第四,新中国成立初期,各项经济条件紧张,劳动教育成为国家缓和办学压力的重要手段。

(二)劳动教育曲折探索

1958年中共中央、国务院《关于教育工作的指示》指出党的教育工作方针是“教育为无产阶级的政治服务,教育与生产劳动相结合”。教育部党组提出教育必须与政治、劳动相结合的目的,让知识分子意识到参加劳动、改造自己,可以把他们培养成又红又专的人。[②]此时劳动教育指导思想已经出现较为浓厚的政治气息。

1958年中共中央、国务院《关于教育工作的指示》还强调培养正确的劳动观念“即脑力劳动与体力劳动结合的观点,同轻视体力劳动和体力劳动者、主张劳心劳力分离的观点进行斗争”。此外,该文件强调将生产劳动列为正式课程,“在一切学校中,必须把生产劳动列为正式课程,每个学生必须依照规定参加一定时间的劳动”。

1958年,共青团中央发布《关于在中学生中提倡勤工俭学的决定》,指出“勤工俭学是具体实现知识分子与工农相结合,脑力劳动与体力劳动相结合的重要途径”。该政策本来符合马克思主义劳动教育的内涵,但在实践中被歪曲解读,用单纯的体力劳动代替系统的科学文化知识学习,体脑结合由此失衡。

1959年《国务院关于全日制学校的教学、劳动和生活安排的规定》明确规定,课程设置可根据各级各类学校的特点作出不同的安排,初中每周的劳动时间为6~8小时,高中每周的劳动时间为8~10小时。劳动时数和强度的增大,在实践中影响了学科教学计划的完成和教学质量的提高。

① 何东昌.中华人民共和国重要教育文献:1949—1975[M].海口:海南出版社,1998:663.
② 何东昌.中华人民共和国重要教育文献:1949—1975[M].海口:海南出版社,1998:867.

1963 年《关于实行全日制中小学新教学计划（草案）的通知》对中小学劳动的课时和形式都作出了规定。虽然这一时期的政策过度强化劳动教育，但也出现了一些促进劳动教育发展的文件，形成了较为规范化的课程体系，客观上为今后劳动教育课程体系化奠定了基础。

1966 年，教育部党组进一步指出，要使青少年免受资产阶级思想的腐蚀，就要"组织他们学习和劳动，加强思想政治教育，有计划地输送他们上山下乡"，出现了"以劳动代替教学"的情况。后来"文化大革命"时期劳动教育更加被扭曲为"劳动改造"等具有惩罚意味的手段。

1977 年，邓小平指出，劳动教育需要适时、适量进行，不能以劳动代替劳动教育，长时间的劳动会妨碍学生身心健康发展，彻底纠正了"文化大革命"时期"以劳动代替教学"的乱象，劳动教育开始回归正轨。

1978 年，邓小平在全国教育工作会议上提出，教育质量和教育效率是促进经济和技术现代化的重要保障，所以"在教育与生产相结合的内容、方法上"要不断创新、持续突破。[①] 自此我国劳动教育开始走上正轨，为国家现代化经济建设服务。

1949—1978 年这一时期过分强调劳动教育的阶级斗争功能，导致全国出现过大规模的停学现象。这一时期的劳动教育政策体现出以下特点：

第一，劳动过度政治化，成为阶级斗争的工具，以是否进行生产劳动作为区分社会主义教育和资本主义教育的重要方面。

第二，在极左错误思想的指导下，虽极大提升了体力劳动的地位，但忽视脑力劳动，将体力劳动与脑力劳动从根本上对立起来。

第三，迷信苏联经验，过分强调勤工俭学、以劳代工，脱离社会实际，忽视了经济发展的客观规律。

第四，出现一些关于劳动教育课程建设的文件，客观上为改革开放后劳动教育课程体系建设提供了一定的经验。

三、劳动教育实践

（一）劳动教育实践指导文件

新中国成立后，为落实"教育与生产劳动相结合"的教育方针，中央颁布了一系列有关劳动教育实践的指导文件，要求中小学生应掌握基本的劳动技能，为建设祖国贡献力量。

1955 年，全国文教会议决定在中小学实施基本生产技术教育，以更完整地体现全面发展的教育方针，促进学生全面发展。同年 9 月，教育部颁布的《小学教学计划及说明》等文件规定，将"手工劳动"列为基本生产技术教育的主要学科之一。小学一至六年级开设手工劳动课，每周 1 课时；课外活动中每周应以小组形式开展劳动

---

① 中共中央文献研究室.邓小平论教育[M].3 版.北京：人民教育出版社，2004：70.

活动一次或两次。主要内容有：选用各种易加工材料，像纸、布、黏土、木料、软铁片、铁丝等，制作自然、地理、语文、算术等科教具，以及体育、游戏的用具和玩具，并可利用学校园地、盆、台，开展花木、作物的栽培活动。劳动活动按工种分类，有纸工、泥工、编织工、竹木工等。在开展过程中强调劳动教育与学科的教学密切联系，杜绝孤立学习工业、农业技术的做法。

1956 年，教育部颁布了《1956—1957 学年度中学授课时数表》，其中规定：初中各年级及高中一、二年级另增加参观时间 1 周，以组织学生进行结合教学的生产参观；初中三年级开设工农业基础知识课，每周 2 小时。初、高中各年级增设实习课，每周时数除初中三年级为 1 小时外，其他各年级均为 2 小时；初中进行教学工厂和试验园地两种实习，高中进行农业实习、机器学实习和电工实习。

1958 年，教育受"大跃进"运动的影响开始了三年"教育大革命"。为促进生产，学校纷纷开办工厂、农场，众多师生投入生产劳动。教育部颁布的《1958—1959 学年度中学教学计划》明显加大了劳动教育的比重：在初、高中各年级都开设生产劳动课，每周 2 课时。此外还规定：各年级每学年均有 14～28 天的体力劳动时间；增加有关学科劳动教育的内容，密切结合生产劳动并加强实验、实习；要参加家务劳动、自我服务劳动和公益劳动。生产劳动课的内容包括初中的手工劳动和农业基础知识、高中的农业实习和机械实习。开设的目的是以工业、农业生产的基础知识和初步技能武装学生，培养学生正确的劳动观点和良好的劳动习惯。"教育大革命"虽然为劳动教育实践积累了大量经验，但由于其指导思想过于激进，存在严重的"左"倾错误，最终导致教育质量下降。

1963 年，《全日制小学暂行工作条例（草案）》（以下简称"小学《条例》"）和《全日制中学暂行工作条例（草案）》（以下简称"中学《条例》"）两项重要文件颁布，恢复了中小学正常的教学，并开始探索中国社会主义教育发展的道路。其中小学《条例》规定：小学生参加适当的生产劳动。小学三年级不设劳动课程，四年级以上学生全年劳动时间为半个月。劳动的主要目的是让学生从小养成劳动习惯，培养热爱劳动、热爱劳动人民、爱护劳动成果的思想感情，教育学生在力所能及的范围内照料自己的生活，保持环境的整洁，帮助家庭劳动，积极参加学校所组织的种植、手工、饲养等劳动和绿化等社会公益劳动。有条件的小学可以建立简易的手工劳动的场所，利用校园或者附近的空地开辟种植园地。在劳动中，要注意教育学生爱护工具，节约材料，保护庄稼，遵守劳动纪律；要使学生学到一些简易的生产常识和技能。根据小学《条例》，同年教育部颁布的《全日制中小学教学计划（草案）》规定：小学一、二、三年级设手工课，每周 1 课时；六年级设生产常识课，每周 2 课时；四年级以上学生全年劳动时间为半个月，可安排在上课时间之内。

中学《条例》规定：中学设生产知识课、劳动课；学生全年参加一个月的劳动。学生参加生产劳动的主要目的是养成劳动习惯，培养劳动观点，向工农群众学习，克服轻视体力劳动和体力劳动者的观点；同时在劳动过程中学习一定的生产知识和技能,扩大知识领域。学生参加劳动的渠道包括:校内劳动,同工厂、农村公社挂钩;校外劳动,回生产队参加劳动;学校建立简单的车间或农业实验园地;参加一些家务劳动和社会公益劳动;组织学生到工厂、农村去参观。同年教育部颁布的《全日制中小学教学计划(草案)》规定:初中三年级设生产知识课,每周 2 课时;高中三年级设农业科学技术知识选修课;中学生每年劳动时间一个月,可安排在上课时间之内。与 1958 年相比,两项《条例》减少了劳动教育课程的授课时数,结构更加合理。

"文化大革命"初期,学制、课程、教材大变动,正常的课程设置被打乱,中学只设 5 门课(毛泽东思想教育课、农业基础课、革命文艺课、军事体育课、劳动课),在农业基础课中只讲"三机一泵"(拖拉机、柴油机、电动机、水泵)的内容。这种做法严重歪曲了劳动教育本身的价值,是对劳动教育内涵的片面理解,自然使劳动教育实践受到严重损害,直到"文化大革命"结束之后劳动教育才重新回到正轨。

(二)劳动教育具体实践

1. 1953 年上海市劳动教育宣传

"劳动光荣"是劳动教育宣传的主要口号之一。例如,上海有关部门运用报纸、杂志、广播等各种工具,对学生家长等进行广泛深入的宣传教育。1954 年 5 月,上海市各区以区委学校教育科为主,吸收区文教科、团区委学校工作部、区公安局文保科等成立"组织初中高小毕业生从事劳动生产联席会议工作组",直接面向毕业生开展工作。该工作组在与产业单位接洽、对报名参加生产的毕业生进行审查的同时,重点在毕业生中开展教育动员。其动员的内容之一,即培养学生树立劳动光荣的思想。

除此之外,上海市教育局还专门提出以补充教材来贯彻劳动教育的要求,要求教师将补充教材和语文课本联系起来,利用教材中典型人物、典型事例的分析,使学生体会到劳动最有前途。根据这一精神,中小学教材内容也随之进行了调整。初中课本开始出现具有劳动教育意义的作品。

除了教学内容改革之外,还有教学方式的调整。在学校内,教师以班会、周会的形式进行口头教育。在学校外,学校的青年团和少先队组织学生参观工人新村、访问劳动模范,通过开展多种多样的实践活动加强学生对劳动,特别是对工业生产的认识。除了常规教育活动外,组织欣赏具有教育意义的影片、小说等文艺作品也是一种"劳动教育"的方式,并且这种方式在学生中间产生了深刻的影响。

2. 中学劳动教育课程的具体实施

1951 年,第一次全国中等教育会议召开。之后劳动教育课程的实施主要依据1952 年教育部颁发的《中学暂行规定》,"以理论联系实际为一切教学原则,结合革命斗争和国家建设的实际进行教学,达到学以致用的目的",课外自修、生产劳动、文娱活动以及社会服务等配合正课进行。[①]劳动教育以辅助生产劳动发展为目的,主要采取教师讲授结合实验、带领学生到工厂实习和做工以及参观工厂的生产等方法;此

---

① 华东师范大学教育系教育学教研室.教育学参考资料:上[M].北京:人民教育出版社,1980:16.

外,辅之以相应的社会服务活动和手工活动,将劳动教育的宗旨渗透进生活中的每一个环节。劳作课的开设主要依靠学校附近的农场,通过教师的指引和简单的试验达到锻炼学生坚强意志的目的。这一时期劳动教育的实施途径主要有以下几种:

第一,把劳动教育贯彻到各科教学中,充分发挥课文的思想性,重在培养学生的劳动观点。在讲授课文的具体章节时,教师从中挖掘劳动教育的内容并展开分析和讲解,倡导劳动光荣。

第二,通过少年先锋队和青年团定期举行活动,向学生宣传劳动教育,并组织学生参与一系列活动,体会劳动的幸福感。少年先锋队定期会开展以"劳动教育"为主题的活动,如话剧、舞蹈等,培养学生热爱劳动的品质,产生从事生产劳动的意愿。

第三,介绍劳动模范的光荣事迹。教师通过讨论会、晚会等活动向学生介绍劳动模范的事迹,让学生了解劳动模范被人尊重与热爱皆是因为他们热爱劳动和积极投身于工农业生产劳动的行为。

第四,组织学生参加体力劳动。在不影响学习和健康的条件下,学校要指导学生植树、种花、布置教室、打扫卫生以及搬砖和砌路等,之后会总结劳动的成绩,使学生体会到劳动的愉快和幸福。

第五,表扬热爱劳动的学生,给全体学生树立劳动榜样。海报、宣传栏等方式能够加强在校学生的劳动意识。

第六,定期开展个别谈话、小型座谈会、谈心会和大会报告等形式的活动,加强对学生劳动观念的侧面了解,从而纠正其不当的劳动教育思想。[①]

第三节　改革开放和社会主义现代化建设新时期的劳动教育政策及实践

从1978年12月至2012年11月党的十八大召开,是改革开放和社会主义现代化建设新时期。这一时期的教育方针深深植根于社会主义基本国情的背景,为国家的全方面改革建设服务;国家积极发展社会主义教育事业,对教育经费、教育方针等多方面进行了提升和改革;国家通过根本大法对教育事业进行了进一步的规范,从而推动我国教育事业的均衡发展。

一、时代背景

(一)社会背景

经历"文化大革命"之后,我国经济、军事等多方面发展受到了重创,教育事业

① 陈彤彤.刍议建国初期我国中小学的劳动教育:基于1949—1956年中小学劳动教育状况[J].兰州教育学院学报,2015,31(2):102-103.

也受到了严重的破坏。1978年底,党的十一届三中全会召开,全面反思新中国成立以来的各项方针政策,并提出了"把工作重点转移到社会主义现代化建设上来"的决策。其中就包括对教育方针的反思与改革。党的十一届三中全会明确提出"教育是社会主义现代化建设的战略重点之一",并决定增加对教育的经费投入。根据《中国教育年鉴(1949—1981)》统计,自1977年以来,教育经费的支出呈逐年上升的趋势。1980年全国教育事业花费达到94.18亿元,占国家财政总支出的7.77%,较1976年的50.49亿元增长近1倍。同时,大中小学学生的人均教育经费也逐年增加,中学生年人均教育经费1976年为36.42元,1980年增加到60.13元;大学生年人均教育经费也由1976年的1 492元增加到1980年的1 788.06元。①

1992年10月,党的十四大确定经济体制改革的目标是建立社会主义市场经济体制,勾画了社会主义市场经济体制的基本框架。在市场经济下,一系列有关教育的新观念逐渐形成。党的十五大报告指出"人才是科技进步和经济社会发展最重要的资源",是市场经济中最宝贵的资源;教育投资是生产性投资,具有生产性,通过向经济领域输送高素质的劳动力和人才间接地创造价值;自由择业和人才合理地流动能够创造更大的价值;竞争观念、效益观念和质量观念逐渐显现。②

20世纪90年代末到21世纪初,我国居民收入逐渐进入中等水平,消费结构发生巨大变化,消费水平也从温饱型过渡到小康型。1990年与1978年相比,农民人均收入从134元增加到630元,增长了约370%;1998年,我国全体居民可支配收入为3 254.1元,到了2011年增长到14 550.7元,增长了约347%。与此同时,居民对教育的投入也在不断加大,2011年国家教育经费总收入为23 869.93亿元,较1997年的2 531.73亿元,增长了约843%(见图4-3-1)。

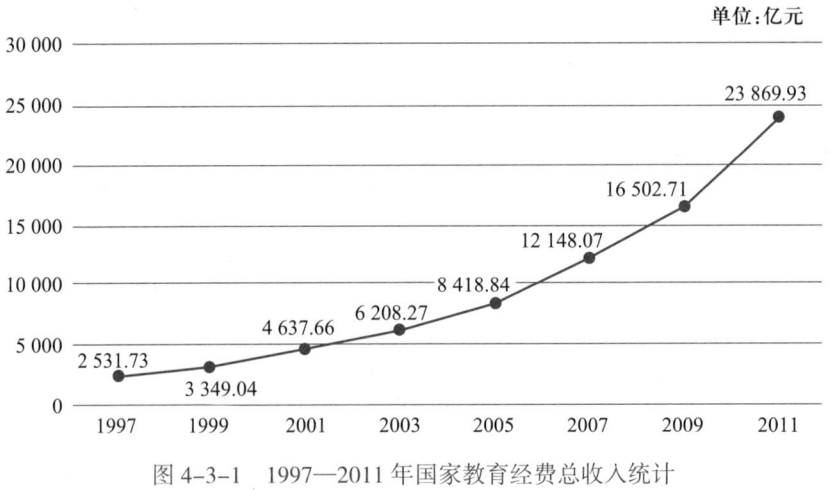

图4-3-1　1997—2011年国家教育经费总收入统计

① 数据来源:《中国教育年鉴1949—1981》"教育事业经费支出情况"部分。
② 何万国.简析市场经济对教育的影响[J].成都中医药大学学报(教育科学版),2001(1):47-48.

（二）教育思想的变迁

邓小平曾多次指出,要在新的社会背景下,研究如何在批判继承的基础上更好地贯彻落实教劳结合的教育方针。[①] 劳动教育的政策随着新的社会背景与新的教育方针变革与丰富,了解整体教育方针的变迁也有利于加深对劳动教育政策的理解。

1978 年,党的十一届三中全会召开,党对教育方针进行了反思与改革。1981 年,党的十一届六中全会在《中国共产党中央委员会关于建国以来党的若干历史问题的决议》中提出了"坚持德智体全面发展""脑力劳动与体力劳动相结合"的教育方针。这是我党在总结新中国成立以来经验教训的基础上,第一次对我国新的历史时期教育方针的重新表述。1985 年,《中共中央关于教育体制改革的决定》强调教育必须为社会主义建设服务,要为社会主义建设培养人才。"教育必须为社会主义建设服务"的提出,标志着我国教育思想发生了根本性的转变,在新的历史时期起到定位与引导的重要作用。1990 年,党的十三届七中全会在《中共中央关于制定国民经济和社会发展十年规划和"八五"计划的建议》中,提出了新的教育方针:"教育必须为社会主义现代化服务,必须同生产劳动相结合,培养德、智、体全面发展的建设者和接班人。"在随后的五年里,中共中央对此教育方针进行不断的修改与充实,最终形成了"教育必须为社会主义现代化建设服务,必须与生产劳动相结合,培养德、智、体等方面全面发展的社会主义事业的建设者和接班人"的方针。1995 年 3 月,此教育方针被写入《中华人民共和国教育法》,这是教育方针第一次被写入法律文件,实现了新中国教育史上的历史性转变。1999 年 6 月,中共中央、国务院作出全面推进素质教育的决定。

进入 21 世纪后,历次党的全国代表大会均对教育方针进行了修订。2002 年,党的十六大报告提出:"坚持教育为社会主义现代化建设服务、为人民服务,与生产劳动和社会实践相结合,培养德、智、体、美全面发展的社会主义建设者和接班人。"2007 年,党的十七大报告提出:"要全面贯彻党的教育方针,坚持育人为本、德育为先,实施素质教育,提高教育现代化水平,培养德、智、体、美全面发展的社会主义建设者和接班人,办好人民满意的教育。"党的教育方针在新中国的快速发展和社会主义现代化建设下不断发展,为新中国培养人才作出巨大贡献。

二、政策要义

在社会主义现代化建设的背景下,在教育与生产劳动不断变革的过程中,我国劳动教育也由教育思想一步步落实到教育政策当中,劳动教育的内涵也随之不断地丰富和发展。

[①] 张雨强,张书宁. 新中国成立 70 年劳动教育的历史演变:基于教育政策学的视角[J]. 中国教育学刊,2019（10）:61—67.

（一）劳动教育要为社会主义现代化建设服务、与国民经济发展相适应（1978—1999 年）

1978 年，邓小平在全国教育工作会议上提出，教育与生产劳动相结合，"更重要的是整个教育事业必须同国民经济发展的要求相适应"[①]。党的十一届三中全会后，党和国家的工作重心逐渐转移到经济建设上，向着"四个现代化"目标前进。为了更好地为"四个现代化"服务，1981 年，教育部颁布《全日制五年级小学教学计划（试行草案）》《全日制六年制重点中学教学计划（试行草案）》《全日制五年制中学教学计划（试行草案）》，这些草案明确提出要开设劳动技术课和职业技术教育课，培养学生的劳动习惯，使学生初步学会一些劳动技能，劳动教育的育人功能逐渐被重视。为了更好地实施劳动教育课程，1982 年教育部印发《关于普通中学开设劳动技术教育课的试行意见》，对劳动技术教育课的教学目的、培养目标、教学计划、成绩考核、师资培训等多方面进行了明确具体的要求，并指出"开设劳动技术教育课是全面贯彻党的教育方针、完成中学双重任务的需要，是社会主义现代化建设的需要"。自此，劳动技术教育课在社会主义现代化建设中的地位得以体现。

1985 年，《中共中央关于教育体制改革的决定》指出"教育必须为社会主义建设服务，社会主义建设必须依靠教育"，并要求从多方面完善劳动教育政策，这是教育与新的社会背景的融合。同年 8 月，《中共中央关于改革学校思想品德和政治理论课程教学的通知》提出要在初中和高中安排学习职业生活知识、劳动纪律、劳动安全等相关知识，对劳动教育的内容进行落实。1987 年，为了更好地落实相关政策，国家教育委员会先后颁布了《全日制普通中学劳动技术课教学大纲（试行稿）》和《全日制小学劳动课教学大纲（试行草案）》，根据各级各类学生的特点，对劳动教育的课时数进行了相关规定。文件还指出要选择在工农业生产、服务性行业中最常用的劳动技能作为教学内容，这是新中国成立以来首次颁布的关于中小学劳动教育课程的指导性独立文件，对新时期劳动教育的目的、内容、途径等都作了明确的规定。1989 年，国务院发布的《国务院批转国家教委等部门关于进一步发展中小学勤工俭学若干问题的意见的通知》指出，"中小学组织学生参加勤工俭学活动，应以劳动教育为主要任务"。随后一年，《现行普通高中教学计划的调整意见》也强调要将学生参加劳动和社会实践的时间纳入教学计划，并不断制度化和规范化。[②]

1993 年，国务院颁布《中国教育改革和发展纲要》，强调劳动教育的目的是多出人才、出好人才，再次强调劳动教育为社会主义现代化服务的目标，并要求各级政府大力办好劳动教育。1995 年《中华人民共和国教育法》明确上述表达，"教育必须为社会主义现代化建设服务，必须与生产劳动相结合"，劳动教育的育人价值

①　中共中央文献研究室. 邓小平同志论教育［M］. 北京：人民教育出版社，1990：63.

②　李珂，曲霞. 1949 年以来劳动教育在党的教育方针中的历史演变与省思［J］. 教育学报，2018，14（5）：63-72.

得到明确,成为我国教育的重要组成部分。同年,《关于正式颁布中学德育大纲的通知》明确劳动教育是德育的主要内容与重要途径。1998 年,教育部颁发《关于加强普通中学劳动技术教育管理的若干意见》(以下简称《劳技意见》),文件明确提出"各级教育督导部门,在进行教育督导评估时,要把劳动技术教育纳入督导评估内容的指标体系",使劳动教育体系更加完善。《劳技意见》还将"是否开设劳动技术课,是否重视劳动技术教育"纳入评估学校的考核内容,从而推进劳动教育政策的落地与实施。1999 年 6 月,中共中央、国务院出台《关于深化教育改革全面推进素质教育的决定》,教育与生产劳动相结合被视为培养全面发展人才的重要途径。这是开拓劳动教育新局面的一项重要计划,旨在强调素质教育的重要性,赋予劳动教育新的内涵。

(二)劳动教育要坚持以人为本,提高学生的综合素质和促进其终身发展(2000—2012 年)

2000 年我国进入全面建设小康社会、加快推进社会主义现代化发展的新阶段。科学技术迅速发展,对人的综合素质提出新的要求,劳动教育在这一阶段稳步发展。2000 年,教育部颁布《全日制普通高级中学课程计划(试验修订稿)》,将劳动技术课由单独设置的必修课程,调整为综合实践活动课程的组成部分,并规定劳动技术教育课时为每学期 1 周。2001 年,《基础教育课程改革纲要(试行)》颁布,新一轮基础教育课程改革全面启动。在课程改革的环境下,综合实践活动课和通用技术课成为劳动教育在学校教育中实施的主要课程形态。2002 年,党的十六大报告提出"尊重劳动、尊重知识、尊重人才、尊重创造",这成为党和国家的重要方针,劳动教育思想被注入新的时代特色,考虑到技术发展和未来社会变革对人的新要求,特别强调技术创新和为人民服务的重要性,劳动教育在内涵上进一步得到丰富。

2010 年,《教育部关于深化基础教育课程改革进一步推进素质教育的意见》提出严格落实各级各类学校开展综合实践活动等课程。劳动教育发展至此已经不仅仅注重课程是否开展等基础问题,还开始关注学生的劳动素养,这表明我国劳动教育的思想正在不断进步。同年 7 月,《国家中长期教育改革和发展规划纲要(2010—2020 年)》指出,"全面加强和改进德育、智育、体育、美育,……加强劳动教育,培养学生热爱劳动、热爱劳动人民的情感"。培养学生的劳动能力,有利于提高学生的综合素质和促进学生的终身发展。

三、劳动教育实践

随着教育政策的不断变化,我国劳动教育课程形式在不断发生改变,同时,劳动实践活动也在各地积极开展。

(一)劳动教育实践指导文件

1981 年,教育部颁布的《全日制五年制小学教学计划(修订草案)》规定,一至三年级学生可在课外时间适当做一些力所能及的自我服务性劳动;四至五年级开设劳动课程,每周一课时,另外每周须劳动一小时,组织学生参加公益劳动或简易劳动,农村学生可以结合农忙进行安排。同年颁布的《全日制六年制重点中学教育计划(试行草案)》和《全日制五年制中学教育计划(试行草案)》规定,中学开设劳动技术课,进行劳动技术教育,劳动技术教育内容主要包括工农业生产劳动、服务性劳动的一些基本技术,职业技术教育以及公益劳动等职业技术教育的内容。这是新中国成立后第一次将"技术"两个字纳入劳动课程名称,也是第一次把服务性劳动与工农业生产劳动并列为学生的劳动教育内容,标志着我国劳动教育思想有了一定的进步。为了确保中小学上好劳动技术课,1987 年,国家教育委员会颁布了《全日制普通中学劳动技术教学大纲(试行稿)》,对中学劳动课程时间进行了具体安排,初中阶段三年共完成 144 课时,高中阶段三年共完成 432 课时。由于国家对劳动教育的重视和课时的增加,到 1990 年底,多数中小学学校都建立起了比较稳定的生产劳动基地,全国共计有学农基地 45.2 万个,工厂 7.7 万个。[①] 在这个时期,劳动教育逐步分化为劳动思想教育和劳动技术教育,这是知识与劳动相结合的思想的反映,其目的是培养学生热爱劳动的思想和促进其掌握基本的劳动技术。[②]

2000 年后,《全日制普通高级中学课程计划(实验修订稿)》取消了必修课程中劳动技术课的单独设置,主要通过社会实践活动培养学生的综合素质和劳动技术素养;综合实践活动课将研究性学习作为学习方式,信息技术教育作为学习手段,社区服务与社会实践作为实践途径,对学生进行培养,同时劳动技术教育被减为每学年一周,这是劳动教育课程自 1955 年独立设置以来第一次被取消。由于劳动技术教育被纳入综合实践活动课程,劳动教育及其课程在一定程度上被忽视。

总的来说,在这一历史时期,面临改革开放和社会主义现代化建设、世界经济快速发展和科技的日新月异,我国劳动教育课程紧随时代脚步,已初步建立起中国特色社会主义中小学劳动教育的基本框架,包括课程设置、教学内容、教学大纲等多个方面,为初步形成中国特色社会主义教育体系作出了应有的贡献。[③]

（二）劳动教育具体实践[④]

20 世纪八九十年代,我国中西部地区教学条件相对比较艰苦,特别是农村学校教育教学水平非常落后,教学和学校的生产建设往往同时进行,学生上课和劳动交替进行。在这样的背景下,学校没有专门的劳动教育教材和课程,劳动教育主要围绕学校生活生产、学校建设、服务社会开展。

---

① 卓晴君,李仲汉.中小学教育史[M].海口:海南出版社,2000:426-428.
② 倪娟.中小学劳动教育课程变革及其发展[J].基础教育课程,2018(23):41-48.
③ 卓晴君.我国中小学劳动教育课程的变迁与展望[J].基础教育课程,2019(5):34-45.
④ 罗向东,潘江艳.20 世纪 80 年代西北农村小学劳动教育的典型特征与启示[J].吉林省教育学院学报,2021,37(9):96-99.

1. 日常生活中的劳动教育

20 世纪 80 年代，小学的劳动教育往往从身边日常生活的小事开始。学生要自己对教室进行扫除，每天值日生要擦黑板、扫地、倒垃圾，为班级做好服务。校园当时没有自来水，生活用水要从学校旁边的小河或水井里用盆子端、用水桶提，这些劳动都要学生自己完成。当时，大部分家长忙于农活或工作，学生日常生活中的劳动也要自己完成，包括洗衣服、做饭等。"拿起书本念书、放下书本干活"是 80 年代学生劳动教育的真实写照。为了弥补夏收和秋播家里人手短缺，学校每个学期都要在农活最忙的时段，放 3~7 天"农忙假"，学生回家帮助父母到田里耕作，之后回到学校继续学习。平常的寒暑假和星期天，学生也充当家里的劳动者：喂猪、放牛、做饭，和家人一起下地劳动。这个时期的劳动教育与生活是融合在一起的，正是这些日常生活中的劳动练就了学生重要的生活本领。

2. 校园建设和生产劳动

20 世纪 80 年代，大部分学校的办学经费不足，学校的建设维护、后勤保障和校田耕种基本靠学校师生共同完成。例如，学校的操场是学生建设的，一些学校建设所需的材料也由学生负责搜集，搬运至学校。学校的篮球架、乒乓球台、单杠等器材由教师用树林中的木头自制，在教师的指导下学生负责挖土、筑台、安装。这些"工程"需要学生花几个月时间肩扛手提才能完成。

北方冬季取暖也是校园建设的一部分。每年冬天，学生要拉着架子车将分配的煤运回学校；课外时间学生将分给本班的煤适当配黄土加水制成煤坯，晒干后搬进教室；班上的男生要用土和砖块在教室的最中间砌出一个方形的土炉子，炉子每天由值日生负责生火添煤。这些流程全部由学生自己完成。那时，学校分配有五六亩地，在冬季土冻前，学生要拿着家里的铁锹去翻地，春天再播种；接下来的时间，学生要分配工作，包括施肥、除草、浇水、收割、晾晒等。这些现在很多学生完全没有接触过的劳动，都由当时的学生独自完成。

第四节　中国特色社会主义新时代的劳动教育政策及实践

2012 年 11 月，党的十八大召开，我国进入中国特色社会主义新时代。在习近平总书记的领导下，国家坚持优先发展义务教育，十多年来，义务教育不断加大投入，经费保障水平逐步提高。2018 年，"五育并举"的教育要求将劳动教育纳入我国教育方针。十多年来，中共中央、国务院出台多份文件，强调劳动教育的重要育人作用，对劳动教育的具体实践作出了明确的指示，推动劳动教育政策的扎根落地。

一、时代背景

（一）社会背景

党的十八大后，以习近平同志为核心的党中央用实际行动倡导、垂范优先发展教育的思想，将优先发展教育的理念和战略落到实处。对教育的持续投入，是支撑国家长远发展的基础性、战略性投资，并日益成为评价一个国家、一个地区教育事业是否优先发展的一项重要指标。2012 年我国财政性教育经费支出占当年国内生产总值的比例首次超过 4%，突破 2 万亿元，并且连续 6 年保持在 4% 以上，2017 年国家财政性教育经费支出达到 3.42 万亿元。2017 年，国务院印发《国家教育事业发展"十三五"规划》，进一步明确保证国家财政性教育经费支出占国内生产总值的比例一般不低于 4%，确保财政一般公共预算教育支出逐年只增不减，确保按在校学生人数平均的一般公共预算教育支出逐年只增不减。[①]

2017 年，党的十九大报告指出，实现中华民族伟大复兴是近代以来中华民族最伟大的梦想。百年大计，教育为本，"建设教育强国是中华民族伟大复兴的基础工程，必须把教育事业放在优先位置，深化教育改革，加快教育现代化，办好人民满意的教育"。从教育部发布的《2022 年全国教育事业发展统计公报》[②] 来看，2022 年，全国共有各级各类学校 51.85 万所，各级各类学历教育在校生 2.93 亿人，专任教师 1 880.36 万人。近年来，我国在园幼儿数、义务教育在校生数、高等教育在校生数呈稳定上升状态，各级各类学校的毛入学率整体呈上升趋势。

（二）教育思想的变迁

2012 年，党的十八大报告首次提出"立德树人"的教育理念，"把立德树人作为教育的根本任务，培养德智体美全面发展的社会主义建设者和接班人"。《中华人民共和国教育法》（2015 年修订）规定"教育必须为社会主义现代化建设服务、为人民服务，必须与生产劳动和社会实践相结合，培养德、智、体、美等方面全面发展的社会主义建设者和接班人"，推进了教育方针法治化的进程。

2017 年 10 月，党的十九大报告提出"弘扬劳模精神和工匠精神，营造劳动光荣的社会风尚和精益求精的敬业风气"。2018 年 9 月，习近平总书记在全国教育大会上提及"劳动教育"，并强调要"培养德智体美劳全面发展的社会主义建设者和接班人"。这是我国首次提出"五育并举"的教育要求，为培养什么人、怎样培养人、为谁培养人提供了新观念，进一步完善了新时代党的教育方针。

2021 年，第十三届全国人民代表大会常务委员会第二十八次会议通过修改了《中华人民共和国教育法》，其中第五条规定"教育必须为社会主义现代化建设服务、

---

① 董洪亮，赵婀娜，张烁，等. 优先发展，坚持教育战略地位不动摇：党的十八大以来我国教育事业改革发展成就综述之一［N］. 人民日报，2018-09-07（6）.

② 各项统计数据均未包括香港特别行政区、澳门特别行政区和台湾地区。部分数据因四舍五入的原因，存在与分项合计不等的情况。

为人民服务,必须与生产劳动和社会实践相结合,培养德智体美劳全面发展的社会主义建设者和接班人",这是劳动教育首次被写进《中华人民共和国教育法》。多年来,在党的领导下,在马克思主义理论的指导下,在坚持"促进人的全面发展"的教育规律下,我国根据实际国情,不断地丰富与完善教育方针的内涵,为我国构建科学、全面的教育培养体系提供方向。

二、政策要义

(一)建设新时代的劳动教育体系

近年来全球范围内信息技术、新能源技术、生物工程技术、新材料技术等不断更新,对人的综合素质提出更高要求。2012 年,党的十八大宣告我国进入中国特色社会主义新时代。我国发展模式开始从"重视数量"向"重视质量"转变,特别重视整体设计和顶层设计。党的十八大以来,习近平总书记高度强调弘扬劳动精神,在关于新时代教育的重要论述中多次强调要把劳动教育与德育、智育、体育、美育一起列入教育方针。同时,构建新时代劳动教育体系得到国家和社会的空前重视。

(二)劳动教育相关政策不断推出

2013 年 6 月,教育部印发《关于推进中小学教育质量综合评价改革的意见》,规定将文明礼貌、勤俭节约、热爱劳动等方面的表现情况作为评价学生习惯好坏的考察指标。这表明国家通过重视和加强劳动教育来带动学生综合素质的提升。

为切实加强劳动教育,2015 年 8 月,教育部、共青团中央、全国少工委印发《关于加强中小学劳动教育的意见》,强调要"要充分发挥综合育人功能……促进学生德智体美劳全面发展",提出要抓好劳动教育的关键环节,落实相关课程,开设综合实践活动中的劳动与技术教育课。这表明我国劳动教育的课程目标、课程内容、课程计划等内容日益完善。《关于加强中小学劳动教育的意见》提出"用 3～5 年时间,统筹资源,构建模式,推动建立课程完善、资源丰富、模式多样、机制健全的劳动教育体系,形成普遍重视劳动教育的氛围"。

2017 年,《中小学综合实践活动课程指导纲要》颁布,对综合实践活动课程的性质与基本理念、课程目标、课程内容及活动方式作了详细规定。2017 年 10 月,党的十九大报告提出"弘扬劳模精神和工匠精神,营造劳动光荣的社会风尚和精益求精的敬业风气",劳动教育的价值再次被肯定,这在一定程度上开辟了中国特色社会主义劳动理论的新世界。

2018 年 9 月,习近平总书记在全国教育大会上特别提及"劳动教育",他明确提出要"培养德智体美劳全面发展的社会主义建设者和接班人","要努力构建德智体美劳全面培养的教育体系,形成更高水平的人才培养体系"。将劳动教育列入全面发展教育体系,破解劳动教育被淡化、弱化、窄化、异化的问题,逐步丰富和完善劳动教育的内涵及体系,均表明国家对劳动教育的重视,为劳动教育注入 21 世纪的特征,使其成为培养时代人才的必然要求。2019 年,国家启动义务教育课程方案与课程标准修订工作,劳动教育也成为修订的核心主题之一。

2020 年 3 月 20 日,中共中央、国务院出台《关于全面加强新时代大中小学劳动教育的意见》,《意见》提出要把握劳动教育的基本内涵:"在系统的文化知识学习之外,有目的、有计划地组织学生参加日常生活劳动、生产劳动和服务性劳动,让学生动手实践、出力流汗,接受锻炼、磨炼意志,培养学生正确劳动价值观和良好劳动品质。"《意见》同时提出设置劳动必修课,肯定了劳动教育的地位,明确了中小学、职业院校、普通高等学校设置劳动教育的课时及教学内容与评价制度,进一步完善了劳动教育教学体系。2020 年 7 月,教育部印发《大中小学劳动教育指导纲要(试行)》,将劳动教育的性质表述为"劳动是创造物质财富和精神财富的过程,是人类特有的基本社会实践活动。……劳动教育是新时代党对教育的新要求,是中国特色社会主义教育制度的重要内容,是全面发展教育体系的重要组成部分,是大中小学必须开展的教育活动",这是党中央对新时代劳动教育的定位。《大中小学劳动教育指导纲要(试行)》对劳动教育途径、关键环节和评价环节均进行了详细阐述,为劳动教育的具体实践做出了明确的指示,推动劳动教育政策的扎根落地。

三、劳动教育实践

(一)劳动教育实践指导文件

在党的十八大后,习近平总书记高度重视劳动教育,并多次指出劳动教育的重要性。为认真贯彻习近平总书记关于劳动教育的重要指示,2015 年,教育部、共青团中央、全国少工委印发《关于加强中小学劳动教育的意见》,强调落实相关劳动课程,开展校内劳动,组织校外劳动,鼓励家务劳动,并提出义务教育阶段三到九年级要切实开设综合实践活动中的"劳动与技术教育"课程,普通高中执行通用技术课程标准,要保证劳动教育课时。在课程内容方面,《关于加强中小学劳动教育的意见》建议开设家政、烹饪、手工、园艺、非物质文化遗产等相关课程,并提出在其他学科和活动中有机融入劳动教育的方法。《关于加强中小学劳动教育的意见》的颁布,大力推动了劳动教育在我国的发展进程。

(二)劳动教育具体实践

2021 年 10 月 21 日,由教育部主办的全国中小学劳动教育现场推进会在成都召开。会上发布了 48 个全国中小学劳动教育典型案例,下面我们简要介绍两个优秀案例。

1. 贵州省:劳动励心智实践促成长积极探索"农耕 +"劳动教育模式

贵州省黔东南州凯里市实施"劳动励心智实践促成长积极探索'农耕 +'劳动教育模式"。凯里市紧密结合社会热点和生活实际,探索"农耕 +"劳动教育模式,创设了"农耕 + 节气""农耕 + 非遗""农耕 + 研学"等特色劳动教育模式,利用劳动节、丰收节等重要节日,开展内容丰富、形式多样的劳动实践,让学生在身体力行中体验本地区特有的山地农耕文化。职业学校以实习实训课为主要载体开展劳动教育,各中小学、幼儿园积极组织开展"美好生活劳动创造""爱生活爱劳动"等系列主题实践活动,引导学生积极参与家务劳动、校园卫生保洁、社会志愿服务等,让学生劳有所乐、劳有所获,树立正确的劳动观念,养成良好的劳动习惯。

凯里市各校结合实际情况,利用楼顶、绿化带、闲置用地等建立劳动基地,组织学生开展校园环境绿化美化、园艺种植等劳动实践活动;此外,广拓校外基地。2021年5月,凯里市云谷田园作为首个"凯里市中小学生劳动实践基地"正式挂牌。目前,已有多校组织学生赴云谷田园、三棵树林下经济带、清风谷劳动实践基地等开展"劳动励心智·实践促成长"主题农耕研学活动。学生通过养护班级"责任田"、参加农事"运动会"、"沉浸式"体验农耕教育等方式,在知行合一中培养社会责任感、创新精神和实践能力。

同时,凯里市各校分年龄、分学段设定劳动教育目标,从学生认知、参与、体验、技能、创造等方面设置劳动教育课程,明确劳动教育要求,健全劳动素养评价体系。各校每周至少设置1课时的劳动教育课,开发校本教材,结合学科、专业特点,在课程设置中有机融入劳动教育内容,推动劳动教育课程化、系统化、常态化;利用课外活动时间,开设园艺种植、民族技艺、木泥工艺等劳动实践活动。

2. 浙江省:正心立德劳动树人——区域推进新时代劳动教育的"富阳实践"

作为全国中小学劳动教育实验区,浙江省杭州市富阳区落实立德树人根本任务,统筹推动劳动教育全域发展,经过十年的不懈努力,逐渐形成全域劳动教育氛围,并牵头成立"中国长三角劳动教育20校联盟"。

富阳区通过整合资源,拓展了多个劳动实践基地网络。如富春七小"开心农场"、礼源小学"衍纸教室"、富阳二中"机器人实验室"、新登中学"金工教室"等,各校按要求都在学校内部设立了劳动专业教室或劳动教育实践基地。全市共推出5个大型综合劳动实践基地、34个乡村劳动教育实践基地、1 000户农户体验点,"三位一体"的新劳动实践基地网络,为学生提供多样化的劳动实践平台。

在劳动教育课程上,富阳区结合区域劳动文化特色资源,广泛开设金工、木工、烹饪、缝纫、养殖、种植等校本课程,共开发了插花、元书纸制作、蜡染、陶泥等149门劳动教育课程(图4-4-1)。

劳动教育将劳动素养作为学生综合素质评价内容,提出"技能＋素养"的劳动教育目标;坚持过程与结果"两手抓",开展劳动过程监测;从校内到校外,多元参与、全员评价。在此基础上,富阳区构建了区域劳动素养评价数字化平台,实现学生、教师、学校、基地各级实践与评价数据共享,全面提升区域教育管理水平。

图 4-4-1　学生在特色劳动课上的活动

1. 请结合社会主义革命和建设时期国家经济建设情况思考劳动教育政策的重心及其与社会发展之间的关系。

2. 请思考：当前我国劳动教育内涵同社会主义革命和建设时期劳动教育内涵之间有哪些扬弃、继承和发展？

3. 结合第三节内容思考改革开放和社会主义现代化建设新时期党的教育方针发生了哪些变化。

4. 作为一名劳动教育教师，结合新时代特征，你会如何开展劳动教育教学？

第五章
国外劳动教育

学习目标

❶ 了解美国劳动教育发展的背景、典型经验。
❷ 了解德国劳动教育发展的背景、典型经验。
❸ 了解芬兰劳动教育发展的背景、典型经验。
❹ 了解日本劳动教育发展的背景、典型经验。

劳动教育是培养德智体美劳全面发展的社会主义建设者和接班人的重要环节，贯彻落实劳动教育，不仅关乎社会主义教育的性质和本质，还关乎学生的全面发展，具有重要的时代意义。聚焦国外劳动教育的发展，一些国家基本上从小就开始培养孩子的劳动习惯和劳动品质，注重教育与劳动相结合，注重"做中学"，比较典型的国家有美国、德国、芬兰和日本，这些国家都强调"工艺"与"教育"的结合，最终都蕴含于技术教育当中，它们的劳动教育在具有一定相似性的同时又有所不同。

第一节　美国的劳动教育

在美国，教育与生产劳动相结合具有悠久的历史，注重培养学生掌握维持生计的各项技能，是美国劳动教育的一大特色。美国劳动教育既受实用主义传统的影响，也有现实社会需求的考量，随着工业革命与进步主义的持续发展，美国的劳动教育理念也不断深化。

一、劳动教育发展背景

（一）社会背景

美国社会劳动教育的传统开始于 19 世纪末 20 世纪初工业革命勃兴的时代。早在 1831 年，美国就成立了"全国文理学院促进体力劳动协会"（National Society for Promoting Manual Labor in Literary Institutions），提出每个学生每天需要进行几个小时的体力劳动，这不仅可以使学生得到劳动锻炼，培养良好的劳动习惯，还可以使他们的教育费用得到减免。1865 年，历时 4 年之久的南北战争彻底结束，美国实现了真正意义上的统一，这为美国经济社会的发展创造了和平安定的国内环境，促进了工业、农业的迅速发展，教育也进入高速发展时期。到 19 世纪末，美国已基本确立了包括学前教育直至高等教育的完整的教育制度。特别是 19 世纪末 20 世纪初西进运动的完成，进一步推动了美国资本主义的长远发展。工业革命催生了现代学校制度的建立，美国社会随之进入进步主义时代，进步主义教育也开始勃兴，进步主义教育理念主张以学生为中心，通过"做中学"，培养学生适应社会的技能，内在地包含了教育与劳动相结合的主张。自此之后，美国教育史上的每一次改革，均有进步主义教育主张活跃其中。

（二）经济背景

20 世纪 70 年代，美国经历了"石油危机"，经济发展受到了严重打击，经济的内生动力与国际竞争力出现双缺乏，失业现象日渐加剧，面对就业市场的萎靡不振，学校教育无法培养能够适应社会的自主谋生的人才。当时的美国教育总署长西德尼·马兰提出了"生计教育"（career education）计划，倡导把劳动观念与学校的普通课程结合起来,教育与生产劳动相结合,使知识与实践经验相融合,以培养学生必要的谋生技能,主要内容包括:生计教育应该面向所有学生,生计课程应该成为所有学生的必修课;生计教育应当贯穿整个 K-12 教育阶段乃至高等教育;凡中学毕业生或中途肄业生都应在学校期间就掌握维持生计的各种技能,以适应个体谋生需要;学校全方位促进学生掌握毕业后就业的技能,为他们进入"劳动世界"打下坚实的基础。[①] 基于此,生计教育很快在社会上得到广泛认同,获得了社会各界尤其是工商企业界的广泛支持;国会随后通过了第一个生计教育法案。1977 年,美国国会又通过了《生计教育刺激法》(*The Career Education Incentive Act*),通过拨款等方式促进中小学生计教育,教育与劳动相结合自此有了法律保障。

(三)文化背景

20 世纪初,在以杜威、克伯屈、帕克等为代表的进步主义教育家的推动下,"做中学""学校即社会""生活即教育"等一系列进步主义教育理念开始传播,影响深远,由此也奠定了美国进步主义的教育文化传统。杜威以哲学、心理学和社会学为理论基础,提出教育是"生活经验的改造",提倡"从社会实践中进行学习"。杜威强调学生是学习的主体,学生既要从书本中获得知识,也应主动深入到生活情景中获得实践经验,并利用经验更好地实现自身发展与社会改造。杜威提出:教师通过模拟生活场景使学生在实践中获得亲身感悟,从而全方面发展。克伯屈主张学校是一个雏形的社会,学生在学校的学习过程实际上也是在社会上的成长过程,学生在雏形社会中学习积累的真实经验可为日后所用。帕克主张学生通过活动课程的形式增长知识与技能,重视实践和生活能力的培养。至此,美国实用主义教育思潮奠定了美国劳动教育理论指导与实践活动的基础。

二、劳动教育实践的典型经验

美国劳动教育经过历史的沉淀形成了一系列典型经验,比较突出的有以下几点:

(一)家校一体化的劳动教育

家校一体化的劳动教育模式主要出现于美国的中小学阶段。美国小学开设数学、语言、卫生、艺术、音乐、体育、科学、社会等课程。美国虽然并没有专门的劳动教育课程,但不管是在家还是在学校都会有各种与劳动教育相关的活动。小学生在家里要整理自己的物品、打扫自己的房间、分担家务、修剪草坪等[②],通过参与家庭劳动培养自理能力。在学校,教师会有意识地培养学生的劳动习惯,如让学生参加学校或社区组织的志愿服务、手工制作,收集可回收的垃圾或将物品积攒起来在学校换小礼品;开展"一对一"结对子活动,让高年级学生帮助低年级学生,带领低年级学

---

① 王凤娥. 美国的生计教育对当前我国素质教育的启示[J]. 山东教育科研,2000(Z1):72-73.
② 谷贤林. 美国学校如何开展劳动教育[J]. 人民教育,2018(21):77-80.

生更好地适应学校生活。学校通过帮扶活动,提升孩子们帮助他人的能力,培养他们的责任感、相互关爱与服务精神。[1]

美国初中课程比小学课程多一门外语课程,其他课程门类保持不变,但各门课程的难度加大、要求更高,学校开设的课程中虽然依然没有专门的劳动教育课程,但对学生劳动习惯、劳动精神的培养并没有放松,并以各种各样的活动类型加以贯彻,如做手工、种植物等。高中阶段,学生可以根据自己的兴趣选择,既可以读学术性高中,也可以读偏重职业的实科中学。自 20 世纪 50 年代末开始,综合中学成为美国高中的主体,实科中学也并入其中。综合中学普遍会开设一些劳动教育类的课程供学生选修,比较常见的有烹饪、园艺、木工、家政等选修课;也有学校会根据自身特色或区域特色开设一些特有的课程,如位于山地的学校会开设石工课程供学生选修,有条件的学校也会开设一些诸如食品制作、住宅设计以及社交礼仪之类的家政课程。[2]

(二)围绕生涯教育的劳动教育

美国劳动教育基本上围绕学生的职业生涯规划展开。学生通过劳动教育课程的学习,了解并接触当代社会形形色色的职业,以保证每个人都能根据自身兴趣、资质与特长,学习一种或多种职业技能,经受一定的劳动锻炼,从而在中学毕业后可以自由选择职业或继续升学。

从课程学段来看,劳动教育跨了以下阶段:一是职业认识阶段(K1—K6),学生通过学习培养职业意识和自我认知意识,培养动手操作能力,认识劳动的价值,提高对职业的了解。二是职业探索阶段(K7—K10),学生通过职业探索熟悉职业的分类和"职业群",并开始在职业群中做出尝试性的选择。三是职业选择阶段(K10—K12),学生在其选择的某些职业领域进行更深入的探索,并逐步确定未来的发展方向。学生一般从以下三类课程中选择一种:(1)学习中学毕业后直接就业的各种知识、技能课程;(2)为升入大学学习做准备的课程(既学习学术性课程,也学习职业课程);(3)为进入专业学院学习做准备的课程。四是职业搭建阶段(高中阶段以后),这个阶段关注学生的职业发展,帮助学生搭建与规划职业生涯。美国劳动教育课程与其他基础素养教育是相互交织的,通过多种活动形式,把体育、艺术、爱国教育等内容融入其中,鼓励学生在劳动中获得自信心和成就感,增强合作和责任意识。同时,面向生涯教育的劳动教育,可以帮助学生认识社会,规划职业发展路径,在步入大学或进入社会之前,对职业选择能有更清晰的认识。特别是随着生计教育理念的进一步贯彻,"为就业做准备"不仅在中小学普通教育中被不同程度地继承下来,而且一直影响至今,在综合中学的职业科进一步得到深化,其课程也随着科技的发展从传统的手工类、体力类课程转向计算机维修技术、文字信息处理、商业资料分

---

① 汪静,李炳煌.美国中小学家校协同开展劳动教育的特点及启示[J].教学与管理,2021(22):81-84.
② 郑文.美国家政教育的发展及其启示[J].课程·教材·教法,1999(11):59-62.

析、电子报表、计算机辅助绘画设计等众多偏重脑力劳动的课程。

（三）公民教育特色的劳动教育

美国历来十分重视公民教育。在中小学阶段,比较常见的方式就是引导学生参与志愿服务。如果一个学生有服务精神并做得很好,学校通常会给他颁发一个"好公民"奖,特别是针对5～9年级的学生,这个阶段被认为是个体培养和形成世界观与价值观的关键阶段。美国公民教育特色的劳动教育一般涉及如下内容:

一是参与志愿服务。美国各个学校都会开展社区服务活动,如为社区做清洁工作、为正处于康复期的人员提供服务、为弱势群体发起捐献生活物品活动、为残疾儿童制作圣诞卡等,这些活动的开展能使学生变得更加具有同情心和责任感。

二是参加服务学习。服务学习从20世纪60年代开始在美国兴起。1969年,美国南部地区教育委员会、亚特兰大市政府和亚特兰大城市联盟等联合召开会议,讨论服务学习在教育领域的重要性。会议达成了三点共识:(1)学校必须鼓励学生参与社区服务,并对服务学习给予认可;(2)学校、民间组织、联邦政府和州政府必须为学生提供参与服务学习的机会和专项资金;(3)学生、教师必须参与服务学习的规划与实施过程。1990年2月,时任美国总统布什签署了《国家与社区服务法》,首次在法律上明确了服务学习的地位。1993年3月,时任美国总统克林顿签署了《国家与国家服务信托法》,规定联邦政府对开展服务学习给予资金支持,鼓励政策制定者、学校和民间组织探索新的合作方式,把学生与学校、社会重新联系起来。相关法案的颁布,不仅提高了服务学习的地位,使服务学习有了稳定的资金支持,也极大地推动了服务学习的发展。现在美国每个州都开展服务学习,有些州还将其作为公民教育计划的组成部分,并把它作为学生从学校毕业的基本条件之一。

（四）以法律法规为支撑的劳动教育

早在20世纪60年代,美国联邦政府颁布的一系列法律法规就涉及学校和家庭一起合作进行劳动教育的内容,希望家长能够更多地参与孩子的教育工作。20世纪70年代,美国有1/3的高中生在读完高中后,既无法接受高等教育,也没有获得谋生的一技之长,导致社会对学校教育不满。为解决这个问题,时任美国教育总署长西德尼·马兰提出了"生计教育"计划,之后,美国国会通过了《生计教育刺激法》,拨款在中小学实施生计教育。1970年颁布的《初等和中等教育法》规定,有美国联邦政府资助项目的学区应成立家长咨询委员会,其成员在学生家长中产生,至此,美国联邦政府正式以法律形式赋予学生家长参与学校教育的权利。美国于2001年公布了《不让一个孩子落后法案》,规定家长对学校教师的工作能力具有知情权,家长还可参与学校活动政策的制定,等等。[①]众多法案的颁布赋予了家长参与学校教育的合法性,这一点不仅在基础学科的学习中得以体现,更体现在学校开展的各种综合实践项目中,也使得家校协同实施劳动教育有了强有力的法律支持。

---

① 陈峥,王建梁.家校合作的纽带:美国家长教师联合会研究[J].外国中小学教育,2003(5):22-25.

第二节 德国的劳动教育

德国劳动教育历史悠久,且对其经济发展产生了重要的积极的影响。进入21世纪之后,德国劳动教育改革持续深入。在德国,各州普遍重视对中小学生进行劳动教育,并贯穿基础教育的全过程,劳动教育课程不仅类型丰富,而且种类齐全。学校除了在校内的专用教室里开展劳动教育外,还会进行很有特色的校外实践活动。

一、劳动教育发展背景

(一)社会背景

德国有着悠久的历史文化传统,同时也是一个现代化的发达国家。德国实施强制性的九年义务教育,通常儿童在6岁时入学。在小学四年级时,学生根据学业水平进行分流。学习能力较强的学生通常进入文理中学,学习能力中等的学生进入实科中学,学习能力有一定差距的学生进入主体中学。这一分流的做法基于天赋类型思想,该思想主张人的天赋可以分为三种基本类型,分别是思想理论型(对应的学校类型是文理中学)、手工实践型(对应的学校类型是主体中学),以及介于二者之间,有点理论也有点实践的天赋类型(对应的学校类型是实科中学)。此外,还有综合学校,是上述三种传统学校类型的组合,包含多种教育类型。由于近年来德国各联邦州教育体系不断改革,主体中学逐步被并入实科中学以及综合学校。

学生在主体中学读完9年级将获得主体中学毕业资格,在实科中学读完10年级将获得实科中学毕业资格。之后,青少年可开始接受职业培训或继续升入高一级学校求学。学生在文理中学读完12或13年级之后完成高中毕业考试,即获得就读综合类大学的资格。

在义务教育学习阶段结束后,部分学生会升入综合性大学及应用科技大学继续学习,而部分学生则会进入德国职业教育体系继续学习,尤其是从主体中学毕业的学生。德国职业教育的双元制模式在世界上得到广泛认可,其主要特点是将课堂上的理论学习和现实工作环境中的培训相结合。在双元制职业教育中,中小企业与公立职业学校之间建立相互合作的关系,这种合作关系受相关的法律保护。双元制职业教育的学生通常每周有一部分时间在职业学校学习,另一部分时间在企业工作,或者他们可能会在某个地方花费更长的时间,然后再交替。双元制培训通常持续两到三年半。

(二)经济背景

由于较早确定职业定位和培养核心技能有助于确保学生从学校到工作世界的无缝过渡,因此,德国政府要求中小学在义务教育阶段开设与职业定位有关的课程。

同时,与职业定位有关的课程也是面向学生开展职业指导和职业咨询的一部分。职业定位课程需要不断调整以平衡两个不同方面的诉求:一方面是响应来自学生自身的诉求,职业定位课程可以帮助学生正确认识自身的能力和兴趣,并在此基础上寻求与自身能力相匹配的职业方向和目标;另一方面是响应来自行业企业的诉求,协助并引导学生进入某些特定工作领域,满足行业企业对人才的需求。基于上述考虑,德国联邦教育和研究部(相当于我国的教育部)于2008年启动了"支持各类职业教育与培训中心的职业指导"专项,为德国各地的在校学生提供职业指导课程,使学生能够依托自己的能力和兴趣产生可行的想法,并在相关职业领域积累实践经验。

职业指导方案重点面向在普通教育学校就读的学生。职业评估是职业指导过程的一部分,通过评估,面向学生形成培训或就业建议,对学生的职业发展进行指导。职业评估是确定学生个人兴趣、能力、才能和技能的过程,以确定学生自身个性化的职业优势、需求和职业潜力。职业评估可以使用各种标准化技术(例如测试)或非标准化方法(例如访谈、观察)。职业评估通常在7年级的下半年进行,并在8年级举办研讨会。之后,为期两周的研讨会课程为学生提供熟悉至少三个职业领域的机会。

(三)文化背景

"工作是生活的另一半"是德国一句著名的谚语,在德国的文化中,工作是人的一种特定的身体和精神活动,是有针对性的,有计划的和有意识的,是一个人赖以生存的必要手段。工作也是一种过程性的、创造性的生产和社会行为,即人与人之间的互动。一个人维持生存、维护个人自尊和在社会中的地位都依赖工作。

探究"职业"
一词的起源

工作和职业对个人身份和社会参与的发展至关重要。在德国的文化中,通常来说,可以认为职业就是劳动。一项职业是指在较长的一段时间内的劳动实践,职业是一项可以明确定义的工作。除此之外,在德国历史上,职业曾被认为是个人被赋予的一种天职。[①]

为了保障职业教育和培训的高质量,德国普遍实施双元制职业教育模式,这一模式促进了学校教育到工作的顺利过渡。不过该教育模式也并未完全覆盖德国职业教育。2017年的统计数据表明,全德国参与双元制职业教育模式的学生约有49万名,但还有约22万名学生在全日制职业学校学习。[②]

二、劳动教育实践的典型经验

(一)劳动教育打好职业和生活的基础

在德语中,并没有直接与劳动教育相关的概念,从直译的角度,最相近的概念是"通过劳动进行教育",而这一概念的实际含义与当前我国劳动教育的概念相差

---

① 肖凤翔,张荣.马克斯·韦伯职业教育思想探析[J].中国职业技术教育,2017(18):42-46.
② 全日制职业学校属于联邦各州的职权范围,与双元制培训相比,受训人员通常不领取培训津贴,仅在某些职业中,培训津贴的支付方式与双元制培训类似。相反,私立职业学校通常要求支付学费。

甚远。因此,需要从意义的角度重新分析。德国一些联邦州从小学阶段就开设与劳动教育相关的课程,一般称为"常识课"。这门科目涉及很多不同领域的内容,包括自然、环境、技术、职业工作、日常生活、交通安全、人与饮食以及物理、化学等基本知识等。[①]常识课的开设旨在培养学生对自然环境、日常生活、科学技术领域的兴趣,并帮助学生初步了解自然、社会、人类生活的一些基本形式,掌握独立生活的基本常识与生活技能。小学阶段的常识课作为劳动教育的一部分,设置了不同类型的活动,强调学生脑、心、手的协调合一,通过有意识的活动安排培养他们参与日常劳动的能力,并将其视为职业工作和社会生活的重要准备与基础,同时培养学生正确的劳动观念。

(二)实施差异性的劳动教育教学目标

德国学校劳动教育践行以劳动观念为本、以基本劳动技能为用的劳动教育观,形成了以能力为导向的课程目标。以德国巴伐利亚州的小学为例,按照学校课程大纲要求每周安排4节常识课,2节是知识传授,2节是手工劳作。关于手工劳作,1~4年级的教学内容包括编织、木工、手工制造、陶器等。为了帮助学生了解基本的饮食习惯与烹饪常识,一些学校还设置专门的烹饪教室,配备各种厨房用具,学生不仅需要认识与了解家庭烹饪的相关设备,还需要掌握一些基本的烹饪方法。为了树立正确的劳动观念,学生还需要定期轮班参与学校食堂的工作,如分发刀叉、整理餐具、收拾残羹、清洁食堂等,并学会尊重不同文化背景的饮食习惯,了解不同文化背景的膳食结构,培养跨文化意识,以及劳动责任感与关爱服务精神。

不同类型的中学开设不同类型的课程实施劳动教育。如文理中学和综合中学侧重学生综合行动能力的培养,实科中学和主体中学则以职业实践为导向。以德国的北莱茵－威斯特法伦州中学体系为例,以向高等教育升学为导向的文理中学和实科中学普遍将劳动教育课程开设在"科技"课程(选修)中,提供与工作和职业有关的内容教学,更加偏向科学性和技术性知识的教学。在以职业教育体系为导向的主体中学中,劳动教育体现在"职业导向的人生规划"课程中,更加偏向职业性和生活性知识的教学。综合中学即包含两种不类型教育的中等教育学校通过开设"工作课程"实施劳动教育,相比前两类学校,课程中的劳动教育内容更加平衡。

(三)针对时代发展特点的劳动教育

随着信息和数字技术的高速发展,原有劳动形态不断变化,而新的劳动形态也在不断生成。因此,德国的劳动课程目标逐步转变为以下三个方面:(1)作为从业者具备胜任未来劳动力市场所要求的知识与技能;(2)作为生产者可以了解信息化与技术化的生产模式,实施智能化的新型工业生产;(3)作为消费者了解宏观、微观的经济规律,并可以处理好家庭日常生活,进行合理消费。

以北莱茵－威斯特法伦州综合中学的"工作课程"为例,该课程的学习领域包括家政学、技术和经济学。课程要求学生能够适当地处理专业知识,讲解特定专题的工作

---

① 任平.德国中小学如何实施劳动教育[J].人民教育,2020(11):71-74.

流程,使学生能够做出负责任的决定并在与工作相关的生活情境中采取恰当的行动。

这一课程学习领域的特点是全面了解"工作"一词,其中包括就业、创业和家务劳动。相比其他课程,工作课程尤其有助于批判性地反映基于性别的岗位观点,发展学生的社会责任,促进社会可持续发展和保护生命的自然基础,有利于文化的共同创造、跨文化理解和准备。为此,工作课程设置了三个主要的教学方向:家政方向、技术方向和经济方向。

家政方向是帮助学生独立地计划、组织、执行和反思家庭和职业中的各种工作任务。课堂上的合作工作,还可以促进基于学伴间的关系。综合中学的学生应了解并胜任评估消费、健康、环境和家庭管理等领域的当前社会状况和问题领域。

科技方向主要讲授技术过程和系统的相关知识,学生可以通过所学知识改变和塑造他们在个人、专业和公共生活中的环境。综合中学的学生应能够处理实质、能源和信息领域技术的问题,以及具有与技术过程的选择和应用有关的能力。在这方面,利用理论和实践程序建立技术专长、分析技术系统和掌握实际技术任务的方法特别重要。

经济方向协助学生积极参与日常生活和工作中的经济过程,使学生能够在机构和组织(学校、公司和家庭),以及消费品和要素市场中做出明智的判断和行动。学生能够获得与商业相关的技能,以便能够自觉和积极地塑造他们的个人职业未来。

第三节　芬兰的劳动教育

芬兰历来重视劳动,是世界上较早地将劳动教育作为必修课程纳入学校教育体系的国家,并不断地进行劳动教育的实践探索。21世纪以来,随着社会环境与需求的变化,芬兰通过定期修订劳动教育课程设置,与时代需求相适应。芬兰劳动教育强调促进学生自我发展,实现自我价值,关注创造性劳动与传统手工艺相结合,注重在生活实践中培养学生的动手操作能力,磨炼学生良好的劳动意志品质,丰富学生的劳动精神,以及帮助学生形成正确的劳动价值观念。

一、劳动教育发展背景

推进基础教育阶段劳动教育的实施,不仅是芬兰政府对未来教育发展和改革趋势的判断和思考,也有其独特的社会背景。

(一)社会背景

进入21世纪以来,芬兰的现代工业化、城市化和数字化步入快速发展时期,移动设备、互联网和流媒体的普及,挤压了学生接受学校教育的时间和空间,学生投入社会活动的时间远远低于使用电子媒介的时间。芬兰早期实施的分科化教育不利于培养学生对外部世界的整体认知,进一步加深了学生与自然、社会的脱节。学生长期在"去自然化""去社会化"的学校中学习和生活,与自然及社会关系的异化程度加深,导致耐心、好奇心和想象力缺乏,社会人际关系疏离,心理韧性弱,思维钝化,幸福感低,甚至引发自然缺失症(nature-deficit disorder),等等。为此,芬兰社会和学界呼吁教育需要回归其本质,探索教育、生活和社会有机结合的多元模式,尤其要在基础教育阶段推进教育与生活的连接,为学生提供全方位学习的机会。①

芬兰社会发展一直强调可持续性发展,这也构成了劳动教育的重要内容。例如,在"纺织材料再利用"的项目式学习中,学生利用印刷、染色和机器刺绣等技术制造个性化衣服和家居用品;在"消费者"主题中,学生回收生活中的闲置物品并通过个性化创造,实现二次利用。这是一种社会需求与学生个性发展相结合,消除学生与社会关系异化的教育组织形式。

（二）经济背景

芬兰面向 21 世纪教育改革的根本原因在于在经济全球化背景下,芬兰发展知识经济以提升国家竞争力的战略考量。当今经济全球化的影响,社会产业结构和就业市场的变革,使人才和劳动力的需求发生急剧的变化。芬兰政府意识到,必须寻找新的知识领域来保持竞争力,对多元文化的理解、社会交往、信息获取和思辨能力应当成为未来教育培养所关注的核心能力。

芬兰国家教育委员会颁布并于 2016 年实施的课程方案《国家基础教育核心课程》的总目标转向学会如何学习,重点在于培养学生解决问题的能力与横贯能力。横贯能力是相对传统的学科能力而言的,指贯穿不同学科和领域需要的通用能力,与特定学科的目标紧密关联,主要包括知识、技能、价值观、态度和意志的整合,以及在特定情况下运用知识和技能的能力。相比传统以学业成绩为导向的数学、物理等学科,劳动技术课程具有更为明显的综合性和应用性,在达成培养横贯能力方面有更突出的优势。② 培养横贯能力的教学目标体现在七个领域中,其中"自我照顾、日常生活管理的能力""工作生活能力和创业精神""信息素养""参与建设可持续未来"都被整合到了劳动教育课程的不同主题中。在课程内容上,计算思维、编程、信息和通信技术、数字技术、信息及通信技术等新兴领域的内容也被纳入手工课程。劳动教育课程正在逐渐成为芬兰培养学生适应高速变化的社会所需要的广泛技能的重要途径。芬兰国家教育委员会还通过发展项目和教育研究等方式,鼓励教师与当地的校外伙伴协同合作,包括农场、锻冶工坊、自然学校、博物馆、科学中心以及地区政府开办的手工艺协会等,通过建立以学校为中心的学习型社区为学生提供多种类型的非正式教学实践基地,帮助学生获得真实的学习经验,激发学生的学习兴趣,以培养 21 世纪综合人才应具备的解决问题的能力。

① 孙芙蓉,李子涵,史荣荣. 芬兰中小学生研学实践教育发展:背景、特征及启示[J].比较教育学报,2021(5):100−110.

② 滕珺,王岩. 创新性与传统相结合的芬兰劳动教育[N].光明日报,2019−01−10(14).

（三）文化背景

19 世纪末,芬兰与其他许多欧洲国家一样,都引进了内容相似但名称不同的劳动教育课程。芬兰劳动教育的思想源流与欧洲其他国家是共进的,主要受裴斯泰洛齐和福禄培尔教育思想的影响,强调人的发展要求头脑、心灵和双手的三维结合并通过富有成效的劳动来实现,着重强调劳动在人的发展过程中的重要作用。[①] 芬兰在裴斯泰洛齐和福禄贝尔思想理论的影响下,逐步形成了富有自身特色的劳动教育文化,并影响至今。这种文化体现在芬兰的劳动教育根本宗旨上,即促进学生身心平衡发展,培养日常生活中的实用技能及技巧,引导学生欣赏正确的行为以及尊重劳动。

此外,信任是芬兰教育体系中最重要的社会文化基础,它支撑了芬兰整个教育制度的良性运转。[②] 在芬兰,政府作为教育政策的制定者和教育改革的推动者,赋予了学校很大的办学自主权;学校作为教育教学实施的机构,给予了教师极大的教学自由;教师充分尊重并信任学生,发挥和挖掘学生的特长和潜能,以便实现其在社会中的价值。具体到芬兰的劳动教育,这些以提高学生的运动技能、解决问题的能力、培养想象力和创造力为劳动教育目标的利益相关者,依托“信任”使劳动教育的本质属性在芬兰的教育实践中得到全面展现和深入实施,并促进芬兰劳动教育课程由早期单一的手工艺课程逐渐发展为包括手工艺、家政以及跨学科综合课程等相对完善的课程体系。

二、劳动教育实践的典型经验

芬兰注重教育与社会生活的紧密结合,基础教育阶段尤其关注教育与生活的连接。劳动教育是促进学生掌握基本的生活技能,了解社会,参与社会实践,发展其动手能力、设计能力以及解决问题能力的重要抓手。与传统的学科课程,如数学、物理等相比,劳动教育课程更加强调综合性和应用性,在培养学生综合能力方面更加具有优势。芬兰《国家基础教育核心课程》设置了手工课程、家政课程和综合课程等,强化劳动教育,培养学生适应可持续生活方式的能力,培养适应未来挑战的公民。

（一）依托手工课程培养学生的综合素质

手工课程是芬兰义务教育阶段的必修课程,该课程源自 19 世纪末的手工课程。芬兰国家教育行政管理部门规定了每个学段手工课程的最少课时标准:1～2 年级平均每周 2 小时, 3～6 年级平均每周 1.25 小时, 7～9 年级每周 2/3 小时（40 分钟）。[③]芬兰各个年级的手工课程目标也具有较强的连续性,表 5-3-1 所示可作为一个案例。

---

① 黎诗敏,施雨丹.从历史中走来:芬兰劳动技术课程改革及现实挑战[J].外国教育研究,2021,48（7）:43-57.

② 左兵,蔡瑜琢.信任,芬兰教育的文化基因[J].人民教育,2018（7）:72-75.

③ 滕珺,王岩.创新性与传统相结合的芬兰劳动教育[N].光明日报,2019-01-10(14).

表 5-3-1　赫尔辛基市手工课程目标（必修课程）

年级	年龄 / 岁	课程目标
1～2	7～8	➤ 激发对手工艺的热情 ➤ 完成整个手工艺过程，并能表达自己的想法 ➤ 从美学和技术角度设计和制作手工艺品 ➤ 了解各种材料的特性 ➤ 通过手工艺的成功经验，建立自信
3～6	9～12	➤ 激发对手工制作的兴趣 ➤ 掌握手工艺整体过程并完成记录档案 ➤ 从美学和技术角度独立或小组制作手工作品 ➤ 了解各种材料并进行适当的处理 ➤ 鼓励做事负责任，确保安全工作 ➤ 使用信息通信技术支持手工艺设计、制作 ➤ 评估自己及同伴的整个制作过程 ➤ 提高对制作模式的评估
7～9	13～16	➤ 规划工作 ➤ 制订自己的学习、工作目标 ➤ 学习使用各种工具、材料及制作方法 ➤ 使用手工艺概念、人物和符号，加强视觉、材料和技术表达 ➤ 预测工作中的各种风险要素 ➤ 在手工艺设计、制造中使用信息技术 ➤ 了解手工艺及技术在生活、社会中的作用 ➤ 在工艺选择过程中融入经济思维

芬兰手工课程主要分为两大类：一类为包括针织、缝纫、布艺等在内的"轻手工"课程，另一类为包括木工、金属技工、电子等在内的使用机械设备的"重手工"课程。[①] 在学生进入初中阶段之前学校并不强制学生选取某一类别，学生需同时学习这两个门类的手工课程。尽管芬兰很注重学生发展的性别平等性，但是在通常情况下，女生倾向于选择"轻手工"课程，男生倾向于选择"重手工"课程。不论何种"手工"，都不仅仅停留在培养学生动手能力层面，还注重培养学生的综合素质，以培养横贯能力为核心，既要发展学生的动手能力，也要发展学生全局统筹和设计能力；既要让学生了解不同材料、工具、设备等的性质和特点，更要让学生学会合理利用材料、安全利用工具，形成可持续发展的意识和理念；既关注学生理性思维的发展，例如如何解决问题、如何完成一项作品，更关注学生审美情趣的发展，即学生不仅要制作出某一作品，更要兼顾审美和伦理；既重视促进学生对传统手工艺的了解和尊重，也注重促进学生对现代科技的掌握和利用；既关注学生对本国文化传统的了解，也注重学生对他国文化传统的尊重和理解；既重视作品的产出结果，也关注学生在制作作品过程中的成长、情感体验，以及态度和价值观的形成。由表 5-3-1 可知，相

---

① 滕珺,王岩.创新性与传统相结合的芬兰劳动教育［N］.光明日报,2019-01-10（14）.

比 3～6 年级，1～2 年级更侧重培养学生的动手能力和对材料工具等的基本感知，7～9 年级在价值观以及思维层面的要求则更为深入。

（二）依托家政课程培养学生的生活技能

家政课程是国家规定 7～9 年级学生必修的课程，每周至少 1 小时。实际上，很多学校在 7～9 年级之前，已经开设类似的课程。有的学校甚至在学前教育阶段，便要求儿童学习自己穿衣服、洗碗、整理玩具、制作小点心等基本生活技能。

家政课程以促进学生在日常生活中发展知识、能力、态度等为基础，旨在让学生学会可持续性地生活，保证身心健康。家政课程教学以促进学生动手能力为最基本目标，关注学生创造能力和可持续的决策与行动能力的发展；培养学生工作的责任感和不怕困难、勇于克服困难的精神，培养学生的合作能力，批判性地甄别与管理信息的能力，培养学生的经济头脑、企业家精神以及理性消费的理念和行为。[1]

家政课程以培养学生基本生活技能为最基本要求。如表 5-3-2 所示，不同主题下具体课程的目标涉及三个方面:（1）食品相关知识、技能和饮食文化，即实用技能目标。学生要学习食材的准备和烘焙技能，学会食物制作前的计划以及制作流程。学生要学会从营养学、食品安全、食物链、经济角度、伦理角度等多个视角理性选择食品、培养良好的饮食习惯，学习相关的饮食文化，理解饮食文化是自我身份认同和家庭身份认同的一部分。（2）生活起居并与他人共同生活，即互动技能目标。学生要学习与生活起居相关的基本知识，掌握基本能力，并兼具对环境和经济等方面的关怀，形成良好的行为习惯，懂得平等地使用资源，学会承担在家庭中的责任。（3）家庭消费和理财能力，即管理技能目标。学生要了解消费者的权利和义务，要学会在利用媒体和科技便捷生活的同时，反思媒体对个体和群体消费行为的影响，并通过实践学习负责地选择与决定，掌握获取最新信息的方法；了解金钱与家庭生活的关系等。[2]

表 5-3-2　赫尔辛基市家政课程目标（必修课程）

年级	年龄 / 岁	课程目标
7～9	13～16	➢ 实用技能目标 ● 能为活动做计划、组织和评估 ● 学习管理家庭所需的技巧 ● 使用各种工具、材料、设备及通信技术 ● 计划工作时间及做进度管理 ● 运用卫生、安全和人体工程学知识 ➢ 互动技能目标 ● 规划和执行任务时，能倾听、讨论和论证 ● 识别日常建筑和多元文化环境 ● 知道团队合作精神的重要性 ● 感受自己在群体和社区中的重要性

---

① 滕珺，王岩. 创新性与传统相结合的芬兰劳动教育［N］. 光明日报，2019-01-10（14）.
② 滕珺，王岩. 创新性与传统相结合的芬兰劳动教育［N］. 光明日报，2019-01-10（14）.

续表

年级	年龄／岁	课程目标
7～9	13～16	➢ 管理技能目标 ● 灵活运用家政评估中的重要信息 ● 提高阅读、解释、评估有关家庭、周边的指示、标志和符号的能力 ● 提升处理和解决问题的创造力 ● 形成成本意识

（三）依托综合课程培养学生的横贯能力

手工课程和家政课程具有一定的综合性。除这两门特定的课程外,根据新课程方案的要求,每所学校每学年还需要开设一门每周 1 课时的综合课程,即跨学科项目课程。[①] 这类课程整合了不同的学科内容,从多学科角度同时研究某一种现象,是芬兰新课程改革中一种将综合活动课程和校本课程整合实施的创新形式,促进了芬兰从单一学科授课制向跨学科学习模式的转化,以进一步激发学生的学习兴趣,培养学生不同学科和领域所需的横贯能力。[②] 虽然不同学校在该类课程上采取不同的实施策略,但总体而言,该类课程要求贴近实践、贴近社会,以问题或现象为导向,反映了劳动教育的特点。有些学校将该类课程与手工课程结合,以学生完成某一作品为导向,学生在完成作品的过程中学习并应用多种横贯能力。在课程实施步骤上,学期开始,学生需要撰写设计方案,可独立或合作完成作品,教师帮助并指导学生完善设计方案;在设计方案的基础上,学生推进并完善设计工作,最终完成目标作品。

第四节　日本的劳动教育

日本一直以来十分重视培养国民爱好劳动的习惯以及尽心工作的态度。日本劳动教育发端于明治时期,经历了一段时间的发展后,在第二次世界大战期间逐渐式微。第二次世界大战以后,伴随着日本社会、经济、文化等各方面的发展变化,日本的劳动教育理念也在持续地深化变革。

一、劳动教育发展背景

（一）社会背景

第二次世界大战后,日本政府对中小学教育进行一系列改革。1974 年出台的

---

①　滕珺,王岩.创新性与传统相结合的芬兰劳动教育[N].光明日报,2019-01-10(14).

②　黎诗敏,施雨丹.从历史中走来:芬兰劳动技术课程改革及现实挑战[J].外国教育研究,2021,48(7):43-57.

《学校教育法实施条例》将手工艺、家政学、实践活动等与劳动相关的课程定为国家标准科目，并规定学校要根据国家课程标准因地制宜地设置劳动教育课程，使青少年学生获得相应的劳动知识与技能。科技的发展极大地改变了人们的生活与工作方式，日本开始尝试通过复兴劳动教育来顺应时代的需要。1978年，日本在修订《学习指导要领》时提出了"劳动体验学习"概念。21世纪，科技发展在很大程度上改变了人们的生活与工作方式，与此同时，知识本位教育的弊端逐渐显现。日本青年在职业生涯中表现出交往能力差、集体环境适应性弱、缺少创造热情等问题。由此，学校意识到要纠正教育理念，重视劳动教育，通过劳动教育，培养学生的劳动意识，在劳动体验学习中塑造他们尊重劳动者、热爱劳动、爱惜劳动成果的品质。2020年修订的《学习指导要领》提出"培养和提高学生新时代所需的学习能力、人性、生存知识和技能、思维能力"等要求。

（二）经济背景

20世纪50年代，为推动经济建设发展，日本政府出台了相关法律文件，旨在从小培养国民劳动素养。1951年颁布的《产业教育振兴法》要求通过对学生实施产业教育使其确立对劳动的正确信念，在传授产业技术的同时培养学生的劳动能力。该法案提出中小学教育改革要更为重视劳动教育与职业教育的融合，同时为满足工业发展需要，高中职业教育要建立或开发涵盖第二产业的课程，如制造业、机械、电力、化学等。1966年，日本中央教育委员会提交了"扩大提供高中教育"报告，建议重新编排高中课程，以适应学生的才能、能力和职业选择。结合工业生产的需求，日本职业劳动课程逐渐多样化和细化。1973年，受石油危机的冲击，日本物价暴涨，日本政府采取了金融紧缩政策，但却导致设备投资停滞，经济增长缓慢，劳动力雇佣减少。1977年，日本政府采取财政刺激政策，推进产业结构升级，促使劳动与资本密集型产业结构向技术与知识密集型产业结构转变。21世纪以来，社会产业结构的变化，特别是知识经济和信息社会背景的冲击，对劳动者素质提出了更高的要求，日本政府对劳动教育也迅速作出相应调整。1947年制定、2006年修订的《教育基本法》明确提出，通过劳动教育发展个人劳动技能，培养劳动创造力，让学生学会尊重他人劳动成果、培养自主和独立的精神，强调事业与日常生活的联系，培养学生崇尚劳动的信念和劳动合作精神，同时本着公共精神培养学生积极参与社会建设和社会贡献的价值观。

（三）文化背景

日本的国民教育体系在借鉴西方国家经验的基础上，积极探索本国特色。日本劳动与技术教育注重劳动与技术教育在道德教育层面的价值，看重劳动教育对人格培养的作用，而不是过多关注劳动与技术教育的经济效果。劳动教育要关照学生的人格成长，培养学生热爱劳动、以劳动为荣的劳动观。这种对劳动教育在道德层面的价值的重视，使日本社会形成了崇尚劳动、尊重劳动者的社会风气。

第二次世界大战后，日本宪法规定，以"劳动既是权利又是义务"为前提，"重视劳动和责任",同时确立了智、德、体协调发展的教育方针,2006 年修订的《教育基本法》对劳动教育相关的内容进行规定,提到为了实现"完善人格"等教育目的,要完成"重视教育与职业和生活的关联,培养尊重劳动的态度"等教育目标,规定在初中设立职业课。如今,日本的劳动教育在幼儿园、小学、初中、高中、职业教育、高等教育阶段的课程方案中都有规定,这些教育阶段以不同的形式与途径开展劳动与技术教育,培养学生的劳动创造精神和实践动手能力,使他们形成正确的劳动观念和良好的劳动习惯。日本社会对职业技术和劳动教育方面是非常重视的,从小学到中学都有很多课外劳动,培养学生的动手能力。学校还会组织学生参加各种各样的社会活动,走出教室,参与实际生活。

二、劳动教育实践的典型经验

(一)重视法政并举,规范劳动教育

日本通过立法、职责划分和行政手段确保劳动教育顺利实施。日本素来非常重视教育法制建设。第二次世界大战后,日本国会通过并实施《教育基本法》,该法在日本以"教育宪法"性质著称。它根据新宪法的基本精神规定了教育的根本指导思想,特别是以法律形式规定了劳动教育的原则、目标、方法和内容,明确规定学校教育要培养学生"注重劳动与责任"的态度。1947 年颁布的《学校教育法》对劳动教育作出更加细致的规定。2006 年修订的《教育基本法》进一步凸显了劳动教育的重要地位,并明确提出了"关注职业和生活的关系,培养重视劳动的态度",重视培养学生热爱劳动、珍爱劳动成果的良好习惯,引导学生关注未来职业与自身生活的关系。在此基础上,日本制定的《学习指导要领》要求各学校必须加入关于劳动教育的课程设置,形成学校的劳动教育政策,并要求学校向学生普及日本劳动基本权利、劳动基准法以及劳动雇佣条例等劳动政策。2008 年修订的《学习指导要领》中的"技术·家庭"课程目标为:通过实践体验性的制作类学习活动,加深理解家庭的技能,培养使生活越过越好的能力和态度,侧重于技术和家庭的基本知识技能,技术、家庭与社会、生活的关系以及正确对待技术和家庭的态度。2017 年修订的《学习指导要领》目标则强调面向生活的技术能力品质,更关注自我认知和科学的认识,在此基础上培养学生解决生活问题的能力和技术思维。

日本劳动教育管理非常重视职责划分,明确不同部门的职责所在。厚生劳动省和文部科学省分工协作,厚生劳动省的主要职责是通过开展劳工运动协调劳资关系,解决劳动相关问题;文部科学省的主要职责是普及劳动基础知识,为社会培养劳动服务人才。这两个部门的协调分工能够确保劳工和学校两大领域的顺利合作。此外,根据《学校教育法》,文部科学省颁布《学习指导要领》和《学校教育实行规则》,并针对各阶段发布《学习指导要领解说》以及《学习指导要领修订重点》等解说文件,方便学校更好地实施劳动教育。

（二）设置专门课程，统领劳动教育

日本新课标要求每所学校保证每学年开设一门每周一课时的跨学科项目综合课程。这类课程比较注重实践能力的培养，要求贴近实践、贴近社会，如有些学校将该类课程与手工课结合，以学生完成某一作品为结果导向，学生在完成作品的过程中学习并应用多种相关能力。同时，日本教育主管部门规定各地区学校要根据学生的学龄规律因地、因时灵活地安排劳动项目。基于新课标的要求，日本学校根据不同年龄段学生的特点，设置了不同形式的劳动课程。

从1978年开始，日本中小学劳动课程依托全面系统的理论课程和各类实践活动，建立了融合开放的青少年劳动教育体系。目前劳动教育和职业规划课程紧密联系在一起，成为劳动观和职业观培养的重要途径。幼儿园阶段的劳动教育主要是让幼儿通过制作手工玩具、照料小苗圃，体会劳动的乐趣；小学阶段的劳动教育主要是以"家政科"课程形式展开，包括让小学生种植西红柿、土豆等农作物，参与浇水、施肥、采摘全过程，并制作成午餐，品尝自己的劳动成果。现行的《学习指导要领》规定小学家政科的目标是："通过衣食住等相关的实践、体验性活动，教会学生日常生活中必要的基础知识和技能，同时加深对家庭生活的理解，培养努力过好生活以及实践的态度。"这一阶段的目标在于让小学生了解家庭生活中的基本知识和技能。

初中阶段的劳动教育主要以讲授和强化劳动技术知识为主，要求学生能够深刻理解和领会劳动的权利和义务、劳动基准法的精神等。2008年修订的《学习指导要领》指出"技术·家庭"课程目标应侧重于技术和家庭的基本知识技能，技术、家庭与社会、生活的关系以及正确对待技术和家庭的态度。"技术·家庭"课程主要围绕设计和制作展开，制作题材依据时代变化不断翻新；主要采用设计法，用以指导学生制订计划并进行实践，如一系列的设计制作过程：构思设计、画草图、选择材料和工具等。设计法给予学生更多的主动性，让学生通过对设计过程的体验，加深对事物的认识。设计制作活动不仅在于对技能的掌握，也是一种具有创造性的活动。

高中阶段的劳动教育采用"产学官"合作制度，产业界、学界和政府三方在劳动教育和劳动科研方面进行深度合作与交流。日本高中设立家庭技术、家庭综合、生活技术三门选修课，强调劳动教育内容要尽可能地联系学科教学，以此加深学生对学科知识的理解。由此可见，日本劳动教育已经形成了幼儿园、小学、中学，甚至是衔接高等教育的一贯制的、较为成熟的劳动课程体系。

（三）注重社会实践活动，融入劳动教育

日本劳动教育内容涉及清洁美化环境卫生、社区志愿服务、家事、农技、工程技术劳动等多个方面。其组织形式偏向多元，有劳动知识理论课、劳动技能实操训练课、生产劳动兴趣小组等。日本劳动教育除了注重理论知识的学习之外，还重视学生的劳动参与及体验，在学校、家庭、社会三个层面鼓励学生参与劳动实践。例如，日本于1960年在绿化委员会的倡导下，在学校成立了1 000多个"少年绿化

团"，负责种植和保护绿化带的义务劳动。学校里的每个学生都必须参加校园美化劳动，学校会编制劳动工具的说明书，详细说明劳动工具的使用方法，以供学生参考。学生除了要在教室、餐厅、卫生间等公共区域开展劳动外，还要轮流到餐厅值日。

在日本，从幼儿园开始，幼儿就要学习自理，掌握基本的生活本领，同时培养耐心、细心和爱劳动的习惯。如用针线缝制布袋、抹布、垫子，自己淋浴、擦身、换衣，自己完成幼儿园环境的打扫任务，在幼儿园养小动物，毕业时清洗课桌椅，等等。一部分条件好的幼儿园会规划一片小花园或小菜园，条件有限的幼儿园会用花盆种植绿植。日本幼儿园劳动体验学习的活动形式主要有：以手工活动为主，利用幼儿自制的玩具活动，寓教于乐，让幼儿享受劳动过程，收获劳动的喜悦；幼儿参与幼儿园环境创设过程，发挥想象力，释放劳动才艺。在日本家庭中，家长非常注重锻炼孩子的动手能力，要求孩子自己穿衣服、洗衣服等，鼓励孩子做一些力所能及的家务。日本社会组织在学生劳动教育中的参与度也非常高，敬老院、孤儿院、图书馆等社会组织与学校合作，定期组织学生开展社会服务。在学校、家庭、社会三方的协作和共同努力下，日本孩子能够从小体会劳动的乐趣，掌握劳动的方式方法，获得良好的劳动技能。

（四）建立产学研融合体系，实施劳动教育

日本非常重视企业教育制度构建，鼓励企业发挥优势参与开展有关职业训练与教育的活动，在劳动教育中不断强化实践课程比例，鼓励学生积极参加职业训练，建立产学研融合体系，提升学生的实践能力与素质。此外，日本企业重视员工的劳动精神，职业院校也将职业精神作为教学重点内容。由于学校与企业的要求存在较大差异，学生难以在校园环境中感悟到职业精神的内涵。因此，日本职业院校要求教师应当兼具教学能力与技术素养，能够进行"双师型"教学，教师应当具备较强的职业精神，从而向学生传授更为贴近劳动场景的知识。基于这一理念，日本的职业院校将教师称为"职业训练辅导员"，在参与教学活动前，教师必须要在企业内进行为期一年的实践劳动。日本明确要求"职业训练指导员"必须同时具有技术专业和教育专业双学士学位。

在高等教育阶段，日本教育与生产劳动相结合的表现形式主要是"产学官"合作制度，即产业界、学界和政府在教育和科研方面的合作与交流。日本的"产学官"合作形式是多种多样的，从合作层次和对象上来分，一种是高中阶段的产学合作；另一种是大学和大学附属研究所同民间企业的合作，政府从政策、制度、财政等方面予以支持。高等教育阶段的劳动教育更多强调在"产学官"制度执行中学生充分发挥自我的劳动素养，在劳动中能够自己组织劳动经验、体悟劳动过程、完成劳动任务、养成劳动习惯、完善劳动人格等。

（五）完善指导评价，保障劳动教育

日本劳动教育有一个重要特点是教师指导贯穿劳动教育全程。在劳动开始前，

为了让学生充分认识劳动的意义,教师会向他们说明此次劳动需要完成的内容,并且教授他们劳动的方法。特别注意的是,学生自主选择劳动任务,而不是由教师分配给学生,目的是更好地培养学生的独立性。在劳动结束后,教师会引导学生对本次劳动进行总结和评价。总结的方式主要有两种:一种是举行座谈会,让学生讲述劳动的感受与体会;另一种是让学生写作文,用文字总结自己的体验与收获。劳动评价主要是由三部分构成:一是学生的自我评价;二是小组评价;三是教师检查每位学生的劳动成果并进行评价。

总体而言,日本的劳动教育贯穿学校教育的各个方面,其主要方式是劳动体验学习,期望学生通过直接体验的方式感受劳动和创造的愉悦,从而形成正确的劳动观和职业观。亲身体验是学生劳动学习的基础,同时也是学生劳动教育观念形成和发展的源泉,体现了教育的开放性和以人为主体,不仅有利于激发学生参与劳动的热情,培养学生的劳动情感和意志,也有利于学生内化劳动观念、劳动意识和劳动行为。同时,在劳动教育活动的选择上,日本按不同年龄段提供不同的选择,重视学生自身的兴趣爱好,循序渐进、由表及里地培养学生的劳动素养。

思考探究

1. 美国学校是如何开展劳动教育的?

2. 德国劳动教育对我国劳动教育有什么样的启发?

3. 参考芬兰手工课程对学生进行评价的内容,思考如何采取过程评价与结果评价相结合的方式,对劳动教育进行科学评价。

4. 简述日本劳动教育实践的典型经验。

第六章

劳动课程

学习目标

1. 把握劳动课程的基本内涵与性质，理解劳动课程对学生全面发展的重要价值，清楚劳动课程设计与实施过程中应遵循的基本理念。

2. 明确义务教育劳动课程要培养的核心素养的构成要素，清楚义务教育劳动课程的总目标及不同学段的具体目标。

3. 清楚劳动课程内容选择的基本原则，能够有效组织课程内容。

4. 理解劳动课程评价的基本原则，清楚评价的主要形式与设计步骤，能够对学生活动进行合理的评价。

劳动教育是国民教育体系的重要内容,是学生成长的必要途径,具有树德、增智、强体、育美的综合育人价值。

劳动课程作为劳动教育功能发挥的有效载体,是落实德智体美劳全面培养总体要求的基本保证。构建体现时代特征的劳动教育体系要求整体优化学校劳动课程设置,将劳动教育纳入中小学人才培养方案,形成具有综合性、实践性、开放性、针对性的劳动课程体系。本章将从劳动课程的性质、理念、目标、内容、评价等方面出发,构建劳动课程的相关体系。

第一节　劳动课程的性质与理念

劳动是创造物质财富和精神财富的过程,是人类特有的基本社会实践活动。劳动教育是发挥劳动的育人功能,对学生进行热爱劳动、热爱劳动人民的教育活动。劳动教育是中国特色社会主义教育制度的重要内容,是全面发展教育体系的重要组成部分,对全面贯彻党的教育方针、落实立德树人根本任务、培养德智体美劳全面发展的社会主义建设者和接班人具有重要的意义。实施劳动教育的重点是有目的、有计划地组织学生参加日常生活劳动、生产劳动和服务性劳动,让学生动手实践、出力流汗,接受锻炼、磨炼意志,培养学生正确的劳动价值观和良好的劳动品质。

劳动课程是一种综合性课程,是实施劳动教育的重要途径,是发挥劳动的综合育人价值、落实德智体美劳全面发展目标的基本保证。劳动课程要以劳动教育本身的特点以及学生自身的发展规律为基本出发点,适应社会主义现代化建设的需要,兼顾日常生活劳动、生产劳动、社会服务劳动、职业体验劳动等。新时代的劳动课程应以家庭、工业生产或实习基地、社会为主要服务领域,注重与职业的对接,以日常生活劳动、生产劳动、服务性劳动为主要形态,将职业体验劳动和创造性劳动贯穿其中。

一、劳动课程的性质

（一）鲜明的思想性

思想性指的是劳动课程所表现出的政治倾向和社会意义。思想性是劳动教育的育人价值导向和培养目标的直接体现,着力破解劳动教育的有"劳动"缺"教育"、技术训练中少思维培养和劳动价值观养成的体脑分离等问题。[1] 新时代劳动课程既重视技术技能素养的培养,也关注身体素质、意志品质的磨炼,更强调对人劳动价值

---

① 郝志军.学科课程渗透劳动教育:理据与路径[J].中国教育学刊,2021(5):75-79.

观的塑造。坚持劳动课程的思想性应注意以习近平新时代中国特色社会主义思想为指导,始终贯彻马克思主义劳动观,注重挖掘劳动在价值引导方面的重要作用,强调劳动是一切财富、价值的源泉,劳动者是国家的主人,一切劳动和劳动者都应该得到鼓励和尊重,帮助学生形成尊重劳动、崇尚劳动的观念;注重弘扬社会主义核心价值观,倡导通过诚实劳动创造美好生活、实现人生梦想,反对一切不劳而获、崇尚暴富、贪图享乐的错误思想。

(二)突出的社会性

劳动课程的设计与实施是一项十分复杂的工程,牵涉诸多因素,与社会联系密切。一方面,要加强学校劳动课程与社会资源的整合,建设大劳动课程。劳动课程旨在促进人的全面发展,而人的发展根植于整个社会文化环境之中。因此,劳动课程应与社会生活、生产实践直接联系,针对不同学段、类型学生的特点,以日常生活劳动、生产劳动和服务性劳动为主要内容开展劳动教育,结合产业新业态、劳动新形态,注重选择新型服务性劳动的内容。相应地,劳动课程作为劳动教育的主要实施路径,应充分开发利用社会劳动实践基地等社会资源,作为学校劳动教育资源的重要补充,实现学校课程与社会发展的交融贯通。另一方面,劳动课程应关注学生的社会性发展,帮助学生实现从自然人到社会人的转变。人是社会的产物,人的生产劳动和生活都与社会有着千丝万缕的联系。要发挥劳动在个人与社会之间的纽带作用,引导学生认识社会、融入社会,增强社会责任感,培养服务社会的能力,同时注重让学生学会分工合作,体会社会主义社会平等、和谐的新型劳动关系。

(三)显著的实践性

劳动课程必须以劳动为基础,强调学生亲身参与、动手实践,让学生完成真实、综合任务,经历完整的劳动过程。这就要求劳动课程面对真实的生活世界和职业世界,根据学生的年龄特点和生活实际选择合适的劳动项目,让学生参与真实的个人生活、生产和社会性服务任务情境,注重运用所学知识解决实际问题。同时,在教育过程中应避免"有劳动无教育"和"有教育无劳动"现象的发生,劳动教育既不是单纯的知识灌输,也不是简单的技能训练,应采取丰富多样的实践形式,以劳动项目为载体,引导学生对劳动项目进行整体构思与设计,尝试进行制作与试验,运用所学知识与技术不断优化行动方案,获得有积极意义的价值体验,学会建设世界,塑造自己,实现树德、增智、强体、育美的目的。

二、劳动课程的价值

(一)劳动课程的树德价值

劳动教育是德育的内容之一,是对学生进行热爱劳动、珍惜劳动成果、树立正确的劳动观点、通过日常生活培养劳动习惯和技能的教学活动。[①] 相应地,劳

---

① 顾建军,毕文健.刍议新时代劳动教育课程的一体化设计[J].人民教育,2019(10):11-17.

动课程具有树德价值：一方面，主要体现在劳动课程对学生劳动习惯和品质的塑造上面。例如，责任感，即具有担负家庭劳动、集体劳动以及社会劳动的劳动态度，能辛勤刻苦地劳动、负有责任地劳动、克己奉公地劳动；坚韧性，即具有吃苦耐劳、脚踏实地、有始有终等的劳动态度，能脚踏实地地劳动、兢兢业业地劳动、意志坚强地劳动。[1]劳动课程对磨炼学生的意志、塑造学生的劳动品质具有重要作用，而这些优秀的品质又能随着学生的发展迁移到其他方面，对学生的发展和社会的发展具有重要意义。另一方面，劳动课程的树德价值体现在帮助学生树立正确的劳动观念和劳动情怀，从而起到德育外化的效果。例如，通过劳动，学生懂得"人民创造历史，劳动创造未来""一分耕耘一分收获""业精于勤荒于嬉"的道理；还能够审视和体会劳动成果的珍贵和劳动过程的艰辛，感受劳动奉献的光荣与快乐。

（二）劳动课程的增智价值

劳动课程的知识不仅包括劳动本体性知识，即关于劳动概念、内涵、观念、价值、功能等的知识，还包括劳动的对象性知识，即关于金工、木工、家政等的知识以及关于劳动工具、材料、生产条件、生产环境的知识。对这些知识的设计，教师需要着重让学生手和脑协调并用，使学生在知识学习和实践操作过程中习得劳动知识，引导学生挖掘自己的潜能，唤醒学生内在的求知欲，激发学生的想象力，锻炼学生的思维能力，从而促进学生智力水平的发展。

（三）劳动课程的强体价值

从广泛意义上而言，劳动课程实际是劳体综合课程。劳动课程的重心在于传递给学生关于劳动的知识以及技能技巧等。这些知识和技能技巧的传授以劳动教育必修课为主阵地，同时结合实验实习、职业体验、设计、公益服务、创客活动等多样化课外活动，如此一来，劳动课程解放了教室、课桌椅之间的狭小空间对学生身体的束缚，不仅实现了学生眼、耳、手、脑等多种感官的联动，而且锻炼了学生的大肌肉动作和心肺耐力。因此，可以说，劳动课程的实施实际上是一次高效能的健体活动和隐喻性体育锻炼。[2]因此，学生在劳动课程中不仅习得劳动知识、技能技巧，而且锻炼了身体，增强了体质，磨炼了心智。如此看来，劳动课程本身就具备体育的属性和特质。

（四）劳动课程的育美价值

劳动教育与美育本身具有极其密切的关系。劳动课程不仅能够陶冶学生的心灵，培养学生的内在美，而且能够让学生养成正确的审美观，提升学生感受美、表现美、创造美的能力。实际上，学校可以依据学生的兴趣爱好、特长等，开展多种多样的劳动活动，例如，教师可以让学生通过布置教室环境、设计黑板报、剪纸、泥塑等多

① 顾建军,毕文健.刍议新时代劳动教育课程的一体化设计[J].人民教育,2019(10):11-17.
② 康翠萍,龚洪.新时代中小学劳动教育课程的价值旨归[J].教育研究与实验,2019(6):69-74.

样化的劳动美化日常生活环境,培养学生良好的审美情趣,激发学生表现美和创造美的热情。劳动课程与美育的结合,对培养学生认识美、懂得劳动产生美、养成正确的美育观念,具有重要的促进作用。

三、劳动课程的理念

劳动课程理念是对劳动课程设计与实施的理性认识和价值认同,是在对劳动实践和劳动教育综合分析的基础上形成的有关劳动课程目标、结构、内容、实施、评价以及安全保障等的基本认识与看法。劳动课程理念体现了劳动课程的价值特性与实践特点,为劳动课程的实施提供了思想指导。下面以《义务教育劳动课程标准(2022年版)》(以下简称《课程标准》)为基础对劳动课程理念进行阐述。

(一)坚持育人导向

苏霍姆林斯基指出,只有劳动,才是人的全面发展的基础。[①] 新时代劳动课程应着眼于培养"完整的人",将学生的全面发展与进步作为劳动课程的终极目标,摒弃将劳动教育等同于体力劳动的做法,强调以体力劳动为主、体脑结合的劳动形式,充分发挥劳动课程的综合育人价值。劳动课程的设计与实施以学生劳动素养的全面提升为着力点,致力于使学生通过劳动学习与实践树立正确的劳动观念、具有必备的劳动能力、养成良好的劳动习惯和品质、培育积极的劳动精神,以不断适应个人终身发展需求和社会发展需要,成为懂劳动、会劳动、爱劳动的时代新人。

贯彻这一理念的关键在于以习近平新时代中国特色社会主义思想为指导,挖掘劳动在树德、增智、强体、育美等方面的育人价值,探索有效提升学生劳动素养的途径与方法。注重发挥劳动课程的思想引领作用,将培养学生的劳动观念、劳动精神贯穿课程各要素和实施全过程,引导学生在动手实践、体力付出中感受劳动的快乐、体悟劳动的伟大,树立劳动平等、劳动光荣的价值观念,形成崇尚劳动、尊重劳动的情感态度,增强对劳动人民的感情。劳动课程的设计与实施还应着眼于劳动能力与劳动品质的发展,指导学生在亲历情境、亲身实践、克服困难、解决问题中增强创新意识,提升实践能力,在服务他人、奉献社会中强化社会责任感,提高社会公德意识。

(二)构建以实践为主线的课程结构

我国著名教育家陶行知先生提出"生活即教育"的主张,指出"劳动的生活,就是劳动的教育;非劳动的生活,就是非劳动的教育"[②]。劳动教育的本质是生活教育,实践性是义务教育劳动课程的首要特性。《意见》强调,实施劳动教育重点是在系统的文化知识学习之外,让学生动手实践、出力流汗。劳动课程必须以动手实践为主,围绕日常生活劳动、生产劳动和服务性劳动,面向客观真实的生活世界和

① 苏霍姆林斯基.少年的教育与自我教育[M].姜丽群,吴福生,张渭城,等译.北京:北京出版社,1984:54.

② 陶行知.中国教育改造[M].合肥:安徽人民出版社,2019:136.

职业世界。

　　义务教育阶段的学生处于成长关键时期,且年龄跨度较大,在不同年龄段会表现出独有的生理和心理发展特点。新时代劳动课程的编制应充分考虑劳动教育的实践特性,针对不同年龄段学生的经验基础和发展需要,以促进学生劳动素养的提升为基本引领,设计科学合理的课程结构。劳动课程以劳动项目为载体,以劳动任务群为基本单元。任务群是在项目学习基础上发展而来的新型课程结构体系,每一个任务群由若干项目组成,既包含具体的劳动内容,也包括与之相适应的教育方法和教育资源等。劳动项目的选择及劳动任务群的设置以学生经历体验劳动过程为基本要求,以动手实践为主要形式,覆盖日常生活劳动、生产劳动和服务性劳动三种类型,各学段的项目安排有所侧重,呈现层层递进的结构关系,追求学生劳动观念、劳动能力、劳动精神、劳动习惯和品质等的全面发展,构建体现实践特性的劳动课程结构。

(三)加强与学生生活和社会实践的联系

　　劳动与生活之间有着密不可分的联系,这为劳动教育面向现实生活提供了理论基础,也印证了劳动教育的实践特性。因此,劳动课程内容应遵循实践导向,紧密结合学生生活实际和社会经济发展变化,将社会生活纳入课程范畴,使劳动课程走向社会、走入生活,形成基础性与多样性相统一的内容体系。

　　劳动课程内容选择应坚持因地制宜的基本原则,符合区域发展实际情况,体现地区生产、生活特色,宜工则工、宜农则农。课程内容需涵盖日常生活劳动、生产劳动和服务性劳动三种类型。考虑到义务教育阶段学生身心发展特点和生活需求,日常生活劳动应着眼于自理、自立能力的培养,让学生在掌握自我管理技能的基础上参与力所能及的家务劳动和校务、班务劳动,逐步提高生活能力,养成良好的劳动习惯。工农业生产劳动内容的选择应注重从时令特点和区域产业特色出发,让学生在亲身经历劳动创造财富的过程中初步了解职业世界,掌握相关劳动技巧,感受劳动的伟大。服务性劳动旨在让学生利用知识和技能为他人和社会提供服务,包括公益劳动和现代服务业劳动两部分。公益劳动应以学校、社区和社会公共场所为依托,让学生在帮助他人、奉献社会中强化社会责任感。现代服务业劳动强调根据学生的年龄特点、自身兴趣和实际条件,提供适宜的实习见习岗位,促进服务意识的提升。此外,劳动内容的选择要注重传统性与现代感相结合,既要选择能够体现中华优秀传统文化和工匠精神的手工劳动内容,又要适当引入体现新形态、新技术、新工艺等的现代劳动内容。

(四)倡导丰富多样的实践方式

　　劳动教育强调学生亲临劳动场域,有亲身的劳动经历、亲近的劳动情感、亲切的劳动认知,注重学生身体体验及其活动方式的"具身认知"。[①]在劳动教育中,劳动,

---

　　① 顾建军.劳动教育要抓住灵魂科学实施[N].中国教育报,2018-11-28(9).

即身体的实践是提升认知的主要手段,具身性是劳动教育的一个重要特性,这意味着义务教育劳动课程应关注学生身与心的和谐统一,注重动手实践、手脑并用,强调知行合一、学创融通,倡导"做中学""学中做",让学生在直接体验、亲身参与的过程中增强劳动的主动性、积极性和创造性。

为保证这一理念的贯彻落实,充分发挥手脑并用的学习效果,教师应转变传统学习观念,注重实施设计学习、操作学习和体验学习,强调身体活动的亲身经历和知识经验的直接获取。在劳动教学中,教师的首要任务是引导学生从现实生活出发,产生真实的劳动需求,激发劳动动机;同时要注重学生在劳动学习中的主体地位,鼓励学生亲历情境、亲手操作、亲身体验,经历完整的劳动实践过程,避免"有劳动无教育"和"有教育无劳动"的问题,既不能将劳动教育等同于单一、机械的劳动技能训练,也不能只重视简单的劳动知识讲解和泛化的考察探究,忽视实践操作的重要作用。此外,为丰富学生的劳动体验,增强劳动的教育效果,教师应引导学生尝试多种学习方式,通过设计、制作、试验、淬炼、探究等方式习得劳动知识与技能,感悟和体认劳动价值,培育劳动精神。

(五)注重综合评价

科学合理的评价机制是劳动课程有效实施的重要保障,义务教育劳动课程评价应秉承发展性评价理念,以促进学生劳动素养发展为导向,倡导过程性评价与结果性评价相结合的综合评价方式,注重评价内容多维、评价方法多样、评价主体多元。

劳动课程评价应与劳动课程总目标及学段目标相融合,体现不同学段劳动素养培养目标的共通性与差异性,既要关注外显的劳动知识、劳动技能、劳动习惯,又要关注内隐的劳动观念、劳动品质、劳动精神,尽可能把抽象的情感性目标内容转化为具象的劳动表现,[①]保证劳动课程评价的有效性。中共中央、国务院印发的《深化新时代教育评价改革总体方案》明确指出加强劳动教育评价,加强过程性评价。新时代劳动课程评价不能仅以劳动成果作为最终评价标准,要更关注学生在劳动过程中的具体表现与情感体验,注重平时表现评价与学段综合评价相结合,既要在平时劳动实践中及时进行评价,以促进学生发展,又要在学段结束时对学生的劳动素养发展状况进行综合评价,将其作为学生升学的重要参考。劳动课程评价可对学生的劳动实践类型、次数、时间等进行量化评价,也可采取劳动任务清单、劳动成长档案袋、劳动日志等多种方法全方位记录学生的劳动表现,还可通过劳动分享会、义务劳动日等形式检验学生的劳动素养发展状况,实现定性评价与定量评价相结合,构建动态立体的劳动课程评价体系。就评价主体而言,劳动课程评价以教师评价为主,辅以学生自评方式,同时鼓励其他学科教师、家长等参与评价,力求评价的科学性、真实性、全面性。

---

① 顾建军.加快建构新时代劳动素养评价体系[J].人民教育,2020(8):19-22.

（六）强化课程实施的安全保障

劳动安全是劳动课程顺利实施的基本前提，要着力构建安全教育与管理并重的劳动课程安全保障体系。一方面，教师应将安全教育贯穿劳动教育全过程，强化学生的劳动安全意识，在劳动教学中向学生讲解劳动安全常识，说明注意事项，规范劳动操作，培养劳动安全事故处理能力。另一方面，教师应加强劳动安全管理，为学生营造安全有序的劳动环境。教师应根据学生的身心发展特点适度安排劳动强度、时长，选择适宜的劳动项目和劳动场所；在劳动设施选择、材料选用、工具设备和防护用品使用、活动流程等方面制订科学操作规范，明确各方责任，防患于未然；制订劳动实践风险防控预案，建立应急与事故处理机制，特别关注劳动过程中的卫生隐患，按照有关部门规定，采取相应措施，切实保护学生的身心健康，确保劳动课程安全有序实施。

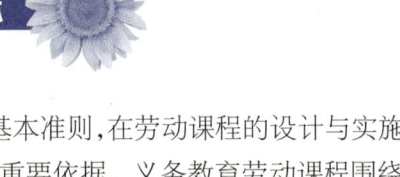

第二节 劳动课程的目标

劳动课程目标是劳动课程编制的基本准则，在劳动课程的设计与实施过程中起着指引与导向作用，是劳动课程评价的重要依据。义务教育劳动课程围绕核心素养确立课程目标，以培养学生的劳动素养为根本目的指向，在不同学段又有不同的具体要求。下面在阐述义务教育劳动课程要培养的核心素养的基础上对义务教育劳动课程的总目标和分段目标进行解读。

一、义务教育劳动课程要培养的核心素养

义务教育劳动课程要培养的核心素养即劳动素养，是劳动课程育人价值的集中体现，主要指学生在学习与劳动实践过程中逐步形成的适应个人终身发展和社会发展需要的正确价值观、必备品格和关键能力，主要包括劳动观念、劳动能力、劳动习惯和品质、劳动精神，这四个方面相互联系、相辅相成，构成一个有机整体。

（一）劳动观念

《课程标准》指出：劳动观念是指在劳动实践中逐渐形成的，对劳动、劳动者、劳动成果等方面的认知和总体看法，以及在此基础上形成的基本态度和情感。主要表现为：学生能尊重劳动，尊重普通劳动者，了解不同职业劳动者的辛苦与快乐，理解"三百六十行，行行出状元"的道理；能正确理解劳动对于个人生活、家庭幸福、社会进步、国家富强和人类发展的意义，懂得劳动创造人、劳动创造财富、劳动创造美好生活的道理；能崇尚劳动，牢固树立劳动最光荣、劳动最崇高、劳动最伟大、劳动最美丽的观念。

劳动观念是劳动素养的认知基础，既包括相关的劳动认知，也包括在此基础上

形成的劳动态度和劳动情感。劳动认知指向学生正确认识马克思主义劳动观的具体内容和习近平总书记关于劳动的重要论述,要求学生理解劳动创造了人和人类社会,明白劳动是促使社会历史发展的根本推动力量,让"劳动最光荣、劳动最崇高、劳动最伟大、劳动最美丽"的观念深入人心。劳动态度是人们对劳动的心理倾向,常常外化为个体愿意劳动还是拒绝劳动的行为表现。劳动情感是人们对劳动的接受度或心理感受,反映了人们是尊重劳动还是鄙视劳动,是热爱劳动还是逃避劳动。[①]学生应形成积极的劳动情感与态度,热爱劳动、热爱劳动人民、尊重普通劳动者,感恩他人的劳动付出,形成"不劳动者不得食"的理念,摒弃好逸恶劳、好吃懒做、坐享其成、不劳而获等错误观念。

（二）劳动能力

《课程标准》指出:劳动能力是指顺利完成与个体年龄及生理特点相适宜的劳动任务所需的胜任力,是个体的劳动知识、技能、行为方式等在劳动实践中的综合表现。主要表现为:学生具备基本的劳动知识和技能,能正确使用常用的劳动工具;能在劳动实践中增强体力,提高智力和创造力,具备完成一定劳动任务所需要的设计能力、操作能力及团队合作能力。

劳动能力是劳动素养的实践基础,指向学生完成劳动任务的胜任力,集中表现为学生在劳动过程中所需要和展示的劳动知识、劳动技能和劳动行为方式等。劳动知识是历史潮流中前人在劳动实践中认识客观世界、推动社会生产和发展自身的经验结果与传承积累,包括理论知识和实践知识,学生应系统学习并掌握劳动项目的起源、发展历程、社会作用与意义、所涉及的相关科学知识等内容。[②]劳动技能指运用一定的知识和经验顺利完成某种劳动任务的活动方式,表现为学生能够独立或合作完成与其年龄及生理特点相适应的劳动任务,正确使用常见的劳动工具。劳动行为方式强调学生通过劳动知识与技能的学习与实践,能够在劳动实践中增强体力,提高智力和创造力,形成完成一定劳动任务所需的筹划与设计能力、操作能力、问题解决能力及团队合作能力。

（三）劳动习惯和品质

《课程标准》指出:劳动习惯和品质是指通过经常性劳动实践形成的稳定行为倾向和品格特征。主要表现为:学生具有安全劳动、规范劳动、有始有终等习惯;养成自觉自愿、认真负责、诚实守信、吃苦耐劳、团结合作、珍惜劳动成果等品质。

劳动习惯和品质是劳动素养行为外化和品格内化的稳定体现。劳动习惯是在经常性劳动和认识中形成的一种持续规律的劳动行为。一般而言,个体在劳

---

① 文新华.论以新时代马克思主义劳动观为指导深入推进劳动教育[J].中国高等教育,2018(21):10-12.

② 纪德奎,陈璐瑶.劳动素养的内涵、结构体系及培养路径[J].天津师范大学学报(基础教育版),2021,22(2):16-20.

动过程中既可能表现出良好的劳动习惯,也可能表现出不良的劳动习惯,养成良好的劳动习惯既是劳动素养的内在要求和目标,又是热爱劳动的外在表现。[①]学生应能够自觉自愿地参与劳动,规范完成劳动任务,养成安全劳动、规范劳动和有始有终等良好习惯。劳动品质是指人的行为和作风上所表现的思想、认识、品格、道德等的实质,是在劳动习惯的基础上形成的稳定的内在心理特征。中小学生应注重形成自觉自愿、认真负责、诚实守信、吃苦耐劳、团结合作、珍惜劳动成果等品质,这不仅是提高劳动质量的关键,也是学生获得劳动幸福感的重要源泉。

(四)劳动精神

《课程标准》指出:劳动精神是指在劳动观念、劳动能力、劳动习惯和品质的培养过程中形成和发展的,在劳动实践中秉持的关于劳动的信念信仰和人格特质。主要表现为:学生能领会"劳动是一切幸福的源泉""幸福是奋斗出来的"的内涵与意义;继承中华民族勤俭节约、敬业奉献的优良传统;弘扬开拓创新、砥砺奋进的时代精神;感知爱岗敬业、甘于奉献的劳模精神;培育百折不挠、艰苦奋斗的革命精神,以及精益求精、追求卓越的工匠精神。

劳动精神是劳动观念、劳动能力、劳动习惯和品质的升华,是劳动素养的核心内容,表现为学生在劳动过程中的精神状态、精神面貌和精神品质。劳动精神的内涵丰富多样,包含领会劳动与幸福的关系、继承优良传统、弘扬时代精神、感知劳模精神、培育革命精神与工匠精神诸多方面。马克思主义幸福观认为,劳动不仅创造了人类生存和发展的条件,而且还能给人带来享受、满足和幸福感,[②]培育积极的劳动精神要求学生能够领会"幸福是奋斗出来的"的内涵与意义。中华优秀传统文化是中华民族的精神命脉,时代精神是激励一个民族奋发图强、振兴祖国的强大精神动力,劳动精神是中华优秀传统文化和时代精神的重要组成部分,同时,中国共产党革命精神也内含了无产阶级的劳动基因和精神要素,作为担当民族复兴大任的时代新人,中小学生既要继承勤俭节约、敬业奉献的优良传统,又要具备开拓创新、砥砺前行的奋斗精神,还要培育艰苦奋斗的革命精神。此外,劳模精神和工匠精神也是劳动精神的有机构成部分,是学生必备的精神品质。劳模精神的内涵为"爱岗敬业、争创一流、艰苦奋斗、勇于创新、淡泊名利、甘于奉献";工匠精神是职业道德、职业能力、职业品质的体现,是从业者的一种职业价值取向和行为表现,基本内涵为"执着专注、精益求精、一丝不苟、追求卓越"。

二、义务教育劳动课程总目标

新时代劳动课程面向全体学生,聚焦于学生的全面发展,指向学生的未来发展。

① 李绪明.新时代中小学劳动课程的构建与实施[J].课程·教材·教法,2020,40(5):16-21.
② 王永章.马克思劳动幸福观的三个层次[J].思想理论教育,2019(9):39-44.

总目标为培养学生的劳动素养,为学生成长为担当中华民族复兴大任的时代新人奠定良好的基础。为实现这一目标,学生通过义务教育劳动课程学习应达到以下基本要求。

(一)形成基本的劳动意识,树立正确的劳动观念

这一要求指向劳动观念核心素养的落实,新时代劳动课程要将劳动观念培养放在突出位置,使学生形成基本的劳动意识和正确的劳动认知,着力培育学生积极的劳动情感与态度。具体而言,学生应理解劳动的价值与意义,正确认识劳动与人类生活、社会发展和个人成长之间的关系,懂得人人都要劳动、劳动创造财富、劳动创造美好生活等基本道理;在亲身实践中体验劳动的艰辛,感受劳动的快乐,形成劳动效率意识、劳动质量意识;形成对劳动和劳动者积极的情感态度,热爱劳动、热爱劳动人民、尊重普通劳动者;树立劳动最光荣、劳动最崇高、劳动最伟大、劳动最美丽的观念。

(二)发展初步的筹划思维,形成必备的劳动能力

这一要求与劳动能力核心素养相对应,是学生劳动观念、劳动习惯和品质、劳动精神等人格特质形成的基础和前提,着重思维能力、设计能力、动手能力、问题解决能力和创造能力等综合能力的培养。具体而言,在面对一定的劳动任务时,学生应学会从目标要求和任务需求出发,系统分析可利用的劳动资源和约束条件,制订切实可行的劳动方案,发展初步的筹划思维和基本的设计能力;学生应掌握常用工具与基本设备的使用方法,选择并正确使用合适的工具、材料与设备,规范运用适宜的技术、工艺与方法,确保劳动任务的有效完成,形成基本的动手能力;当劳动中出现问题时,学生应能综合运用多学科知识和多方面经验,确定多种创造性的问题解决方案,有效解决劳动中出现的问题,发展创造性劳动的能力;在劳动过程中,学生应学会自我管理,形成团队合作能力。

(三)养成良好的劳动习惯,塑造基本的劳动品质

这一要求指向劳动习惯和品质核心素养的落实,既关注学生的外在行为表现,又关注内在品质特征,重点是帮助学生养成良好的劳动习惯和基本的劳动品质。具体而言,激发学生劳动的积极性与主动性,使其能够自觉自愿参与劳动,在经常性劳动实践的过程中养成安全规范、有始有终的劳动习惯;在切身体验中感悟劳动成果的来之不易,倍加珍惜劳动成果;秉承并践行辛勤劳动、诚实劳动、协作劳动和创造性劳动的基本理念,在劳动中磨炼意志品质,养成吃苦耐劳、持之以恒、责任担当的优良品质。

(四)培育积极的劳动精神,弘扬劳模精神和工匠精神

这一要求与劳动精神核心素养相对应,劳动精神是中华民族精神体系的重要组成部分,新时代劳动教育应关注学生的内在精神世界,强调劳模精神、工匠精神的培育。具体而言,通过持续参与劳动实践,使学生形成勤俭、奋斗、创新、奉献的劳动精神;能够积极继承中华民族勤俭节约、敬业奉献的优良传统;弘扬爱岗敬业、甘于奉献的劳模精神和精益求精、追求卓越的工匠精神;具有不畏艰辛、锐意进取的新时代

奋斗精神,时刻准备为社会发展和国家建设付出辛勤劳动。

三、义务教育劳动课程学段目标

劳动素养的形成是一个持续的、长期的过程,具有显著的发展性、进阶性。中小学生处于成长的关键时期,在不同的年龄段有不同的发展特点和成长需求,这就要求劳动课程要根据学段特征分段设置具体目标,对劳动素养培养提出具体要求。《课程标准》提出以下分学段目标:

(一)第一学段(1~2年级)

(1)懂得人人都要劳动、劳动成果来之不易的道理。初步感知劳动的艰辛与乐趣,学会尊重他人的劳动付出。喜欢劳动,具有主动劳动、积极参加劳动的愿望。

(2)完成比较简单的个人物品整理与清洗,居室、教室等卫生保洁、整理与收纳,以及垃圾分类等劳动任务,参与简单的家庭烹饪。形成"自己的事情自己做"的意识,具有初步的个人生活自理能力。

(3)关心、照顾身边常见动植物,初步形成关爱生命,热爱自然的意识。参与简单的手工制作活动,初步学会规范使用相应工具。对工艺制作具有一定的好奇心。

(4)参与班级集体劳动,主动维护教室内外环境卫生,初步形成以自己的劳动服务他人的意识。

(5)在劳动过程中遵守纪律,不怕脏、不怕累,具有初步的劳动安全意识,初步养成有始有终、认真劳动的习惯。

小学低年级学生处于幼儿园到小学的过渡阶段,身体处在平稳发育时期,肌肉力量较小,动作协调水平较低,注意力不持久,独立性和自觉性较差,难以完成复杂的劳动任务。该学段的劳动课程目标应关注学生劳动观念的发展,让学生形成对劳动和劳动人民积极的情感态度,为接受进一步的劳动教育奠定情感基础;以自理能力的初步养成为重点,要求学生在自我服务和参与家务劳动中掌握个人物品整理、居室卫生保洁、简单餐食制作等的方法与技巧;小学低年级学生还应学会照顾动植物、进行简单的手工制作,为中年级的生产劳动体验奠定基础;作为班集体的一员,每位学生都应初步形成服务他人的意识,主动参与班级劳动;要注重劳动纪律意识和安全意识的培养,初步养成良好的劳动习惯。

(二)第二学段(3~4年级)

(1)懂得"一分耕耘,一分收获"的道理。体会劳动光荣、劳动无高低贵贱之分的道理,认识到美好生活离不开各行各业的劳动者。尊重劳动,尊重普通劳动者,初步养成热爱劳动的态度。

(2)养成良好的个人清洁卫生习惯。认识常用家用器具,掌握家用小器具的使用方法,具有家用电器使用安全意识和初步的器具保养意识。主动分担家务,协助参与家庭环境卫生清洁,能制作简单的日常饮食,初步学会简单的家务劳动技能,形成生活自理能力。

（3）初步体验简单的种植、养殖、手工制作等生产劳动,能规范地使用常用的劳动工具,了解常用材料的作用与特征,对劳动过程中遇到的问题具有好奇心和探究欲望。

（4）参加校园卫生保洁、垃圾分类处理、绿化美化等劳动,适当参加社区环保、公共卫生维护等力所能及的公益劳动,初步体验简单的现代服务业劳动,初步形成公共服务意识。

（5）懂得在劳动中遵规守约,初步学会与他人合作劳动。珍惜劳动成果,初步养成有始有终、专心致志的劳动习惯和品质。

（6）在劳动过程和日常生活中做到勤俭节约、不怕困难。

与小学低年级学生相比,小学中年级学生的各种生理指标均有所提升,但尚未产生质的飞跃,小学生动作的协调性有所提高,大脑神经的机能得到进一步加强,心理活动日趋稳定,注意力更加集中,可承担稍复杂的劳动任务。小学中年级学生除了要形成对劳动和劳动人民积极的情感态度外,还需要正确认识付出与收获之间的关系,感悟劳动最光荣;自理能力的培养依然是该学段的教育重点,学生既要做好个人的清洁卫生,又要积极参与家务劳动,掌握常见家用器具的使用技巧;在初步体验简单生产劳动的过程中,学生应了解常用劳动工具和材料的特点,并学会正确使用劳动工具、选择合适的材料;该学段要进一步强化学生的公共服务意识,让学生在参与校园劳动和社区公益劳动中,在体验现代服务业劳动中,初步形成服务他人、服务社会的意识;学生在劳动学习的过程中还应逐步理解劳动规则的重要性,增强合作意识与合作能力,养成良好的劳动习惯和品质,形成不怕困难、迎难而上的劳动精神。

（三）第三学段（5～6年级）

（1）懂得劳动创造财富、劳动来不得半点虚假、"业精于勤荒于嬉"等道理。认识到劳动者是国家的主人,"三百六十行,行行出状元",体会普通劳动者的光荣与伟大。初步树立劳动最光荣、劳动最崇高、劳动最伟大、劳动最美丽的观念。

（2）掌握家庭生活中常用的清洁与卫生、整理与收纳基本技能。了解家庭常用器具的功能特点,能规范、安全地操作与使用。初步掌握基本的家庭饮食烹饪技法,制作简单的家常餐,具有食品安全意识。进一步增强生活自理能力和家务劳动能力,初步具有家庭责任感。

（3）进一步体验种植、养殖、手工制作等生产劳动,能根据劳动任务选择合适的材料和工具、技术与方法,安全、规范、有效地开展劳动,初步养成持之以恒的劳动品质。

（4）主动参加校园卫生保洁和环境美化等劳动,积极参加社区环保、公共卫生维护等力所能及的公益劳动,进一步体验新技术支持下的现代服务业劳动,形成关爱他人、积极参与社区建设的劳动意识和能力,增强公共服务意识,初步形成社会责任感。

（5）根据劳动目标确定劳动任务，制订劳动计划，并根据劳动过程的进展情况适时优化调整，初步形成劳动效率意识和劳动质量意识，初步形成爱岗敬业、乐于奉献的精神。

（6）在集体劳动中团结协作，提升与他人合作劳动的能力。在劳动过程中自觉遵守劳动纪律，形成诚实劳动、合法劳动的意识。

（7）在劳动中主动克服困难，初步形成不怕辛苦、积极探索、追求创新的精神。

　　小学高年级学生肌肉和骨骼的力量迅速增强，这为参与更加复杂的劳动任务奠定了生理基础，该学段的学生思维由具体形象思维向抽象逻辑思维转变，能够更好地认识劳动的价值与意义。通过劳动课程学习，小学高年级学生应理解劳动不仅创造物质财富，还创造精神财富，形成职业平等观，初步树立劳动最光荣、劳动最崇高、劳动最伟大、劳动最美丽的观念；该学段的学生应进一步发展生活自理能力和家务劳动能力，需要掌握常用的家务劳动技巧，安全规范地使用家庭常用器具，在为家人服务的过程中增强家庭责任感；生产劳动是小学高年级学生劳动的重要内容，学生应学会选择并正确使用劳动工具、材料和方法，安全有效地开展简单的生产劳动；公共服务意识和服务能力的培养依然是该学段的教育重点，在参与校园劳动、社会公益劳动和体验现代服务业劳动中，学生关爱他人、服务社会的意识与能力应得到进一步强化；小学高年级学生还应具备一定的筹划思维和问题解决能力，能够根据劳动目标与任务，制订切实可行的劳动方案，并随时监督调整劳动过程，提升劳动效率和质量；集体劳动是学生劳动实践的重要形式，学生应在集体劳动中不断提升合作意识和合作能力，遵守劳动纪律和劳动法律，养成艰苦奋斗、开拓创新的劳动精神。

（四）第四学段（7～9年级）

（1）懂得劳动创造人的道理，认识到劳动是推动人类社会进步的根本力量，理解"劳动托起中国梦"的重要意义。领会"劳动是一切幸福的源泉""幸福是奋斗出来的"的道理。牢固树立劳动最光荣、劳动最崇高、劳动最伟大、劳动最美丽的观念。

（2）主动承担一定的家庭清洁、烹饪、家居美化等日常生活劳动，进一步加强家政知识和技能的学习与实践，理解劳动创造美好生活的道理，提高生活自理能力，增强家庭责任意识。

（3）适当体验金工、木工、电子、陶艺、布艺等项目的劳动过程，体会其中蕴含的独特智慧和人类创造力。尝试进行家用器具的简单修理，参与种植、养殖等生产劳动，体会运用所学知识分析和解决实际问题的过程。获得初步的职业体验，形成初步的职业意识和生涯规划意识。

（4）定期参加校园包干区域的保洁和美化，以及助残、敬老、扶弱等公益劳动，体验以自己的劳动服务他人、服务社区的自豪感和幸福感，初步形成对学校、社区负责任的态度。体验融合一定智能技术的现代服务业劳动,提升现代服务技能,充分认识现代服务业劳动的性质、特征与独特的社会价值。进一步增强公共服务意识,提升以自己的劳动创造美好生活的社会责任感。

(5)根据个体、家庭、学校、社区的发展需要,提出具有一定创造性的解决方案,制订合理的劳动计划,并安全规范地加以实施,能对劳动过程与劳动成果进行反思和总结,进一步提高创造性劳动能力、合作能力。

(6)强化诚实劳动的劳动习惯和品质,形成劳动效率意识和劳动质量意识。

(7)初步具有为社会发展和国家建设付出辛勤劳动的意愿,形成不畏艰辛、锐意进取、精益求精、不断创新的精神。

初中生的机体快速发育,肌肉力量增长明显,大脑机能有了显著的增强,逻辑思维能力进入快速发展时期,生理和心理的发展使得该学段的学生有能力承担更为复杂的劳动任务,并能够更深入地理解劳动的价值与意义。通过劳动课程学习,该学段的学生应认识到劳动对人类发展和社会进步的重要意义,巩固劳动最光荣、劳动最崇高、劳动最伟大、劳动最美丽的观念;在家务劳动能力方面,除了掌握家庭清洁、烹饪等基本家务劳动知识与技能外,初中生还应学会简单修理家用器具;参与生产劳动是学生获得职业体验的重要来源,学生应初步体验金工、木工、电子等技术类劳动,深入参与种植、养殖等生产劳动,习得相关技能,初步形成职业意识和生涯规划意识;在公共服务意识和社会责任感的培养方面,学生应积极参与校园劳动和社区公益劳动,体验现代服务业劳动,在服务他人、服务社会的过程中不断提升自己的社会责任感;创造力和问题解决能力应成为该学段的培养重点,面对劳动任务或劳动问题时,学生要能够从各方面的发展需求出发,制订并有效实施劳动计划,对劳动过程与成果进行反思和总结,为下一次劳动积累经验;初中生在劳动中应秉持诚实劳动的基本原则,注重劳动效率和劳动质量的提升;在劳动精神方面,该学段学生应具备迎难而上、精益求精、开拓创新的劳动精神,愿意为社会发展和国家建设付出辛勤劳动。

第三节 劳动课程的内容

劳动课程内容是劳动课程设计与实施的核心要素,涉及有哪些内容、如何选择和如何组织等问题。中小学劳动课程内容要与劳动素养培养目标相匹配,其选择既要注重规定性、基础性,避免随意化,又要考虑因地制宜,关注选择性、开放性。

基于课程标准的学校劳动课程体系

一、劳动课程内容的类型

《意见》指出,"根据教育目标,针对不同学段、类型学生特点,以日常生活劳动、生产劳动和服务性劳动为主要内容开展劳动教育"。《纲要》也指出劳动教育主要内容包括日常生活劳动、生产劳动和服务性劳动中的知识、技能与价值观。

（一）日常生活劳动

劳动是为了生活，它不仅是谋生的手段，更是幸福人生的基本需要。劳动生活是人生主要的内容，劳动生活方式是人的生活方式的重要组成部分。日常生活劳动教育是学生在生活自理中强化劳动自立意识，体验持家之道的过程，是学生健康发展、适应社会生活的重要基础。日常生活劳动教育侧重指向劳动体验、劳动习惯、劳动态度培养，活动形式以体验与实践为主。《纲要》要求：日常生活劳动教育立足个人生活事务处理，结合开展新时代校园爱国卫生运动，注重生活能力和良好卫生习惯培养，树立自立自强意识。

《课程标准》从任务群角度将日常生活劳动分为清洁与卫生、整理与收纳、烹饪与营养、家用器具使用与维护四个任务群，并对各学段的各个任务群内容提出了要求。

例如，小学1～2年级"整理与收纳"的内容要求：根据需要，整理自己的生活用品、学习用品，如衣物、玩具、书本、文具等。整理自己的书包、课桌和居室的书柜及书桌，能按照物品类别、形状等整齐摆放，初步建立及时整理与收纳的意识。

又如，小学5～6年级"烹饪与营养"的内容要求：用简单的炒、煎、炖等烹饪方法制作2～3道家常菜，如西红柿炒鸡蛋、煎鸡蛋、炖骨头汤等，参与从择菜、洗菜到烧菜、装盘的完整过程。能根据家人需求设计一顿午餐或晚餐的营养食谱，了解不同烹饪方法与食物营养的关系。

（二）生产劳动

随着生产力和现代市场经济的发展，社会分工日趋复杂，产业链条不断拉长，产业门类与日俱增，产业结构越来越高度化和复杂化，劳动也越来越多样化。

教育与生产劳动相结合是马克思主义关于教育的基本原理，也是劳动教育的基本内涵。不同时期，生产劳动有不同的形态。工业革命前，农业是重要的生产劳动，工业革命以来生产劳动从以农业为主向以制造业为主转移。因此，生产劳动既要注重农业劳动的可实施性，也要重视制造业、建筑业等工业生产劳动。对于中小学来说，难以直接经历生产过程，但可以到工厂参观生产过程，在学校劳动实践室中通过制作模型来模拟生产过程，有条件的可以通过劳动实践基地来体验生产过程。《纲要》要求：生产劳动教育要让学生在工农业生产过程中直接经历物质财富的创造过程，体验从简单劳动、原始劳动向复杂劳动、创造性劳动的发展过程，学会使用工具，掌握相关技术，感受劳动创造价值，增强产品质量意识，体会平凡劳动中的伟大。

《课程标准》提出生产劳动包括农业生产劳动、传统工艺制作、工业生产劳动、新技术体验与应用四个任务群，并对各学段的各个任务群内容提出了要求。

例如，3～4年级"农业生产劳动"的内容要求：选择当地1～2种常见的蔬菜，如大白菜、西红柿、黄瓜等进行种植,或者根据区域相关规定,合法合规选择1~2种家禽,如鸡、鸭等进行饲养,体验蔬菜种植、家禽饲养的一般过程与方法。

又如,5~6年级"工业生产劳动"的内容要求:选择1~2项工业生产项目,如木工、金工、电子等,进行简单产品模型或原型的加工,初步体验工业生产劳动过程。熟悉所选项目的工具特点、设备特点。识读简单的产品技术图样,根据图样制作产品的模型或原型,完成产品模型或原型的组装、测试。体验工业生产劳动创造物质财富的喜悦与成就感。

(三)服务性劳动

服务性劳动的属性与一般的商品具有内在同一性,尤其是商业部门和运输业中的服务性劳动是生产部门劳动必要的延伸。[①]在当代,第三产业即服务业的覆盖范围越来越广泛。按照对象及性质不同,服务性劳动可划分为以下几种类别:一是生产性服务劳动,如农林牧渔服务业、批发零售业、交通运输、仓储和邮政业等,此外,金融业、信息技术服务业等成为越来越重要的服务部门。二是生活性服务劳动,如住宿和餐饮业、旅游业、软件等。三是素质性服务劳动,包括科教文卫相关行业。四是社会性服务劳动,包括政府部门、慈善机构、社会保障、国际组织等。

《纲要》要求:服务性劳动教育让学生利用知识、技能等为他人和社会提供服务,在服务性岗位上见习实习,树立服务意识,实践服务技能;在公益劳动、志愿服务中强化社会责任感。

综合服务性劳动的丰富内容以及《纲要》的要求,从内容来说,服务性劳动要考虑公益劳动、志愿服务,更要考虑体现科技发展和产业变化的服务性劳动,如科技服务、创意设计、现代物流等,还要关照文化、教育、卫生、体育、社区等公共服务相关的劳动,侧重指向社会责任、劳动态度、职业认识培养。服务性劳动教育的关键过程:明确服务对象与需要;想象与探索;设计服务性劳动计划;开展服务性劳动;反思劳动,分享经验。

《课程标准》将服务性劳动分为现代服务业劳动、公益劳动与志愿服务两个任务群,并对各学段的各个任务群内容提出了要求。

例如,7~9年级"现代服务业劳动"的内容要求:根据学生的年龄特征、自身兴趣与实际条件,选择1~2项现代服务业劳动项目进行参与、体验。例如:结合学校食堂的信息化管理需要,为学校食堂提供基于数据分析的现代信息服务;基于当地地理、文化、历史等情况,提供旅游景点设计等现代旅游服务;针对当地某一特色产品提供基于营销方案设计的现代销售服务。根据所参与现代服务业劳动的特征与过程,开展符合相应要求的劳动。在劳动过程中主动发现有价值的问题,并设计合理的、具有一定创意的问题解决方案。

---

① 江帆,吴春雅,谢元态.服务性劳动理论进展及当代解读:基于马克思劳动分工原理的分析[J].社会科学前沿,2019,8(7):1229-1238.

二、劳动课程内容结构及选择原则

选择劳动课程内容,应进行系统分析和整体设计,从多个维度思考和把握,既要把握劳动课程内容结构,又要遵循一定的基本原则。

（一）劳动课程内容结构

义务教育劳动课程属于国家课程,有相应的课程标准,选择劳动课程内容时应遵守课程标准的相关要求,以落实劳动课程内容的覆盖面、进阶性。

《课程标准》强调,义务教育劳动课程以培养学生的核心素养为导向,围绕日常生活劳动、生产劳动和服务性劳动,以任务群为基本单元,构建内容结构。日常生活劳动立足学生个人生活事务处理,涉及衣、食、住、行、用等方面,注重培养学生的生活能力和良好卫生习惯,树立自理、自立、自强意识。生产劳动让学生在工农业生产过程中直接经历物质财富的创造过程,体验从简单劳动向复杂劳动、创造性劳动发展的过程,淬炼生产劳动技能,体会物质产品的来之不易,认识劳动与自然界的基本关系。服务性劳动让学生利用知识、技能等为他人和社会提供服务,在现代服务业劳动、公益劳动与志愿服务中认识社会,树立服务意识,体悟劳动中人与人、人与自然、人与社会的关系,强化社会责任感。

义务教育劳动课程内容共设置十个任务群,每个任务群由若干项目组成。劳动任务群是将知识技能基础相近、功能相似、性质相同的劳动任务归纳在一起后形成的一组劳动任务。《课程标准》提供的劳动课程内容结构如图 6-3-1 所示。

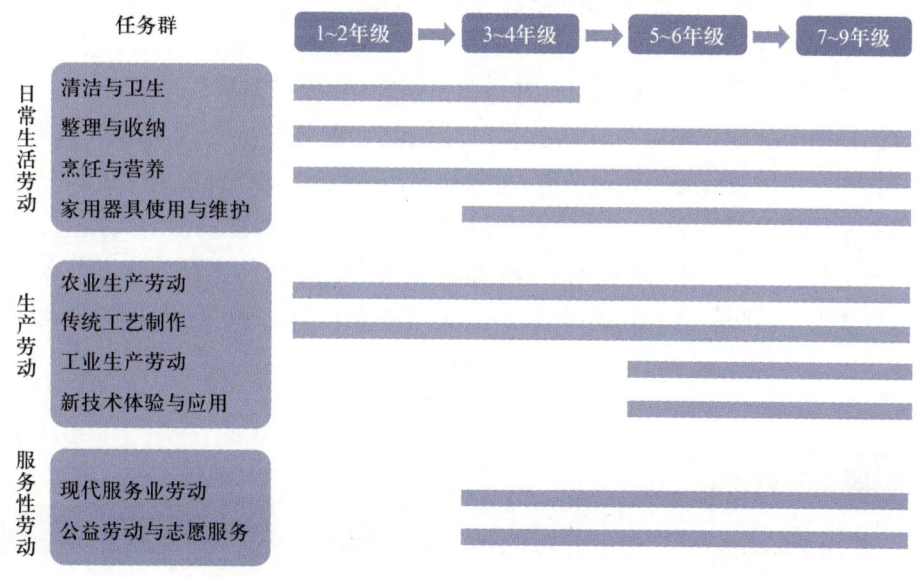

图 6-3-1　劳动课程内容结构示意图

（二）劳动课程内容选择原则

《课程标准》明确指出,任务群的选用要注意以下事项。

（1）根据义务教育课程方案,劳动课程平均每周不少于1课时,用于活动策划、技能指导、练习实践、总结交流等。具体实施时,教师可根据学生年龄特点和任务群中的项目实践情况单节排课或2～3课时连排。

（2）学校结合实际,自主选择确定各年级任务群学习数量;鼓励有条件的地区和学校在整个义务教育阶段课程内容涵盖十个任务群。1～2年级侧重在日常生活劳动、生产劳动内容中选择,服务性劳动不做要求,有条件的学校可结合实际情况开展。3～4年级及以上各学段应涵盖三类劳动内容。5～9年级的清洁与卫生劳动要求,可与同学段其他任务群融合实施,同时结合日常课外劳动和家庭劳动要求开展。7～9年级结合相关任务群开展生涯规划教育。

（3）生产劳动四个任务群和服务性劳动两个任务群,其内容要求和劳动项目具有一定的开放性和选择性。学校可以因地制宜,结合实际情况,根据任务群安排,开发劳动项目,形成校本化劳动清单。

对于普通高中来说,可依据《纲要》进行选择。《纲要》要求,普通高中要指导学生:持续开展日常生活劳动,增强生活自理能力,固化良好劳动习惯;选择服务性岗位,经历真实的岗位工作过程,获得真切的职业体验,培养职业兴趣;积极参加大型赛事、社区建设、环境保护等公益活动、志愿服务,强化社会责任意识和奉献精神;统筹劳动教育与通用技术课程相关内容,从工业、农业、现代服务业以及中华优秀传统文化特色项目中,自主选择1～2项生产劳动,经历完整的实践过程,提高创意物化能力,养成吃苦耐劳、精益求精的品质,增强生涯规划的意识和能力。

在选择劳动课程内容时,要注意以下三个原则。

I. 注重因地制宜

《课程标准》倡导,课程内容选择应坚持因地制宜,宜工则工,宜农则农。课程内容选择的因地制宜原则可以从三个方面考虑:一是地区特色,包括海岛资源、当地的非物质文化遗产等特色化资源,也包括植物种植等地区资源,地区资源影响着课程的个性化和特色化。二是学校场地条件,包括不同类型的劳动实践室、图书馆。三是教师特长,例如擅长木工、陶艺等,这都影响课程的实施。这三个方面从加强与学生生活和社会实际的联系、加强课程可操作性的角度提出,以保证课程的实施。

案例

　　慈溪市新浦镇中心小学设计的"当农场遇上节气",充分考虑节气特点和学校能够实施的农业劳动,在开展农业劳动教育的同时,渗透传统文化教育,见表6-3-1。[①]

---

① 本案例由浙江省宁波市慈溪市新浦镇中心小学教育集团提供。

表 6-3-1 "当农场遇上节气"课程内容

季节	节气	时间	节气农谚	节气农事	节气习俗
春季	立春	2月3—5日	立春雨水到，早起晚睡觉	灌溉追肥	鞭春牛
	雨水	2月18—20日	七九八九雨水节，种田老汉不能歇	小拱棚豆类、蔬菜育苗	回娘家、接寿
	惊蛰	3月5—7日	惊蛰雷鸣，成堆谷米	油菜赏花期	熏香驱虫
	春分	3月20—22日	春分有雨家家忙，无种瓜豆后插秧	挖野菜（荠菜、马兰）	竖蛋
	清明	4月4—6日	清明前后，种瓜点豆	种植玉米	踏青、吃青团
	谷雨	4月19—21日	谷雨前后栽地瓜，最好不要过立夏	摘豌豆	吃香椿、喝谷雨茶
夏季	立夏	5月5—7日	立夏不下雨，犁耙高挂起	棉花移植	立夏米饭、斗蛋
	小满	5月20—22日	小满不满，芒种不管	种番薯	蚕神诞辰
	芒种	6月5—7日	芒种芒种，样样要种	种黄瓜	送花神、嫁接树
	夏至	6月20—22日	夏至风从西边起，瓜菜园中受熬煎	收菜、种菜	吃面
	小暑	7月6—8日	既抗旱，又防涝，旱涝丰收两牢靠	秋季蔬菜育苗	吃藕
	大暑	7月22—24日	人在屋里热得躁，稻在田里哈哈笑	肥水管理、病虫害预防	送"大暑船"
秋季	立秋	8月7—9日	立秋晴一日，农夫不用力	追肥耘田	"补秋脱股"
	处暑	8月22—24日	立秋处暑耕作忙，多种蔬菜和杂粮	加强田间管理	放荷花灯
	白露	9月7—9日	白露节，棉花地里不得歇	育菜	酿白露米酒
	秋分	9月22—24日	秋分种，立冬盖，来年清明吃菠菜	秋收、秋耕、秋种	秋祭月
	寒露	10月7—9日	寒露时节人人忙，种麦、摘花、打豆场	秋收、秋耕、秋管	登高、饮菊花酒
	霜降	10月22—24日	霜降摘柿子，立冬打软枣	秋收扫尾	吃柿子

续表

季节	节气	时间	节气农谚	节气农事	节气习俗
冬季	立冬	11月7—8日	立冬小雪紧相连，冬前整地最当先	补冬水、油菜定植	吃饺子、补冬
	小雪	11月22—23日	小雪不耕地，大雪不行船	播菜籽	腌腊肉
	大雪	12月6—8日	大雪晴天，立春雪多	观察莴笋	进补
	冬至	12月21—23日	冬至晴，正月雨；冬至雨，正月晴	种萝卜	番薯汤果
	小寒	1月5—7日	小寒大寒不下雪，小暑大暑田开裂	拔莴笋	吃菜饭
	大寒	1月20—21日	冻不死的蒜，干不死的葱	（农事歇）	喝腊八粥

2. 符合学生年龄特点

劳动课程内容应针对学生年龄特点进行安排，小学低年级以日常生活劳动为主，随着年级增高逐渐增加生产劳动和服务性劳动。《纲要》要求如下：

小学低年级以个人生活起居为主要内容开展劳动教育，注重培养劳动意识和劳动安全意识，使学生懂得人人都要劳动，感知劳动乐趣，爱惜劳动成果。

小学中高年级以校园劳动和家庭劳动为主要内容开展劳动教育，体会劳动光荣，尊重普通劳动者，初步养成热爱劳动、热爱生活的态度。

初中兼顾家政学习、校内外生产劳动、服务性劳动安排劳动教育内容，开展职业启蒙教育，体会劳动创造美好生活，养成认真负责、吃苦耐劳的劳动品质和安全意识，增强公共服务意识和担当精神。

普通高中注重围绕丰富职业体验开展服务性劳动和生产劳动，理解劳动创造价值，接受锻炼、磨炼意志，具有劳动自立意识和主动服务他人、服务社会的情怀。

3. 关注时代特征

劳动教育既要继承优良传统，又要彰显时代特征，在充分发挥传统劳动、传统工艺项目育人功能的同时，要紧跟科技发展和产业变革，准确把握新时代劳动工具、劳动技术、劳动形态的新变化。《课程标准》强调"注重选择体现中华优秀传统文化和工匠精神的手工劳动内容，适当引入体现新形态、新技术、新工艺等的现代劳动内容"。

例如，7~9年"传统工艺制作"的内容要求：选择1~2项传统工艺制作项目，如陶艺、纸工、布艺、木雕、刺绣、篆刻、拓印、景泰蓝、漆艺、烙画等，了解其基本特点，熟悉制作的基本技能与方法。根据劳动需要，综合运用工艺知识进行设计，通过绘制规范的示意图表达设计方案,并合理选择相应的技能进行制作。

"新技术体验与应用"的内容要求:选择1~2项新技术,如三维打印技术、激光切割技术、智能控制技术、数控加工技术、液态金属打印技术等,进行劳动体验与技术应用。熟悉某项新技术的基本工作过程、常用参数设置、材料的适用范围等。根据设计要求选择某项新技术,制订合理的设计、加工方案或者设计图样,完成应用某项新技术进行加工、组装、测试、优化的全过程。记录某项新技术在改变传统加工方式、降低加工成本、提高工件质量方面带来的主要变化。感受新技术在生产、生活中发挥的重要作用,体悟劳动人民创造新技术的智慧。

三、劳动课程内容的设置

(一)劳动课程内容的整体规划

《意见》要求,"设置劳动教育课程,形成综合性、实践性、开放性、针对性的劳动教育课程体系"。从劳动课程内容的安排来说,需要进行整体规划。

一是需要考虑劳动课程的实施方式。例如,必修课程(涵盖三大类劳动)、专题性的拓展课程(木工、金工等)、整合性的拓展课程(智慧农场等)、渗透式的课程(在语文学科中渗透等)。不同的方式对内容考虑的侧重点不同。必修课程强调的是涵盖日常生活劳动、生产劳动、服务性劳动三大类劳动,是全体学生需要学习的。专题性的拓展课程是在必修课程的基础上,在某方面深入挖掘,形成学校的特色,例如,有的学校以木工为特色,专门开设了木艺课程;有的学校利用周边有土地的优势,专门开设了果树种植课程,供有兴趣的学生选学。整合性的拓展课程强调跨学科学习,劳动课程本身是一门跨学科课程,而整合性的拓展课程更加注重跨学科,例如,智慧农场不仅关注劳动教育,而且关注信息技术、科学、数学等学科。渗透式的课程是在学科专业中有机渗透劳动教育,不仅需要渗透劳动观念等,还需要关联劳动课程内容。

二是考虑不同年级的衔接与递进安排。以《课程标准》中日常生活劳动"整理与收纳"任务群为例,1~2年级可选择"笔袋整理""书包整理"等项目内容,3~4年级、5~6年级可选择"整理衣橱""清理使用过的教科书"等项目内容,7~9年级可选择"书房用品整理与收纳""教室的装饰与美化"等项目内容。从学生个人的学习用品整理摆放逐步过渡到对家庭或者教室等较大空间的整理与美化,从单一到综合,从简单到复杂,逐步发展空间规划能力和整体筹划能力,体现不同年级的纵向衔接与递进关系。

案例

北京师范大学天津附属中学根据学生的不同需求,将日常生活劳动、生产劳动、服务性劳动作为劳动素养培养的主要内容,构建了内容精、基础厚、选择广的课程体系。"超市型"课程系统由递进的基础劳动、职业劳动、创造劳动三大层面组成。其中,基础劳动层面以"家庭和社会"为中心,满足学生参与家庭事务管理活动的需求;职业劳动层面以"职业"为中心,满足学生面向职业、面向生产等专门领域的劳动实践需求;创造劳动层面以"创造"为中心,面向工程和新技术应用,满足学生特长劳动意愿和职业取向的需求。在此架构下,每个层面包括若干模块,每个模块包括若干门课程,课程又分为必修课程和选修课程,均以大单元、大项目统筹设计劳动实践内容。例如,"劳动铸就幸福"模块包括"饰品设计与简易化妆""面点制作与面包烘烤""智能家居使用与维护""汽车简易维修与保养"四个劳动实践主题,让学生从衣、食、住、行四个方面体悟美好生活来之不易。

(二)劳动课程内容的组织方式

劳动课程内容的组织方式主要有项目式、主题式、场景式等。

1. 项目式

劳动项目是落实劳动课程内容,体现课程实践性特征,推动学生"做中学""学中做"的重要实施载体。项目式指按项目化学习方式来组织实施劳动课程内容,例如某小学开发的一个劳动项目系列,整合了工业生产劳动、设计等内容,见表 6-3-2。

表 6-3-2　某小学开发的劳动项目[①]

项目名称	项目问题
小布偶变变变	如何用废弃的布料或衣服设计制作有趣的小布偶?
我是膳食师	你会如何设计并制作一餐让全家人都满意呢?
校园立体农场	目前校园农场使用空间不足,如何充分利用有限空间,将生态农场立体化?
校园指示牌我设计	作为小小手艺人,你如何为学校设计一套美观实用的校园导视系统?

2. 主题式

主题式是指围绕某个主题组织劳动课程内容,例如,某小学在五年级开展"中草药那些事儿"为主题的劳动课程,整合了农业劳动、生活劳动、工艺制作、设计创作等内容,见表 6-3-3。

---

① 本表由浙江省金华市兰溪市聚仁小学提供。

表 6-3-3　某小学五年级"中草药那些事儿"实践活动具体安排 [1]

项目板块	实践主题	活动内容	实践场地	课程引领者
农业劳动	中草药大观园	认识身边的中草药、中草药种植	教室、家庭、校园、农庄	教师、家长、医生、农庄老伯
生活劳动	穿针引线系列	学做中草药香囊	教室	教师、家长
工艺制作	编织刺绣系列	巧编香囊结	教室	教师、家长
设计创作	创意动漫系列	中草药电子名片、中药防病小动漫	电脑房	动漫教师
职业体验	社区服务体验	香囊献爱心、中医院研学体验	敬老院、中医院	教师、医生志愿者、家长、社区志愿者

3. 场景式

场景式指围绕某个场景来组织劳动课程内容。例如,在房间的场景中,安排"打扫、整理自己的房间"的活动,学生在进行打扫卫生、整理图书、叠被子等生活劳动时,也在进行对家具摆放的合理规划、物品的巧妙收纳等创造性劳动;学生在出力流汗的同时,也在进行空间设计、数学测量与计算,考虑采光的合理性,甚至构思设计物品收纳盒、美化房间等。"打扫、整理自己的房间"这个活动统整了生活劳动、生产劳动、服务性劳动。

第四节　劳动课程的评价

劳动课程评价是劳动课程体系建设的重要组成部分,对引导劳动课程的实施走向、促进劳动课程的目标实现、保障劳动教育的实际效果等具有重要的意义。劳动课程评价的涵盖面比较广,下面从评价的基本原则、评价的主要形式、评价设计步骤、评价命题四个方面提出建议。

一、评价的基本原则

（一）导向性原则

评价应以《课程标准》为主要依据,以劳动素养为导向,关注劳动强度、劳动效率、劳动时长、劳动质量等劳动实践要素,关注学生在劳动实践过程中的参与度、主动性、积极性,以及学生表现出来的劳动习惯和品质等。通过评价的积极引导作用,

---

[1]　本表由浙江省宁波市北仑区淮河小学提供。

促进劳动育人功能的实现。

（二）发展性原则

发挥评价的反馈改进功能，使学生认真参与劳动学习与实践，发展学生劳动课程核心素养。教师要着眼于学生劳动学习与实践过程的动态发展，充分肯定学生劳动学习与实践的优点和进步，正确对待学生劳动学习与实践中的问题，鼓励学生不断改进提高。同时教师要及时反思教学目标设置是否合理、教学实施是否有效等，努力促进学生劳动素养的发展。

（三）系统性原则

评价应整体、系统地进行考虑。在评价目标上，考虑学生发展的循序渐进；课程评价兼顾家庭劳动实践、社会劳动实践的评价；过程性评价与结果性评价相结合；评价主体多元化，包括教师、家长和学生等；评价方式多样化，如项目实践、交流对话、技能测试等。

二、评价的主要形式

劳动课程评价的主要目的是发挥评价的导向功能，促进学生劳动素养的发展。劳动课程评价主要是评价学生在日常劳动实践过程中所表现出来的素养水平，要以劳动教育目标、内容要求为依据，利用评价结果改进教师的教学行为和学生的学习方式。评价主要分为平时表现评价、阶段综合评价。

（一）平时表现评价

平时表现评价是针对学生在日常学习中的学习行为、方式以及学习表现进行评价，从行为表现中分析、判断学生劳动观念形成情况、劳动能力达成水平、劳动习惯和品质以及劳动精神现状，从而发现学生劳动学习中的问题，明确进一步学习和改进的方向。

1. 评价内容

评价内容要紧扣课程内容要求和劳动素养要求，客观准确地反映学生在真实情境下劳动素养的表现水平。评价内容主要包括以下几个方面：劳动观念，重点关注学生对劳动价值、劳动过程、劳动成果等方面的认知和态度；劳动能力，重点关注学生完成劳动任务所需的筹划与设计能力、操作能力、问题解决能力及合作能力；劳动习惯和品质，重点关注学生劳动行为的稳定性和一贯性；劳动精神，重点关注学生在劳动实践中表现出来的勤俭节约、精益求精、不畏艰辛、开拓创新等精神状态。

不同类型的劳动内容、不同任务群，评价的侧重点有所不同。日常生活劳动侧重卫生习惯、生活能力和自理、自立、自强意识等的评价。生产劳动侧重工具使用和技能掌握、劳动价值观、劳动质量意识以及劳动精神等的评价。服务性劳动侧重服务意识、社会责任感等的评价。

2. 评价方法

评价方法的选择与使用要有利于学习诊断和促进发展。劳动课程的评价方法以表现性评价为主,可以采用劳动任务单、劳动清单、劳动档案袋等工具。教师要结合具体的学习目标和学习内容,采取合理、有效、多种形式的评价方式。如劳动技能操作、方案设计、劳动作品制作、劳动实践过程记录、交流与合作表现、展示等。综合利用各种方式,发挥评价改进与优化教学、促进学生发展的作用。

针对具体的劳动学习与实践的目标和内容,教师可采取相应的方法进行评价。例如,日常生活劳动可以劳动清单为主要依据,家校合作共同评价;生产劳动可以劳动任务单为主要依据,结合劳动任务的完成过程和劳动成果情况进行综合评价;服务性劳动可以劳动档案袋为主要依据,结合服务对象的评语和多方面的材料进行综合评价。

针对不同的学段,教师可灵活使用多种方法进行评价。例如,1～2年级应鼓励学生使用劳动绘本、劳动日志、星级自评、贴小红花等方式体现劳动过程和劳动感受;3～6年级可以采取劳动叙事、劳动作品展示等方式记录劳动过程;7～9年级可以采用劳动测试、评语评价、展示评价和劳动档案袋等方式。

在平时表现评价中要充分发挥教师、学生、家长、学校等不同角色的作用,从不同的视角进行评价。创造机会让学生开展自我评价和相互评价,结合教师评价,学会正确评价自己的进步,反思自己的不足。综合利用各评价主体的评价结果,促进所有教育参与者教育行为和方式的改变。

平时表现评价可以帮助教师优化和改善教学,及时了解学生劳动学习的水平和存在的问题,帮助教师进行总结与反思,反思教学目标设计是否合理、教学实施是否有效,从而调整教学过程,改进教学方法等,最终实现学生劳动素养的发展。

(二)阶段综合评价

劳动课程阶段综合评价是学期、学年或学段结束时进行的综合评价,反映学生劳动课程学习的水平和核心素养的阶段性达成情况。根据评价的阶段,劳动课程阶段综合评价方式分为学期评价、学年评价和学段评价等。阶段综合评价依据学期、学年或学段目标和内容,结合综合素质档案,分析学生任务群完成情况、劳动项目参与、劳动任务清单等方面的表现,对劳动素养发展状况进行综合评定。

学期、学年评价是在一个学期、学年若干个单元评价的基础上进行的劳动学习评价。评价时要注意综合学生劳动任务清单、各阶段作业及单元学习评价的表现,以及综合评价的表现,做出针对一个学期、学年的终结性评价,恰当地判断学生一个学期、学年的学习情况。学段评价是在小学六年级和初中九年级进行的对整个学段学习情况的评价。

劳动课程阶段综合评价应采用过程性评价与结果性评价相结合的方式。过程性评价可结合档案袋进行;结果性评价可采用测评形式,考查学生在完成测评任务过程中的表现。

例如,某校在进行4年级学生劳动课程阶段综合评价时,采用过程性评价与劳动任务测评相结合的方式。过程性评价采用劳动课程阶段综合评价表(表6-4-1),测评的劳动任务为剪纸。

表 6-4-1 某校劳动课程阶段综合评价表

劳动内容	参加的劳动项目	劳动时长	劳动表现
日常生活劳动			
生产劳动			
服务性劳动			
劳动周			
参与的项目	项目概述		
劳动成果			
成果名称	成果简介		
劳动测评			
测评任务	任务表现		
阶段综合评价结果	□优秀　□良好　□合格　□不合格		

测评的劳动任务如下:

（1）任务名称:剪纸。

（2）任务描述:按照中国传统年俗,每逢春节来临,很多家庭都要贴对联、贴"福"字窗花来增添节日喜庆气氛。请你设计并制作一件剪纸作品,用于房间装饰。

（3）任务要求:① 使用"春"或"福"字进行设计,简要说明设计意图。② 至少选用一种制作工具（剪刀、刻刀）。

（4）测试时间:40分钟。

（5）材料与工具准备:红色 A3 复印纸、剪刀、刻刀、切割垫板。

（6）任务测评:根据评价标准（表6-4-2）对学生的设计说明、作品,以及劳动过程中的表现进行评价。

表 6-4-2 剪纸任务的评价标准

核心素养	主要表现特征
劳动观念	积极、愉快地参加劳动
劳动能力	文字构图设计合理,有一定的局部造型变化;熟练使用剪刀或刻刀;剪纸作品线条较流畅
劳动习惯和品质	认真完成劳动任务,劳动过程中注意力集中;能规范摆放剪刀或刻刀,能主动整理桌面,将废弃纸屑投入相应的垃圾桶,保持桌面干净整洁
劳动精神	遇到困难努力解决;对作品品质要求高,精益求精

　　阶段综合评价要一体化设计,考虑不同学期、学年的要求和特点。要根据学生的年龄特征和培养目标,差异化地设置评价内容。例如:1~2年级重点关注学生劳动意识的建立、个体日常生活技能的掌握;3~6年级重点关注劳动观念、劳动习惯的养成和基本劳动技能的掌握;7~9年级重点关注劳动能力的提升、劳动品质的形成和劳动精神的培养,以及设计能力、团队合作能力的形成等。教师要灵活使用多种不同评价方法,发挥不同评价方法的特点。小学低年段鼓励学生使用劳动绘本、劳动日记、五星自评、贴小红花等方式描述劳动过程和劳动感受,激发学生的劳动情感;小学中高年级可以采取劳动叙事、作品展示等方式记录劳动过程;初中阶段可以采用劳动测试、评语评价、展示评价和学生档案袋等多元方式记录劳动过程。

三、评价设计步骤

　　开展评价活动需要设计合理的评价任务,体现课程目标、课程内容相结合,实现评价目标、评价内容相统一。

(一)评价目标

　　评价目标要体现劳动素养的要求,围绕劳动观念、劳动能力、劳动习惯和品质、劳动精神,以劳动意识、筹划思维、动手能力、创意物化能力、责任担当品格作为具体要求,规划相应评价内容的比例。评价目标的描述要明确、具体、可测,体现一定的概括性,注重真实情境设置,说明学生在什么样的生活情境或问题情境中,运用哪些基本劳动知识和技能、思想和方法,其行为应达到什么样的水平。

(二)评价内容

　　评价内容要体现课程内容要求和劳动素养要求,指向劳动素养,具体要体现日常生活劳动、生产劳动、服务性劳动三大类劳动教育内容,体现劳动观念、劳动能力、劳动习惯和品质、劳动精神素养要求,评价学生在真实情境下劳动素养的表现水平。评价内容主要包括以下几个方面。

　　l. 劳动观念

　　评价学生对劳动价值、劳动过程、劳动成果等方面的认知发展水平。例如,能否正确理解劳动是人类发展和社会进步的根本力量,能否认识劳动创造人、劳动创造财富、创造美好生活的道理,能否理解"三百六十行,行行出状元"的道理,能否尊重劳动、尊重普通劳动者,能否牢固树立劳动最光荣、劳动最崇高、劳动最伟大、劳动最美丽的观念,等等。

　　2. 劳动能力

　　评价学生完成劳动任务所需的实际能力发展水平。例如,能否知道基本的劳动知识和技能,能否正确使用常用的劳动工具,能否具备完成一定劳动任务所需要的设计、操作能力及团队合作能力,能否通过劳动实践增强体力、提高智力和创造力等。

　　3. 劳动习惯和品质

　　评价学生在劳动学习、体验、实践等过程中形成的稳定内化的人格特质。例如,能否自觉自愿、认真负责、安全规范、坚持不懈地参与劳动,能否形成诚实守信、吃苦耐劳、专心致志、勤俭节约的劳动品质,能否珍惜劳动成果,能否形成和具有从事辛勤劳动、诚实劳动、协作劳动和创造性劳动的品质。

4. 劳动精神

评价学生在劳动过程中体现出来的人格气质。例如,能否领会"幸福是奋斗出来"的内涵与意义,能否继承中华民族勤俭节约、敬业奉献的优良传统,能否在劳动学习中弘扬开拓创新、砥砺奋进的时代精神,是否具有勤俭、奋斗、创新、奉献的劳动精神,以及是否具有精益求精、追求卓越的工匠精神。

四、评价命题

(一)命题原则

命题应以劳动素养为导向,全面考查学生的劳动观念、劳动能力、劳动习惯和品质、劳动精神,发挥评价的育人导向和反馈改进功能,促进学生认真学习劳动课程,培养和发展学生的劳动素养;引导教师准确把握学生的劳动课程学习情况,改进教师的教学和管理。

命题内容应以《课程标准》为依据,确保命题框架、试题情境、任务难度等准确体现《课程标准》的要求。评价应以劳动素养为主线,关注学生实际学习情况,选择真实情境,以学科内容为载体,依托具体任务或问题进行。题目要符合教育测量学的指标,体现必要的区分度和适当的难度,保证题目的信度和效度。

命题要体现课程特征,应注重在问题解决过程中反映核心素养水平,强调用所学的知识和技能解决真实的、复杂的、多变的劳动问题;注重核心素养、学科内容和生活情境三者之间有机地统一和融合;既要考查学生在劳动课程学习中形成的基本动手能力、必要的创意物化能力,也要考查学生的劳动观念、劳动习惯和品质、劳动精神。

(二)命题框架

命题以相应学段学习内容为基础,以劳动素养达成为目标,结合当地学生的学习情况进行。

1. 命题框架设计

应构建以劳动素养为导向的命题框架,围绕课程目标、课程内容进行命题设计。以课程目标中劳动观念、劳动能力、劳动习惯和品质、劳动精神具体素养的要求,作为试题考查目标;以课程内容涉及的日常生活劳动、生产劳动、服务性劳动具体劳动类别,作为试题内容类型,充分体现每一类具体劳动中蕴含的知识、技能、思想方法、能力等。

要准确把握课程目标、课程内容在命题中的定位与相互联系,构建以劳动素养为导向的命题框架。

2. 测试形式选择

义务教育劳动课程是一门旨在培养学生劳动素养、促进学生全面发展的实践性课程,从课程内容看,包括日常生活劳动、生产劳动、服务性劳动中的知识、技能、价值观等。测试应根据评价内容和评价目标的不同,选择不同的测试方式。如相关劳动知识、方法、原理、工艺等内容可以通过纸笔测试来考查;工具使用、模型(产品)制作、劳动任务实施等内容可以通过非纸笔测试来考查。纸笔测试要拓展评价内容和评价目标等方面的广度和深度,适度设置问题解决分析、作品设计等需要学生理解的开放性试题。非纸笔测试可以采取基于劳动项目实践进行测评的方式,设计适当的实践任务,让学生完成真实的综合性任务,经历完整劳动过程,包括从现实生活中发现需求、选择和确定劳动项目、对项目实践进行整体构思、制订项目方案、制作相关物品、优化项目方案等。另外,测评形式还可以选择作品展示、现场操作技能测评等。

纸笔测试适用于考核学生对劳动基础知识的掌握和理解,但不适用于评价学生的实际操作技能。因此,要根据不同的评价内容和评价目标,进行合理选择,让这两种测试形式相互补充、综合运用。

(三)题目命制

以劳动素养为导向的试题命制一般流程如图6-4-1所示:

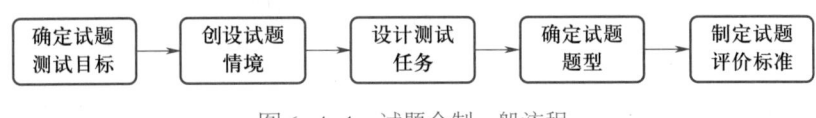

图6-4-1　试题命制一般流程

第一,根据劳动素养要求,确定试题测试目标,明确命题依据。

第二,依据课程内容要求和试题测试目标,选取与学生学习生活紧密联系,体现日常生活劳动、生产劳动、服务性劳动的成果以及凸显科技发展的成果作为试题情境,试题情境应注重与测试任务的融合与统一。

第三,基于真实的试题情境确定测试任务,试题内容和问题要针对课程内容要求设置,与测试目标一致,符合学生心理发展阶段和认知发展水平。

第四,根据测试目标所考查的核心素养,设置多样化的题型,如作品评价题、实践操作题、读图作图题、设计题等题型。作品评价题一般注重以学生的生活实际为切入点,将需要解决或完善的劳动问题置于真实情境之中,主要考查劳动意识、筹划思维等。实践操作题主要考查基本的动手能力和创意物化能力,主要聚焦工具的使用、工艺的选择等。读图作图题主要考查图样表达的方法,考查学生根据需求进行简单产品的图样表达与创新设计的能力以及创意物化能力。设计题通常用于考查创新设计能力与创意物化能力,同时考查劳动意识与筹划思维。要选择符合学生身心发展和认知特点,有明确要求的设计任务,并对外形、材料、结构、连接方式、制作工艺等提出适当要求。

第五,制订试题评价标准。预估学生的学业行为表现,对可能出现的各种合理答案进行分类和水平划分,制订试题评价标准。

在实际命题过程中,在同一个测试目标下,可以创设不同的真实情境,形成不同难度的测试任务。另外,设计题型要考虑问题答案的多样化,设置一定比例的开放性试题。

思 考 探 究

1. 劳动课程与其他课程之间有何联系和区别?

2. 劳动课程的基本理念之间有何内在逻辑?

3. 请结合义务教育劳动课程总目标,谈一谈你对"劳动课程围绕核心素养,体现课程性质,反映课程理念,确立课程目标"的理解。

4. 以任务群为基本单元构建劳动课程内容结构有何优势?

5. 如何充分发挥劳动课程评价的反馈改进功能?

第七章
劳动教育教学方法

学习目标

❶ 理解劳动教育教学方法，区分讲授法、情境教学法、项目教学法、行动导向教学法、任务驱动教学法概念之间的异同。

❷ 了解讲授法、情境教学法、项目教学法、行动导向教学法、任务驱动教学法运用的基本原则。

❸ 明确讲授法、情境教学法、项目教学法、行动导向教学法、任务驱动教学法的基本步骤，并能够结合具体的劳动教育内容选择适合的教学方法并实施。

❹ 结合自己所在的地区、学校，分析不同劳动教育教学方法适用的具体劳动教育内容，分析不同劳动教育教学方法的特征。

　　劳动是人类最基本的实践活动,是人类生存和发展的基本条件。劳动的主体是"人",劳动是"人"的"实践"活动,主体性、实践性、创新性是劳动的基本特征。面向学生开展的劳动教育应该是传授劳动知识和劳动技能、培养劳动情感、培育劳动态度、塑造劳动价值观的过程。[①] 选择合适的劳动教育教学方法是实现劳动教育目标的重要手段。

　　目前,国家规定了大中小学各层次劳动教育必修课程的课时和学分,其形式主要有劳动教育课程、区域劳动教育课程以及劳动教育校本课程等。劳动教育活动与劳动教育课程的融合主要体现在劳动教育项目中。综合劳动教育的内容、特征以及实现途径,本章主要介绍五种常用的劳动教育教学方法,即讲授法、情境教学法、项目教学法、行动导向教学法和任务驱动教学法。

第一节　讲授法

　　讲授法是一种古老而又应用得最广泛的传统教学方法。随着社会的进步、教学的发展,许多现代化的教学手段纷纷被引入教学领域,如演示法、实验法等,这些方法在与讲授法相结合的过程中,部分地改变了讲授法的教学形式。无论讲授法的内涵、形式如何变化,它在教学领域的应用始终方兴未艾。正因如此,在劳动教育中,讲授法必然具有其不可替代的价值与意义。

一、讲授法的内涵

（一）讲授法的概念

　　讲授法是教师通过口头语言系统连贯地向学生传授知识的教学方法。它是传统课堂教学中使用最早、应用最广、最常见的教学方法之一,可用于描绘情境、叙述事实、说明概念、论证原理和阐明规律。其他教学方法的运用,几乎都需要同讲授法结合进行。[②] 讲授法在劳动教育中需要根据讲授内容体现不同的语言特色。例如,讲授劳动工具的操作步骤时,教学语言讲究逻辑和严谨;讲授劳动模范事迹时,教学语言讲究形象生动。根据讲授方式和教学内容的不同,讲授法又可以分为讲述、讲解、讲读、讲演等。

　　讲述是指教师用口头语言描述知识背景,叙述事实材料及事件发生、发展的过程,侧重描绘事物现象,使学生形成鲜明的表象和概念,并在情绪上受到感染。例如,在进行"认识现代劳动"教学时,需要讲述"现代农业"的概念。

　　① 曾天山,顾建军.劳动教育论[M].北京:教育科学出版社,2020:214,215.
　　② 中国大百科全书出版社编辑部.中国大百科全书:教育[M].北京:中国大百科全书出版社,1985:142,143.

讲解是通过对知识的解释、分析、论证等，帮助学生了解知识的背景、本质，从而达到掌握知识的目的。讲解主要用于较复杂的知识点，当演示和讲述不足以说明事物内部结构或联系的时候，就需要进行讲解。例如，在进行"八音盒制作"教学时，需要讲解绘制八音盒盒体草图的具体方法。在教学中，讲解和讲述经常结合运用。

讲读是讲与读交叉进行的一种方式，有时还有练习活动，既有教师的讲和读，也有学生的讲、读和练。例如，在进行"淬炼劳动能力"教学时，让学生阅读拓展资料《不服输的东方女"焊"神》。

讲演是指教师就教材中的某一主题进行连贯、有依据的论说，深入分析、探讨事实，并在此基础上得出科学的结论。讲演常以演说或者报告会的形式出现，适用于抽象程度高、内容复杂的主题，在中学高年级或高校教学中运用较多。例如，在学习完"工匠精神"的基本内容后，教师对"工匠精神的当代价值"进行有理有据、连贯的论说。

（二）讲授法的基本原则

1. 讲授内容要有科学性、思想性和系统性

在教学过程中，教师所传授的劳动知识内容必须是正确的、科学的，要向学生传递正确的劳动价值观，培养积极的劳动精神。教师讲授既要突出重点、难点，又要系统、全面；既要使学生获得可靠知识，又要在思想上有所提高。同时，教授的内容还要与学生已有的知识和经验相联系，形成一定的劳动知识体系。

2. 讲授方式要有启发性

教师在讲授时要善于提问并引导学生分析和思考问题，运用讲授法不等于"注入式""满堂灌"。启发性的讲授需要讲解生动形象、有趣、透彻入理，做到声声入耳、句句连心，充分体现学生在教学过程中的主体地位，调动学生的主观能动性，引导学生独立思考，生动活泼地进行学习，养成良好的劳动习惯与品质。

3. 讲授语言要有艺术性

教师在进行教学时，要注意语言清晰、准确、简练、形象、条理清楚、通俗易懂，讲授的音量和速度要适度，注意音调的抑扬顿挫，增强语言的感染力。对于关键问题，教师可加重语气或适当停顿示意学生，让学生有时间思考和进行必要的反馈。

4. 讲授过程要理论联系实际

教学情境以实际问题为切入点。教师在讲授过程中，尽可能地使讲授的内容贴近学生的生活实际，将抽象枯燥的原理寓于生活实例中，在潜移默化中使学生学会运用已有知识去同化新知识，并逐步掌握认识问题和解决问题的方法，培养积极的劳动观念和精神，养成良好的劳动习惯与品质。

二、讲授法的实施与应用

（一）讲授法的基本步骤

任何一门学科的教学都离不开教师合理组织并运用语言进行讲授，劳动教育

也不例外。讲授法的基本步骤一般包括课前组织准备、导入新课、讲授新课、巩固练习、总结评价、布置作业等环节。

步骤一：课前组织准备。这是讲课前的准备阶段，包括准备材料与工具、检查人数等。其目的是初步带领学生进入学习情境，让学生做好学习新知识和技能的准备。

步骤二：导入新课。导入的主要目的在于引起学生的注意，在新、旧知识之间搭建桥梁，由原有认知推导到新的认知。另外，导入的设计还要注意能引发学生进一步学习的兴趣。例如，三年级校本教材"折纸盒"一课的导入。教师先出示一张正方形的纸，说："小小一方纸，折叠又翻拉，变化可不少，看你行不行？"说完让一张正方形纸在自己的手中变成房屋、轮船、小鸟或者风车。教师精准的导入语言、熟练的操作示范，成功地激发了学生对折纸的兴趣，并对这节课所要用到的折纸技法有所关注。

步骤三：讲授新课。教师主要通过讲述和讲解等方式，帮助学生改造和重组认知结构。新课讲解过程一定要注意命题、概念、原理等在推导过程中的一致性。虽然讲授新课以教师讲解为主，但并不排斥运用多媒体、模型、实物等认知工具辅助学生认知。劳动教育讲授的内容既包括书本上的陈述性知识，也包括操作过程中的程序性知识。

步骤四：巩固练习。一般采用课堂总结提问与练习等方式，及时强化所学知识，当堂消化、当堂巩固，加深学生对新、旧知识之间联系的理解。教师要掌握学生的遗忘规律，如果是操作性较强的知识，教师可以让学生在实际劳动的场景中加以练习巩固。

步骤五：总结评价。总结评价是对认知结构改造和重组的确认、升华和反思，能了解教学的效果。总结评价的语言要能综合和概括课堂知识，使课堂知识条理化和系统化，引导学生继续探索。

步骤六：布置作业。布置作业指在学习新知识之后，教师给学生布置练习题或思考题，这也是讲授法最后一个环节。劳动教育布置的作业应能最大限度地激发学生进行劳动学习的兴趣和动力，而不是模仿某些劳动技能技巧。同时，布置的作业不宜太难。就劳动教育来说，作业以实践活动为主。

（二）讲授法案例及分析

案例

讲授法在八年级"弘扬实干精神"教学中的运用

1. 视频导入

播放视频《山海情》片段。

师：这是一部很火的电视剧，不知道同学们有没有看过。（部分同学点头回应。）老师刚开始看这部电视剧时觉得乡土味十足，土得掉渣，不过越看到后面越带劲，十分写实,格外亲切。特别是宁夏方言与福建口音的普通话听着也很有地方特色和代入感。(同学们发出笑声。)这部剧是根据真实故事改编的,主要讲述了涌泉村村民搬迁脱贫致富的故事,具有很强的现实意义。"人嘛,毕竟不是树。人有两头根,一头在老先人手里,一头就在我们后人手里。我们后人到哪儿了,哪儿也就能再扎根。"这是马德福在劝涌泉村整村搬迁的广播里所说的一段话,我觉得挺有道理。大家看了视频中有趣又感人的片段,再结合书上"铁人"王进喜和"铁姑娘"的案例,我们能从他们身上发现什么优秀品质?这些品质在当下是否具有现实意义?

2. 讲授新课

(1)实干精神的含义

教师用PPT展示一系列图片。

师:从图片中我们深刻地感受到正是一代代人的埋头苦干和接力奋斗,才把理想逐步变成现实,创造了我们正在享受的美好生活。实干是通向成功的桥梁。只有继承和发扬实干精神,才能用劳动创造新的辉煌。知行合一,弘扬实干精神的前提是对实干精神的内涵有科学全面的认识。接下来我们一起来理解什么是实干精神(PPT展示)。"实"就是实实在在、脚踏实地;"干"就是对待每一项事业都一点一滴、一步一个脚印去做。

(2)实干精神的表现形式

教师用红旗渠、港珠澳大桥修建等案例具体讲解担当精神、务实精神、创业精神、奉献精神和进取精神。

(3)初中生要怎么培育涵养实干精神

教师从观念认识、学习、生活三个方面进行讲解。

(4)学生阅读并思考

学生阅读课本拓展链接《"天眼之父"南仁东》,并思考当代青少年如何发扬实干精神,助力实现中国梦。

教师小结:23载,8 000多个日夜,为了追逐梦想,南仁东心无旁骛,殚精竭虑,终有所成。科学家用实干精神勾勒出令人感叹的奋斗轨迹。在追逐梦想的新征程上,我们要汲取前人脚踏实地的精神养料和榜样力量,让民族复兴的梦想飞得更远、更高。

3. 课堂练习

活动:采访小调查

(1)谈一谈你父母的工作及其对社会和国家的影响。

(2)你还能说出身边令你感动的其他劳动者吗?

学生先分小组交流,并派代表发言。

教师小结:每个人所处的岗位不同,从事不同的劳动,但都是在为国家和社会作贡献。正是无数劳动者兢兢业业、艰苦奋斗、无私奉献,才成就了我们今天的美好生活。无论是脑力劳动者还是体力劳动者,都是国家的建设者,都值得我们尊敬和学习。我们在家庭、学校和社会中,都应该做自己力所能及的事情。当你热爱劳动并乐于劳动时,你一定会收获劳动的快乐,成为快乐的劳动者。

4. 课堂小结

师:今天的一切都是靠全国各族人民脚踏实地、艰苦奋斗干出来的。在当今全力实现中华民族伟大复兴中国梦的道路上,更需要每一个中国人切实弘扬实干精神。每一个成功个体的背后都是实干作用的结果,"纸上谈兵""夸夸其谈"必然一事无成。大家作为新时代的青少年肩负多重使命,就个体发展、赢得美好未来而言,更要依靠实干精神,做到知行合一。幸福是奋斗出来的,美好未来是自己干出来的,越实干越幸运,越实干越幸福!

5. 布置作业

师:通过本节内容的学习与两个伟大工程资料的收集展示,结合同学们自身的学习和生活,请大家设计"实干的一周"活动,给自己一周的生活、学习做计划,同学之间相互交流、监督,力争以实干精神落实计划中的所有事项,从中深刻体会实干精神的重要意义,反思自己实干能力不足的地方。

案例分析

该课的教学对象是初中生,这个阶段的学生思维活跃、精力充沛,喜欢动手操作,但动手能力弱。有的学生很少接触真正的劳动,对劳动的意义、价值认识不足,以至于轻视劳动,有的学生甚至对某些岗位的劳动有歧视、厌烦等错误态度。还有部分学生不能认识青少年自身的责任,总觉得国家的发展是成人的事情、是未来的事情,很难从我做起,从现在做起。基于以上学情分析,本节课教师应着重引导学生感受劳动、实干的价值与意义,树立尊重劳动的意识,发扬实干精神,明确自己的历史重任。

从案例我们可以看出,讲授法并非一堂课都是教师讲,它可以穿插在教学的任何环节中,纠正学生理解和操作的偏差。在课堂教学的不同阶段,讲授法的目的、功能是不同的。起始阶段,教师运用铺垫性的导入语,从电视剧《山海情》中引出学习的内容——实干精神,打开学生的思路,激发学生的学习兴趣。新课讲授阶段,教师进行实干精神含义和表现形式等的解读,在学生已有知识经验的基础上,通过联系生活、举例逐步深化认识,使学生逐步加深对实干精神的理解。结束阶段,教师通过有趣、有感情的总结,帮助学生形成知识的网络结构,达到培养学生的劳动观念,弘扬劳动精神,彰显时代特征的目的。

案例中的教学以教师讲授为主,但是在教师精心地设计下,增加了学生体验式的学习活动——采访小调查,又把抽象的概念可视化,兼顾了知识性和趣味性。教师在实际的教学中使用讲授法时,必须综合考虑教学内容、学生特征、教学环境等,并且结合其他教学方法,使讲授法产生有意义的过程和结果。

三、讲授法的总结与反思

（一）讲授法的优势

1. 有助于高效系统地传递知识

教师利用讲授法,往往能站在劳动教育的前沿讲解课程内容,懂得抓住学生的基本特点进行教学。因此,在同等的时间里,学生从讲授中获得的劳动知识远远大于通过自己阅读或实践所得。讲授除了传递的信息量大以外,传递速度也非常快,教师通过近距离的单向信息传播,能在干扰较少的状态下将知识高效、系统地教授给学生。

2. 有利于教师发挥教育职能

讲授法使班级化教学形式得以实现,能够集中地体现教师的主导作用。教师在讲授过程中,面对班级全体学生,通过精练的语言激发学生的学习热情,控制教学的速度和进度。讲授法也同样有利于学生的学习,教师系统地联系、总结,有助于学生获得整体认知,强化学习的效果,使学生在劳动观念、劳动能力、劳动习惯和品质、劳动精神等方面得到综合发展。

3. 应用范围十分广泛

奥苏伯尔认为,"讲授法从来就是任何教学法体系的核心,看来以后也有可能是这样,因为它是传授大量知识唯一可行和有效的方法"[①]。讲授法适用于不同规模的教学,尤其是人数较多的班级。讲授法也是其他教学方法的基础,许多其他教学方法都必须与讲授法结合使用,才能充分发挥其作用。另外,讲授法不必像演示法、实验法一样考虑实施成本,不太受制于硬件设施,在教学中遇到问题后教师可以随机应变,对内容和进程作出相应调整,因此,讲授法适合各个学科各种内容的教学。

（二）讲授法的不足

1. 学生学习主动性欠缺

讲授法大多是教师单向讲授,学生认真听讲或做笔记,大多处于被动接受劳动知识的状态,不恰当地使用容易使学生形成依赖心理,从而削弱学生学习的主动性、独立性和创造性,不利于学生的主动探究。

---

① 奥苏伯尔. 教育心理学:认知观点[M]. 佘星南,宋钧,译. 北京:人民教育出版社,1994:666.

2. 学生不易获得解决问题的能力

讲授法过于强调讲解，把学生所要学习的劳动知识直截了当地传递给学生。这样做自然省时省力、富有效率，但它的意义也仅仅限于那些稳定的、客观的劳动知识的传递，一旦学习目标转向能力的培养，讲授法的局限性就暴露无遗。讲授不能替代自学和练习，讲授过多，必然挤占学生自学和练习的时间，从而对教学质量产生不利影响。

3. 容易忽视学生的个体差异

在讲授过程中，学生的实践和反馈较少，因而教师不容易把握学生劳动素养的形成情况。讲授法的对象是全班所有学生，教师一般考虑的是班级多数学生的接受程度，如果在讲授过程中缺乏有效的反馈，会增加部分学生的理解难度，容易产生学习脱节、兴趣下降等现象，从而影响学生的学习效果，导致学习水平的分化。因此，讲授法很难兼顾学生之间的差异，不利于因材施教。

（三）讲授法实施中的注意事项

1. 讲授法与其他教学方法、手段相结合，综合运用

为了进一步提高劳动教育的教学效果，更好地发挥讲授法的重要作用，教师需要探索更为有效的讲授教学模式，形成"内部要素"与"外部方法"两个方面的结合。从内部要素来看，要将讲述、讲解、讲读和讲演结合起来，融会贯通地使用。只有根据学生的实际情况灵活地运用这些方式，才能发挥讲授法的长处。机械地使用这些方式中的任何一种，都可能使学生感到单调乏味。从外部方法来看，讲授法并不排除其他教学方法，在讲授的过程中，该讲授的地方讲授，该自主探究的地方就要探究，应将讲授法与导读法、对话法、讨论法、演示法等结合起来，各种教学方法相互融合。[①] 例如，教师在运用讲授法的同时，让学生在教师的示范指导下反复练习，重视学生的劳动亲身实践与体验，将学生置于真实的个人生活、生产和社会性服务情境中，亲身经历实际的劳动生产过程，把所学知识应用于解决实际问题中，能有效提高劳动教育的质量和效率。

2. 讲授法要求教师不断提高自身的综合素养

首先，教师要有正确的劳动教育理念和能力。劳动教育的本质是教育，教育目的要求将学生置于主体地位。在劳动教育教学中，无论讲授的内容是什么，教师都要考虑学生的身心特征和已有生活经验，关注学生的体验和感悟，带领学生感受劳动的艰辛和快乐，获得积极的情感体验。劳动教育教师不仅要有丰富的专业知识，还要有熟练的操作技能。其次，教师要认真备课。教师备课时要对劳动教育教学内容有透彻地了解，然后根据学生的年龄特点有针对性地备课。例如，小学低年级讲授应该重视劳动意识的建立和日常生活技能的掌握，而中、高年级讲授要重视学生劳动品质的形成和劳动精神的培养。再次，教师的讲授语言要生动活泼。语言是教

---

① 熊川武. 教学通论［M］. 北京：人民教育出版社，2010：337.

师与学生交往的中介。在讲授法中,语言更是关键。要取得好的讲授效果,教师必须具有良好的语言表达能力。最后,教师在讲授中的情感要丰富。情感可以通过语言、表情、动作传达,积极的情感输出能带给学生积极的影响,感染学生,促进学生对知识的理解和思考。

讲授法是劳动教育教学中普遍应用的一种教学方法,教师要清楚什么时候、什么内容使用讲授法,用讲授法时如何去讲,怎样与其他教学方法有机结合起来,这样才能使劳动教育达到预期效果。教师需要不断创新与探索,才能让劳动教育的种子生根发芽、开花结果,实现"以劳树德、以劳增智、以劳强体、以劳育美"。

第二节　情境教学法

增强劳动情感是劳动教育的重要目标之一,苏联著名教育家、心理学家赞科夫说,教学法一旦触及学生的情绪和意志领域,触及学生的精神需要,这种教学方法就能发挥高度有效的作用。[①]情境教学法通过创设场景、陶冶情感,引起学生的态度体验,在劳动教育教学中能更好地激发学生的劳动情感。

一、情境教学法的内涵

（一）情境教学法的概念

情境教学法从词源上看,融合了"情"和"境"的特征:情是指感情、情感,境是指场景、环境。情境区别于情景,情境不只是对具体场景的静态描述,更需身临其境或如临其境地带有感情色彩地融入。情境教学法源远流长,无论是国外苏格拉底在"助产术"中创设的问题情境、卢梭利用大自然进行情境教学、杜威在真实情境中获得直接经验等,还是我国教育典故"孟母三迁"、墨子的"素丝说"、叶圣陶先生的"作者胸有境,入境始与亲"、陶行知的生活教育观等,都包含情境教学法的理念。

关于情境教学法的概念,《教育大辞典》的表述为:"情境教学主要是教师利用真实生活情境的中介作用,把知识与生活实际联系起来,让学生把对真实生活的兴趣带到课堂中,借助情境帮助学生激发对学习的积极性。"[②]李吉林将儿童情感活动与认知活动巧妙结合,认为"所谓情境教学是把情境的生动直观与教师的语言描绘相结合,创设出典型的生活场景,激起儿童热烈的学习情绪,从而促使其主动参与教学过程的一种教学模式"[③]。概言之,情境教学法指在教学过程中需要教师根据教学内容创设特定的教学情境,在情境中促进学生情感的发展,使学生已有知识、经验与

---

①　赞科夫.教学与发展[M].杜殿坤,张世臣,俞翔辉,等译,北京:人民教育出版社,2008:103.

②　顾明远.教育大辞典[M].上海:上海教育出版社,1999:364.

③　李吉林.谈情境教育的课堂操作要义[J].教育研究,2002,23(3):68-73.

情境碰撞、联结,从而达到引发学生主动思考、积极实践的教学效果。

经过多年的研究与实践,我国教育理论领域与实践领域已将情境教学法应用到多种教育类型、教育阶段、教育学科中。实践证明,情境教学法并非固定的教学程序或环节,需要根据不同的学科性质、课程内容、教学对象等进行不同的设计与调整,在劳动教育中应该结合劳动教育目标和课程性质实施情境教学法。

(二)情境教学法的基本原则

1. 坚持生活性与体验性相结合

劳动教育强调学生要亲临劳动场域,有亲身的劳动经历、亲近劳动的情感,也就是要注重学生对劳动的"具身认知"。[①] 情境教学法在选择情境性场景时,要结合劳动教育的"实践性"特征,无论是日常生活劳动、生产劳动还是服务性劳动的场景切入,一方面要坚持生活性,根据学生的知识结构和认知范围,选择贴近生活的真实场景引入课堂,让学生身临其境地参与;另一方面要坚持体验性,选择的场景要具有可体验性,使学生与情境产生情感互动,达到情境与心智之间的有效联结,从而激发学生的劳动情感。

2. 坚持建构性与迁移性相结合

《意见》明确提出,劳动教育应牢固树立劳动最光荣、劳动最崇高、劳动最伟大、劳动最美丽的观念。通过情境教学法,教师应使学生在具体情境中打破原有的对劳动的认知结构,不仅要通过情境体验建构新的认知结构,也要将其迁移至家庭、学校、社会、国家等各层面劳动意义的建构以及劳动文化的适应上。

3. 坚持综合性与创造性相结合

劳动教育的首要前提在于把握育人导向,通过劳动教育实现树德、增智、强体、育美的综合育人价值,因此情境教学法在实现目标上要坚持综合性与创造性相结合。所谓综合性,指通过情境将劳动教育与德育、智育、体育、美育相融合,综合家庭、学校、社会各方面,从而提升学生的综合素质,促进学生全面发展、健康成长;所谓创造性,即通过画面、实物、音乐、语言等多种情境"晓之以理,动之以情",潜移默化地启迪学生用劳动创造生活的创造性思维,激发学生通过劳动报效祖国、奉献社会的家国情怀。

二、情境教学法的实施与应用

情境教学法相比以"知识传递"为目的的教学方法,有其基本的教学步骤,教师精心创设情境,使学生主动进行意义建构、情感联结、有效迁移等。

(一)情境教学法的基本步骤

1. 准备阶段——创设情境

在情境教学的准备阶段,教师要分析如何创设情境,结合具体教学内容和学生

---

① 曾天山,顾建军.劳动教育论[M].北京:教育科学出版社,2020:229.

进行分析：一方面需要结合教学内容分析教学目标，思考学生在劳动知识、劳动能力、劳动情感态度与价值观等层面要达到的具体目标，确定情境内容的选择；另一方面需要结合学生的年龄特征和原有相关劳动知识的结构情况，确定情境形式的选择。

2. 引导阶段——提出问题

情境教学的引导阶段，教师结合情境提出问题引发学生思考，起"抛锚"作用。情境教学法的关键特征在于创设激发学生情感的场景，达到使学生进行知识建构、情感联结、有效迁移的作用，因此问题的提出要从简单到复杂、从表象到深层、由浅入深地加深学生对劳动精神的感悟。

3. 演练阶段——解决问题

教师创设情境、提出问题后，学生着力解决问题，进行思考，产生情感共鸣，完成建构与迁移。在解决问题的过程中，教师可以根据具体教学目标和学生的思维进展情况引导学生采用不同的问题解决方式，如独立思考并回答问题、同桌讨论并回答问题、小组讨论并回答问题等。针对学生之间、小组之间不同观点的交锋，教师应适时地补充、修正，深化学生对各个问题的理解。

4. 总结阶段——效果评估

学生解决问题后并不意味着课堂情境教学的终结，最后还要进入总结阶段，需要对教学过程及教学效果进行评估。评估可以分为教师评估和学生评估。教师评估既要在课堂上观察并记录学生各方面的表现，如对场景的理解、观点的表达、态度的转变等，也要在课后对情境教学的整体实施情况作综合判断与分析。学生评估可以结合学生自评和小组互评，从学生对自我以及他人的评价中分析情境教学的效果。

（二）情境教学法案例及分析

案例

教室环境共维护 ①

1. 准备阶段——创设情境

（1）了解本课的教学目标

第一，认识维护教室环境的价值和意义。

第二，懂得维护教室环境的标准和方法。

第三，树立维护公共环境卫生的精神和意识。

（2）学情分析

分析学生对维护教室环境、公共环境卫生等知识的学习情况，并结合此阶段

---

① 本案例选自：姚俊．劳动教育：三年级下册［M］．北京：中国大百科全书出版社，2020：58-68.

学生的身心发展特点及劳动实践经验,为情境的选择提供依据。

（3）情境选择

语言描述情境:关于劳动光荣的古诗词、名人名言等。

音乐渲染情境:歌曲《爱的奉献》。

图片演示情境:各种场景中的环卫工人通过劳动创造公共卫生环境美的图片。

视频演示情境:选取一个教室环境过程性转变的视频,从教室环境"脏、乱、差",到班集体共同参与教室环境维护的整个过程,再到教室环境呈现"净、齐、美"。

2. 引导阶段——提出问题

（1）教师通过语言描述情境。引导学生集思广益,收集关于劳动的古诗词、名人名言等,再以文字形式的 PPT 展现,让学生大声朗读出来。

（2）教师通过图片演示情境。演示校园里、马路边、商场里等身边熟悉场景中的环卫工人通过劳动创造公共卫生环境美;在演示图片的同时,播放歌曲《爱的奉献》,并导出问题 1 和问题 2。

问题 1:公共环境卫生需要靠谁来奉献爱? 教室环境卫生又需要靠谁来奉献爱?

问题 2:美好的公共环境的标准有哪些?

（3）教师通过视频演示情境。播放教室环境通过班集体的共同维护从"脏乱差"转变为"净、齐、美"的视频,并导出问题 3。

问题 3:假如让你担任某社区的志愿者,你打算怎样用维护教室环境的方法维护社区公共环境卫生?

3. 演练阶段——解决问题

（1）对于问题 1,学生独立思考后进行回答。

（2）对于问题 2,学生完成小组讨论后,进行观点陈述。

（3）对于问题 3,学生完成小组讨论后,以案例的形式展开论述与分析。

4. 总结阶段——效果评估

（1）学生完成个人评估表和小组互评表。其中,个人评估表体现情境教学过程中个人在知识习得、情感态度与价值观等方面的成长情况,小组互评表是本小组对其他组在观点表述、展示成效、情感激发等方面表现情况的评价。

（2）教师完成课堂表现记录表和课后总结。其中,课堂表现记录表主要观察学生个人及小组在情境教学各个环节的表现及变化,课后总结表主要对情境教学整个环节进行综合分析、提出改善举措等。

学生个人
评估表（参考）

案例分析

　　从该案例的教学目标看,教师由浅入深地引导学生认识维护教室环境的价值和意义,懂得维护教室环境的标准和方法,树立维护公共环境卫生的精神和意识等。选取情境时,教师结合学生的背景、经历及身心特征,主要选择身边环卫工人的劳动作为情境教学的感性导入;再进行小组讨论,分析总结良好公共环境的标准;最后通过教室环境共建的情境体验,引导学生提出社区公共卫生的维护策略。教师抛出的三个问题,也是从感性到理性的层层递进。

　　从该案例的情境形式看,教师主要采用语言描述、音乐渲染、图片演示、视频演示等情境形式,学生通过熟悉的音乐、诗词名言、生活场景等,激发情感并通过对问题的个人思考、小组讨论、教师引导,最终达到有效的意义建构和情感联结。

　　从该案例师生对教学过程的评价看,师生通过学生自评、小组互评、教师对学生的课堂表现评价、教学总结评价等,多角度地对整个情境教学过程进行综合性评价。

三、情境教学法的总结与反思

　　情境教学法运用于劳动教育教学中存在诸多优势,同时也因其需要特定教学条件支撑而存在不足。教师在劳动教育教学中选用情境教学法需要对各方面教学条件进行充分分析。

(一)情境教学法的优势

1. 有利于课堂氛围的营造

　　课堂氛围的营造对课堂教学效果的实现至关重要,良好的课堂氛围可以有效地调动学生的主动性和积极性,有利于教学目标的顺利实现。劳动教育本身就具有较强的实践性和体验性,运用情境教学法,采用丰富多彩的图片、音乐、视频等情境导入,不仅可以调动学生的学习活跃度,还能使学生对教学内容产生极大的兴趣,这对课堂氛围的营造大有益处。

2. 有利于学生情感态度与价值观的确立

　　劳动教育既要培育学生积极的劳动精神,也要引导学生通过对劳动的认识增强社会责任感,从而使学生确立对劳动正向的情感态度与价值观。情境教学法通过运用情境使学生产生情感共鸣,从而达到对劳动认知的重新建构,并将其迁移至劳动文化的适应上。

3. 有利于师生共同成长

　　教学的最佳效果是达到教学相长,教师在传道、授业、解惑的过程中,自身也要不断成长。在情境教学过程中,在学生个人展示、小组讨论的过程中,教师也会同时产生思考;教师对学生启发、引导的过程,也是与学生进行思维碰撞的过程;在学生拓展思路、开阔视野的同时,教师也在进行教学反思,积累教学经验。教师和学生在此过程中得以共同成长。

(二)情境教学法的不足

1. 忽视学生系统的理论知识的掌握

情境教学法主要通过各种方式的情境呈现促进学生的认知重构,学生在师生互动中习得知识、产生感悟。相比传统的讲授法,在劳动教育教学中运用情境教学法易忽视对劳动知识进行系统的讲授,在不同情境中通过不同感官收获的知识是零散、不成体系的,不利于学生对理论知识的系统理解和掌握。

2. 学生缺乏参与劳动的实践体验

情境教学法导入时的图片、视频、表演等场景尽管贴近现实生活,但毕竟不是真正现实生活中的场景。劳动本身是具有实践性的活动,劳动教育离不开学生的具身体验,而情境教学法并没有真正让学生参与劳动实践或活动,这样,学生无法切身体验到劳动的艰辛及其带来的幸福感,无法做到"知行合一"。

(三)情境教学法实施中的注意事项

1. 备课工作要充分而全面

情境教学进行得顺利与否与教师是否做好备课有重要联系。教师选用情境教学法时,一方面要结合劳动教育教学目标,另一方面要了解学生已有的知识、经历、经验等。情境内容和方式的选择,既要符合学生身心发展特点,也要考虑教师教学的现有条件、设备等。同时,因教学过程中师生进行思维碰撞、知识迁移时涉及的知识面较广,教师也要结合教材内容,查阅资料,积累尽可能多的相关劳动教育知识点、实践技巧等。

2. 情境导入要情深而意远

随着经济的发展、社会的进步、生活质量的提高,当代学生对"劳动"二字的感受不深,缺乏对劳动的实践参与。因此,在进行情境教学时,情境导入要做到情深而意远。"情深"即要激起学生的真情实感,因此情境导入方式要形象化、生动化、生活化;"意远"即情境广阔、深远,由日常劳动生活场景感受上升至对社会劳动文化的适应、对国家劳动制度的理解等。

3. 教师引导要及时而到位

在情境教学中,学生完成对情境意义的建构、迁移,离不开教师的有效引导。导入情境后,教师并不直接告诉学生应当如何去解决问题,而是向学生提供解决问题的思路与线索,教师的引导应及时、到位。所谓"及时",就是教师要在学生对问题的解决感到迷茫、失去方向或者观点发生偏移时,及时地纠正或补充;所谓"到位",就是在学生回答问题后,教师对其观点进行补充或点评时,需恰如其分地引导学生进行自我构建、情感联结,充分调动学生的学习主动性和自主性。

第三节 项目教学法

项目教学法萌芽于欧洲的劳动教育思想中,其雏形是 18 世纪欧洲的工读教育和 19 世纪美国的合作教育,发展到 20 世纪中后期逐渐趋于完善,并成为一种重要的理论思潮。如今,项目教学法已经广泛应用到劳动教育当中,并具有独特的价值与意义。

一、项目教学法的内涵

(一)项目教学法的概念

项目教学法普遍的译法为 project-based approach,简称 PBA,该教学法最初在我国职业教育领域盛行。关于项目教学法的定义目前尚未有统一定论。在国外,项目教学是指教师将授课内容融合在某个项目中,教师作为学生学习过程中的辅助者,引导学生组织、实施、完成项目。学生在实施项目的过程中自己学习、自己探索、发现并解决问题。最后,学生完成项目,教师也一并完成教学过程。项目教学旨在锻炼学生自己通过项目的完成获得知识的意义建构。在国内,教育学者黎加厚认为,项目教学是从研究的课程的概念和原理、学生的学习出发,让学生来参加一个教育项目的研究,并解决问题,建立自己的知识体系,在现实生活中也可以运用这些知识与技能来解决相关问题。[①]另一位教育学者刘延申认为,项目教学是指学生进行自主学习,自己通过调查,寻找途径查询相关资料、查阅文献、筛选信息,分析收集到的信息,并展开研究等。在学习和研究的过程中,学生自己发现并解决问题;完成项目之后,学生要在课堂上介绍自己的研究项目、研究过程以及遇到的难题,项目小组互相评价,互相交流,锻炼学生的表达能力,也要求学生能将学到的知识与技能与现实生活相联系,进而提高学生的综合素质。[②]

综合国内外关于项目教学的分析,我们可以总结出,项目教学法一种是以项目为主线、教师为引导、学生为主体的教学方法,在教学过程中师生以实际的教学项目作为对象,教师对项目进行分解和示范,在教师的指导下,学生围绕项目进行分组、协作、讨论,共同完成学习任务。教师在整个项目教学中扮演监督者和辅助者的角色,将课堂还给学生,必要时给学生提供一定的指引和帮助;学生在完成项目的过程中需要汇集小组的力量,遇到问题时进行讨论、思考和探索,借助相关的资源及时解决问题,培养解决实际问题的综合能力。

---

① 赵胜楠."项目式学习"设计与实施[J].课程教育研究,2018(46):21.
② 胡佳怡.项目式学习中"教"与"学"的本质[J].基础教育参考,2019(2):7—10.

（二）项目教学法的基本原则

1. 以项目为中心

"项目"是项目教学法开展的核心和主线,教学项目应根据课程标准,把握教学目标,围绕教学内容来设计。教师将课堂教学内容分解成众多具有可操作性的项目,学生在教师的指导下完成项目中的任务,并在项目活动开展过程中完成知识的自我建构。同时,教师在运用项目教学法开展教学时,项目的设计要取材于学生的生活,符合社会实际,要以怎样达到教学目标为基准,好的项目能够指导学生解决实际中的问题,而不仅仅是停留在书本上。项目作为教学活动的主线,在整个教学活动中处于核心地位,关系到教学内容的展开,承担着实现教学目标的任务。[①]

2. 教师引导

在项目教学中,教师处于引导地位,成为学生项目活动过程中的引路人,使学生实现知识的自主构建。传授学科性知识不再是教学的唯一目的,教师要设计项目,为学生构建学习资源,创建合作学习的环境,使学生具备解决问题的能力。在项目教学中,教师要引导学生学习,使用资源,这要求教师事先精通这些内容,填补自己知识结构的空缺。在项目教学中,教师需要进行过程组织与管理,为学生创设协作的氛围,鼓励学生积极思考,参与讨论交流,学会表达,充分发挥主观能动性和运用创新思维。

3. 以学生为主体

随着项目教学中教师地位的改变,学生的角色也发生了改变,从传统的知识的被动接受者转变为项目活动的主体。在项目教学中,学生要经历收集信息、制订计划、设计方案、实施项目、评价反思等环节,这些学习活动需要学生自己完成,教师只是活动开展的组织者和指导者,学生既要了解整体,又要清楚各个环节,他们在活动中发挥自己的特长和能力,完全自主地建构知识,形成团队协作精神,真正成为项目教学活动中完全意义上的主体。[②]

4. 小组合作

项目教学主要通过小组分工合作的方式进行,一方面是因为每个项目都涉及各方面的知识和技能,一个完整的项目无法全部靠单个学生独立完成;另一方面,项目教学可以锻炼学生与他人合作的能力,这对个人今后的职业生涯发展是非常重要的。因此,教师在进行小组分工时,要充分了解每个学生的特点和能力,以此为根据

---

① 王浩.项目教学法在小学科学课程教学中的应用研究:以新人教版六年级《环境与我们》单元为例 [D].银川:宁夏大学,2014.
② 王浩.项目教学法在小学科学课程教学中的应用研究:以新人教版六年级《环境与我们》单元为例 [D].银川:宁夏大学,2014.

进行分工。[①]需要注意的是,在不同的项目教学中,教师对学生的分工也要有所区别,以保证每个学生在不同的任务中获得不同的知识和能力。

二、项目教学法的实施与应用

在劳动教育中,项目教学法是根据劳动课程的特点,结合项目教学法的一般流程进行教学的一种教学方法,主要包括确定目标、选择项目、制订计划、实施项目、展示成果与评价总结六个步骤。

(一)项目教学法的基本步骤

1. 确定目标

在设计劳动教育项目时,教师必须根据劳动课程标准和课程目标,明确学生在完成这个项目之后能够获得哪些劳动知识和劳动技能,为学生制订合适的学习目标。

2. 选择项目

在项目教学法中,选择一个合适的项目非常重要,它是决定该教学法能否顺利实施的关键步骤。因此,在选择劳动教育项目时,教师应当综合考虑各方面的因素:第一,根据劳动教育的目的、内容、条件等实际情况进行选择,实现劳动教育理论与实践相结合,促进学生掌握知识与技能;第二,考虑学生的认知水平和身心发展水平,劳动教育项目难度要适中,既要让学生有兴趣去解决问题,又要有适当的发展空间,让学生的能力得到提高[②];第三,选择学生实际生活中经常接触到的劳动教育项目,这样既容易引起学生的兴趣,同时也能够提高学生的能力。[③]

3. 制订计划

在确定项目之后,教师要指导和帮助学生制订实施劳动教育项目的计划,并进行项目计划的详细讲解,包括时间安排与活动安排。

4. 实施项目

项目实施是项目教学的关键,学生大部分的知识和技能是在这个阶段获得的。在这个阶段,一方面,学生要按照制订的项目计划以小组合作的方式展开活动,分工明确;另一方面,学生根据自己的设计和创意,运用已有知识实施项目。在此过程中,教师还要与学生一起分析、研究实施过程中遇到的难题和出现的矛盾,为学生提供可供参考的问题解决方案,从而保证项目的顺利完成。

---

① 朱志莲. 项目教学法在中职机电一体化专业教学中的探索与实践:以《单片机应用技术》为例[D]. 苏州:苏州大学,2020.

② 朱志莲. 项目教学法在中职机电一体化专业教学中的探索与实践:以《单片机应用技术》为例[D]. 苏州:苏州大学,2020:6.

③ 罗琼妹. 项目教学法在初中《信息技术》课程中的教学设计与实践研究[D]. 武汉:华中师范大学,2020:5.

5. 展示成果

项目完成之后,学生开始展示各自的作品,并进行劳动成果汇报,汇报内容包括项目成果,在活动过程中遇到的问题、困难及解决办法,收获与感受,活动小结等。汇报形式灵活多样,可以是书面文字的形式,也可以用多媒体形式讲解汇报或进行作品展示等。

6. 评价总结

一般在完成项目汇报以后,由教师、项目小组及学生代表共同进行评价,评价内容包括:一是项目成果评价,如计划的合理性、项目完成情况及作品的质量等;二是对学生在项目活动中表现情况的评价,如小组合作参与意识、创新性,是否听取他人意见等。

(二)项目教学法案例及分析

案例

客厅清洁小能手 [①]

导入语:客厅是我们招待客人的地方,也是我们经常活动的地方。当我们放学回家后,最想做的事情就是一头倒在沙发上。今天,我们要分组到 ×× 小区几位老人家里,帮助他们打扫客厅。让我们一起动手,为他们营造一个舒适的客厅环境吧。

1. 确定目标

掌握扫地、拖地和擦窗户的方法,能够熟练快速地清扫地面和擦窗户,营造一个干净舒适的客厅环境。

2. 选择项目

本次劳动项目选择"客厅清洁小能手",并把这个项目分为三个子项目,分别是扫地、拖地和擦窗户,最终实现客厅干净整洁。首先,在我们的生活中,打扫客厅是最基本的家务,也是小学生应该掌握的基本技能。对于三年级的学生而言,扫地、拖地、擦窗户难度不大,符合三年级学生的身心发展水平。其中,对玻璃污渍有一些清洗小妙招,需要学生之间交流探讨,或向有经验的成人主动请教,这对三年级学生来说有点难度,有一定的提高空间。

3. 制订计划

(1)分小组:首先,教师对班级学生进行分组。教师要了解每个学生的能力水平,指导学生选出能力比较强的学生作为组长,再将其他学生合理分配到各个小组中,确保小组之间水平相差不大。

(2)确定活动的具体任务:确定具体的分组以后,师生共同拟出劳动教育项目内容,并明确各小组中的人员分工(见表 7-3-1)。

---

① 本案例选自华东师大版中小学劳动教育教材《劳动教育》(三年级),有改动。

表 7-3-1　客厅清洁任务单

项目名称	任务划分	组长人数	选用工具	劳动方法及过程
清扫客厅	任务一：扫地	1人	扫帚、簸箕、吸尘器	➤ 大理石地板、瓷砖地板可以选择猪鬃扫帚，扫地时动作要稳，用力要匀 ➤ 木地板、毛毯可以使用吸尘器，按地板纹路或者毛毯的顺毛方向移动吸尘器
	任务二：拖地	1人	拖把	➤ 将拖把润湿，使拖把吸附大量的水分 ➤ 把拖把清洗干净，再将拖把上的水甩干 ➤ 用拧干后的拖把拖地板，将地板表面的污渍反复拖干净
	任务三：擦窗户	2人	报纸、抹布、刮水器	➤ 准备一盆清水、抹布、报纸、刮刀 ➤ 把抹布放在清水里洗一下，然后将窗户擦一遍 ➤ 用报纸擦一遍窗户 ➤ 用洗干净的抹布再擦一遍窗户 ➤ 用刮水器把窗户上多余的水渍刮掉

4. 实施项目

（1）项目导入阶段。教师利用多媒体教学设备，通过视频或者图片的形式向学生展示日常生活中的家务劳动场景，引导学生思考，生活中与自己息息相关的居住环境应该怎样进行清洁。教师在学生积极参与的过程中，引出本次的劳动项目"客厅清洁小能手"。

（2）知识讲解阶段。教师利用图片、视频、亲身示范等方法详细讲解扫地、拖地和擦窗户的操作要点、工具的使用方法以及注意事项，使学生掌握必要的劳动技能。

（3）各小组开展劳动阶段。教师讲解完操作要点之后，布置劳动作业：以小组为单位，到各位老人家里完成"打扫客厅"的任务。根据分工，每位同学选择合适的工具，按照任务单扫地、拖地和擦窗户，在劳动过程中提高动手能力、思考能力和解决问题的能力。

（4）在扫地、拖地和擦窗户的过程中，如果遇到难题，比如"窗户上的污渍很难清理"，教师可以引导学生探究解决问题的方案，在问题解决以后，还要让学生进行反思，以此不断提升学生的劳动实践能力。

5. 展示成果

项目完成后,各小组组长汇总小组成员劳动过程中的照片,做成成果汇报PPT或者印制成册,作为劳动项目的成果进行展示,由小组成员介绍项目实施过程中的目标、内容、方法以及问题、体会、收获。

6. 评价总结

项目完成后,师生通过学生自评(表7-3-2)、小组评价(表7-3-3)、教师评价(表7-3-4)三种评价方式对项目成果进行评价,整个评价过程由教师和学生一起完成。

表 7-3-2　学生对项目活动的自评

评定内容	符合	基本符合	不符合
能够很好地完成组长分配的任务			
能够与其他成员一起配合解决问题			
在劳动过程中能够积极参与			
自己对项目的顺利完成起到了必不可少的作用			
在完成项目的过程中,自己有哪些优点和缺点			

表 7-3-3　小组成员对项目活动的互评

评定内容	符合	基本符合	不符合
能够按照教师的要求完成任务			
所在小组能相互配合完成任务			
小组分工明确,合作融洽			
小组意见与建议			
认为组内表现最好的人是谁?（请说明理由）			

表 7-3-4　教师对各小组的评价

评定内容	打分	备注
设计方案的合理性（10分）		
小组成员的劳动态度（20分）		
小组之间的合作情况（20分）		
对相关知识的应用程度（20分）		
项目的完成情况（20分）		
小组的成果展示与总结情况（10分）		

案例分析

　　从该案例的教学目标看,教师结合学生的知识能力背景以及身心发展特点,采用图片、视频、亲身示范等方式导入教学,逐步引导学生掌握扫地、拖地和擦窗户的操作要点,最后让学生亲身体验劳动。教学由浅入深、由课堂到课外,动静交替、理实结合。

　　从该案例的项目实施看,教师主要采用小组合作、探究讨论等方式,引导学生团结协作、解决问题,最终使整个项目顺利实施。

　　从该案例的评估方式看,采用学生自评、小组互评和教师评价等多元评价方式,全方位、多角度地对学生在项目教学法中的劳动进行综合评价。

三、项目教学法的总结与反思

（一）项目教学法的优势

1. 促进知识向能力的转化

　　项目教学法要求学生能在解决实际问题或完成具体任务的过程中进行学习,知识对学生来说是一种工具。在这样的学习过程中,师生之间、学生之间的互动更为频繁,学生获取的新知识和新技能也能在实践中得到充分的检验,学生时常感受到成功的喜悦,学习积极性和主动性得到充分发挥,从而激起学习兴趣,提高自主学习的能力。

2. 促进学生创造潜能的发挥

　　在项目教学法中,教师通过项目引导学生对现实生活中的问题进行深入学习,它没有特定的结构或一成不变的教案或教学材料,是一个复杂但灵活的框架,这就摆脱了传统教育较为单一的教学模式,以及唯一的标准答案对学生创造思维的束缚。教师在实施项目教学法时,还可以充分利用生成性教学资源,适时引导学生寻找解决问题的办法,深入挖掘学生的创造潜能。

3. 促进学生综合能力的提高

　　项目教学法强调学生在活动过程中获取知识,这就使得学生获取的知识,特别是专业知识必然是与实践紧密联系的。此外,学生在完成项目的过程中,也会遇到很多实际的问题和困难。通过教师的引导和点拨,学生理解和把握课程要求掌握的知识和技能,体验创新的艰辛与乐趣,这就使学生的动手能力、分析能力、合作能力、解决问题能力得到了充分锻炼和提高,同时,项目实施的过程能给学生提供一种模拟仿真环境,这样的环境有利于学生尽早熟悉职业岗位要求,有利于学生专业素养的提升。

（二）项目教学法的不足

1. 学生获取知识的系统性不够

　　与传统学科体系为主的教学相比,项目教学法淡化了理论知识学习的系统性,学生在项目活动中获得的知识往往是零散的,专业知识学习的深入程度不够,如果学生的学习能力不足,那么学生的可持续发展将无法得到保证。

2. 课堂组织、管理的难度增加

如前所述,项目教学法没有特定的结构或一成不变的教案及教学材料,它虽给学生提供了创造的空间,但也给教师带来了课堂组织、管理的难题。与传统教学法不同,在项目教学法中,教师已不再是课堂的权威,而是学生学习的引导者,这一角色的转换,使教师难以把握课堂纪律:管得太多,不利于学生开展活动;管得太少,又会对学生放任自流,甚至影响项目任务的完成。

(三)项目教学法实施中的注意事项

1. 选择的项目要有一定的实用价值

在项目教学法中,选择一个合适的项目非常重要。教师要根据具体的教学目标,是掌握新知识、新技能,还是复习旧知识来确立最合适的项目。

2. 教师的指导要以引导、启发为主

如果学生在完成项目的过程中遇到困难,教师要及时给予指导。针对不同层次的学生,教师指导的深度要有所不同。项目教学的根本宗旨是让学生自己获得知识、掌握技能。因此,教师一定要把握好指导的尺度。对于学生遇到的问题,教师不应该直接告诉学生解决方法,而应该引导、启发学生自主地解决问题。这种非正面、不全面的提示性指导不但可以增加学生问题解决的成就感,还能培养学生的创新能力。

3. 教师要进行适当的拓展和延伸

在项目实施过程中,教师应该结合学生遇到的问题,指导学生对项目进行拓展和延伸,针对学生以后可能遇到的类似问题,提出多种假设,将表面问题深入化、将简单问题复杂化,引导学生思考解决方案。这样就更利于学生解决实际问题。

4. 适时总结,共同提高

项目完成后,教师及时进行总结也相当重要。总结包括思路总结和技巧总结。思路总结可以帮助学生明晰项目完成的最佳思考方法,找到自己理论上的不足。技巧总结应该多途径解决操作过程中出现的问题,每一种方法不管难易都应该展示给学生,再由教师与学生共同评价各种方法的优缺点及适用范围。这样,学生可以学到更多的操作技巧,全面吸收整个项目活动的精髓。

第四节 行动导向教学法

劳动教育强调通过具体的"劳动"对学生进行教育,行动导向教学法突出实践能力的培养,倡导构建真实的劳动场域,在劳动教育中使用行动导向教学法,有利于更好地实现劳动教育目标。

一、行动导向教学法的内涵

（一）行动导向教学法的概念

行动导向，又称为行为导向或实践导向，是 20 世纪 80 年代德国职业教育界形成和发展的教学理念、教学模式及方法。行动导向教学的出发点和目标是"关键能力"的培养。"关键能力"概念是 20 世纪 70 年代由德国职业教育界提出的，可以理解为一种跨专业的知识、技能和能力，即职业行动能力。比如现代技术工人，除了具备职业专业能力外，还应该具备学习能力、解决问题的能力、计划和决策能力、团队工作能力、与人交往和合作能力，以及正确的价值观念、饱满的工作热情、严谨的工作态度等，这些跨专业的能力和职业专业能力一起构成综合职业能力。

行动导向教学通过教学模式和方法的改变来实现专业内容教学过程中"关键能力"诸要素的培养。关键能力不能通过传统的、学科式的显性课程和传授式教学来实现，而是学生在专业内容学习中"行动导向"地——在"做"的过程中习得的。[①] 从关键能力的组成要素来看，它包括有关知识、技能、行为态度和职业经验成分等；从能力涉及的内容范围来看，关键能力可分为方法能力、社会能力和个性能力。

行动导向教学法在宏观层面上是一种教学设计理念，以关键能力的培养为目标。在微观层面上，行动导向教学法是培养关键能力的教学方法的统称，可以定义为：以学生为中心，以培养学生行为能力为目标，在教师的行为引导下，通过多种不定型的活动形式，激发学生的学习热忱和兴趣，使学生主动地使用脑、心、手进行学习的教学方法。行动导向教学经典的方法有案例教学法、模拟教学法和角色扮演法等，行动导向教学创新的方法有大脑风暴法、探究学习法、实验教学法、探究学习法等。

（二）行动导向教学法的基本原则

1. 学习理解过程中的行动优先

学生在完成具体任务的过程中，通过实际的"做"来学习，即通过"行动"来获得发展，强调在"做"的过程中的学习和反思。

2. 教学过程中的学生中心

行动导向教学法将学生看作积极的行动者，提倡学生对学习过程的自我控制，教师转变为指导者。教师为学生创造尽可能大的决策和行动空间，以使其有更好的发展可能。所以学生的自主活动是一个重要特征。

3. 行动与学习以及兴趣相关

行动导向教学法关注学生的兴趣和需求，学生身心全部投入，手脑结合。这基

---

① 徐朔.论"行动导向教学"的内涵和原则[J].职教论坛,2007(20):4-7.

于以下理念：与学生的认知世界结合得越紧密，则他们越能将自己的个人经验和评价结合进学习过程；在学习上给予学生自行决定或参与决定的机会越大，则学生的动机水平越高。①

4. 完整性学习

学习任务应尽可能完整，所反映的工作过程应该清晰、透明。行动导向教学法将传统劳动活动中分离的计划、实施、评价结合起来进行教学，学生的学习包含完整的职业工作过程。行动导向教学法消除学科界限和专业分割，提倡完整的与客观职业活动相近的学习过程。

5. 社会和合作式教学组织

合作学习可以促进学生完整建立自身的知识结构，培养社会合作能力。行动导向教学法提倡创设尽可能大的合作学习空间，学习任务应能促进学生交流与合作。学生和教师以团队形式共同解决提出的问题。

6. 反思

反思性的学习强调在做的过程中思考、总结经验。学生通过回顾完成学习任务的过程，对当时的感受、思考和行动进行整理，从而积累经验，发展自己的实践能力。

二、行动导向教学法的实施与应用

（一）行动导向教学法的基本步骤

行动导向教学法虽然没有一个完整、统一的教学过程的展开或者教学环节的组成体系，但其组织过程主要包含四个要素：由谁来执行这项行为，即"学习的主体"是谁；达到目标的"实际行为"是什么；行为完成的"相关条件"有哪些；评定行为成功的"标准"是什么。行动导向教学法的基本步骤如下：

1. 选择真实的问题情境，确定作业要求

在劳动课程的导入阶段，教师将学生的注意力引导到真实的问题情境中，让学生看到问题，设置目标，找出答案，清晰地掌握作业要求。

2. 收集信息，设计解决方案

在课堂中，教师和学生一起收集与问题相关的信息，解决问题。学生在过程中不断地展示、示范，教师引导学生提问：我们应该做什么？我们应该怎么做？为什么我们应该这样做？师生共同设计解决问题的方案。

3. 实施方案，解决问题

教师提出学习任务，每个学生根据小组或者个人收集到的信息，实施劳动方案，教师仔细观察并且进行必要的补充，每个学生要尽可能地参与各个环节。

---

① 徐朔. 论关键能力和行动导向教学：概念发展、理论基础与教学原则[J]. 职业技术教育, 2006（28）：11-14.

4. 对比并评价结果

每个学生尽可能独立地获得个人的学习成果,并且通过正确的结果巩固学习成果。所以教师不仅要展示或让学生展示正确的行为结果以及工作结果,还要让学生展示正确的行为及工作进程。

(二)行动导向教学法案例及分析

本案例取自浙江某小学开展的劳动教育实践项目——洒扫,授课对象是一年级小学生。

案例

洒 扫

1. 选择真实的问题情境,确定作业的要求

教室是学生学习、生活的场所,是"课堂"所在地,也是吃饭的"食堂",夏天午睡的"寝室"。这么多功能集于一体,所以定期清扫教室是必要的。

一群刚从幼儿园升入小学的学生,学会自己的事情自己做非常重要,如何从一年级开始培养小学生认真洒扫的劳动习惯,让他们形成劳动意识呢?如何让一年级学生正确使用劳动工具进行洒扫呢?

2. 收集信息,设计解决方案

对一年级学生来说,学校的一切都是那么新鲜与陌生,所以一切要从头学起,包括认识劳动工具等。

(1)认识劳动工具

教师逐一出示扫把、拖把、抹布等劳动工具,说明它们的用途和功能。

(2)明确洒扫要求

教师在洒扫前先向学生说明洒扫的项目、要求(表7-4-1),这样教师的指导才有方向。

表 7-4-1 洒扫的项目、要求

序号	劳动项目	劳动要求	备注
1	教室地面及走廊	清洁、无纸屑、垃圾、积水	
2	桌椅排列、桌面及课桌抽屉内摆放	整齐整洁	
3	讲台、黑板、粉笔盒	清洁、整齐、无堆放杂物	
4	窗台、教室墙面瓷砖	干净、无灰尘	
5	卫生死角	无堆积垃圾、整洁	
6	卫生工具	清洗干净、摆放整齐	

(3)教师现场示范

教师示范正确的洒扫方法,让学生根据洒扫步骤轮流"展示"。教师按照学生

掌握的情况进行分组,充分发挥每个学生的优势,培养学生洒扫的信心和鼓足劲儿做事的态度。

（4）安排洒扫值日

教师要培养学生认真洒扫的劳动习惯,帮助学生树立劳动服务意识,合理安排学生每天开展洒扫劳动,并及时检查。班级制订洒扫值日表,根据要求落实到位。

3. 实施方案,解决问题

（1）正确使用工具

扫把:手握扫把,弯腰,从教室的前面或者后面开始,眼睛要找准有垃圾的地方,向着一个方向把角落里的垃圾和桌椅下的垃圾扫出来。

拖把:拖把在使用之前要彻底冲洗,拖地面时不要让灰尘扬起来,以免污染环境。

抹布:抹布在使用之前要搓洗干净,用干净的抹布把窗台和桌面上的灰尘或者污垢抹干净。

（2）认真进行洒扫实践

在学生洒扫的过程中,教师手把手地纠正学生做得不正确的地方。

为了培养学生的劳动习惯和强烈的责任意识,班级应制订一张值日表,请学生劳动后自觉地在自己的名字后面打个钩,一天两次。完成任务,就可以得到一颗"五角星"。每十颗"五角星"换取一个"小奖章"。一个月后,教师对表现出色的学生进行适当奖励,在这样的激励机制下学生的洒扫好习惯渐渐地养成。在洒扫劳动中,学生获得独立和自信,学会尊重劳动和劳动者。

4. 对比并评价结果

倡导默默奉献的劳动精神,对洒扫特别认真的学生予以表扬,充分发挥榜样示范作用。学校定期检查卫生,对班级做得不到位的地方予以反馈。为培养学生洒扫的责任心,班级设计了洒扫评价表（表7-4-2）督促学生完成洒扫工作。这种及时、公平、公开的评价,使学生的成就感和自豪感油然而生。

表 7-4-2　洒扫评价表

序号	劳动项目	自评	互评	学校检查评分
1	教室地面、走廊等			
2	桌椅、抽屉等			
3	讲台、黑板等			
4	门窗、瓷砖等			
5	卫生死角等			
6	卫生工具等			

案例分析

　　新时代的劳动教育强调通过具体的劳动对学生进行教育,强调让学生做中学,通过生产劳动实践锻炼眼、耳、口、手等,促进学生"知、情、意、行"的发展。劳动教育项目的选择要符合学情,"洒扫"项目与学生的需求和兴趣相关度较高,每个学生都可以参与,学生之间还可以分组合作,因此该项目成为小学低年级日常劳动教育的主要内容之一,对培养学生的劳动习惯和劳动精神有较强的实践操作意义。

　　行动导向教学法强调教学过程以学生为中心,在"洒扫"项目中,学生学会了正确使用扫把,打扫桌椅底下和角落里的细小垃圾;能用干净的拖把把地面上的脏污彻底拖干净,知道用去污用品来去除顽固污渍;能用抹布把教室门、布告栏、瓷砖等擦干净。该项目的教学过程体现了以学生中心,在教学过程中强调"做中学",并开展评价,是一个完整的教学过程。

　　劳动教育的教学过程要注重目标导向,"洒扫"项目能使学生体会洒扫的辛苦,形成良好的劳动观念;培养学生自主解决问题的能力,以及合作意识和助人行为,培养其班集体意识。通过洒扫实践,学生学会了使用拖把、扫把等劳动工具来打扫卫生,养成了一日两次认真洒扫的劳动习惯和品质。

三、行动导向教学法的总结与反思

(一)行动导向教学法的优势

1. 能够让学生获得充分体验

　　劳动教育的突出特点是劳动者直接参与劳动,行动导向教学法侧重"做",能够让学生的眼、耳、口、鼻、手等感官获得充分体验,让学生在劳动中获得发展,从而较好地实现劳动教育目的。

　　2. 能够让学生更好地知行合一

　　行动导向教学法首选客观的实践情境和真实事件,追求的不是课堂的"精彩",而是学生的知行合一,教师注重引导学生在实际行动中体验,有助于学生养成良好的劳动习惯和品质。

　　3. 为劳动教育提供了一个有效范式

　　行动导向教学法搭建了一个客观情境,使学生产生学习的动力,能够充分激发学生的学习动机和学习兴趣,促使学生热爱劳动。情境体验是劳动教育的逻辑起点,是认知重构的前提,能够促进劳动新认知的生成。

(二)行动导向教学法的不足

　　(1)行动导向教学法对教师的要求较高,必须符合学生的年龄特点才能收到较好的教学效果。

（2）行动导向教学法对教学资源的要求较高，对相关配套硬件（如讨论室、练习室、器械）要求较高，更要有充足的课时保证。

（3）行动导向教学法需要教师从教学内容和教学对象的实际出发，选择合适的教学项目，否则会出现课堂很热闹，效果不理想的结果。

（4）在行动导向教学法中，活动式教学显著增加，要真正做到有意义的学习很难，学生的注意力难以维持，部分学生的主动性和互动性较差。

（三）行动导向教学法实施中的注意事项

1. 根据劳动教育的课型选择不同的方法

行动导向教学法是一种教学设计理念，实际的行动导向教学法有模拟教学法、案例教学法、角色扮演教学法等，教师要根据课程的内容、性质、学情等选择不同的教学方法。

2. 正确处理教师与学生的关系

使用行动导向教学法，学生是学习的主体，教师只起主导作用或者引导作用。在教学时间的分配上，教师讲授的时间一般不超过 30%，70% 的时间是学生在教师的引导下完成学习任务，教师应尽可能地让学生多实操并及时进行反思。

3. 树立"用教材"的教学思想

教师要避免把知识塞给学生，把学生当作知识的容器，要树立"用教材"的教育教学理念，根据行动导向教学法的要求，对教材内容根据实际情况进行适当的调整，设计教学过程。

第五节　任务驱动教学法

劳动是人类最基本的实践活动，劳动的目的不仅是满足人类生存的需要，更是满足人类发展的需要。因此，劳动教育因其特殊的教育内容和教育形式，需要采用任务驱动的教学方法，使受教育者身体、理智和情感三者之间发生交互关系。

一、任务驱动教学法的内涵

任务驱动教学以任务为新知识的载体，学生在完成任务的过程中实现对知识的主动建构。其起源可以追溯到美国实用主义教育家杜威的教育思想，其理论是把知识、思维与行为及行为的结果紧密联系起来，建立一个基于问题解决的科学方法的思维描述，让学生积极地解决问题，并建构自己的知识框架。杜威认为，学习是与生活经验相关的主动性学习，强调要学习生活中的问题，让知识在生活中得以运用。

（一）任务驱动教学法的概念

任务驱动教学法是一种以"任务"为中心，促使学习者主动吸纳、调整、重组自己的知识结构，从而在这个过程中不断自我完善、自我提升的教学方法。教师采用这种教学方法，是让学生面对一个个典型的所要处理的"任务"，引导学生由简到繁、由易到难、循序渐进地完成一系列"任务"，从而形成清晰的思路，掌握问题解决的方法，构建完整知识的脉络，在完成"任务"的过程中，培养分析问题、解决问题的能力。任务驱动教学法的出发点是师生互动，切入点是边学边做，落脚点是调动学生学习的积极性、创造性，并且强调学生个性的发挥。

教师在任务驱动教学过程中起引导作用，学生以小组或个人的形式围绕任务进行自主探索和合作学习。教师在安排任务的时候要注意任务的目标性，创设合理的教学情境，使学生能够带着给定的任务，积极探索，将满堂灌的教学形式变成自主探究、实验式的学习方式，从而使学生处于积极的学习状态。给定一个任务，学生就会有完成任务的紧迫感，学生可以根据当前的任务，在较短时间内思考，运用已学的知识和自己的生活经验提出设计方案，从而解决问题。[①]任务驱动教学法让学生通过完成给定任务提高动手实践能力，创造性、思维能力也得到提升，并且学会合作学习，并从中理解相关课程知识，实现教学目标。

（二）任务驱动教学法的基本原则

1. 注重儿童劳动的量力性

苏霍姆林斯基认为，所谓"儿童劳动的量力性"不仅要求体力负担要符合儿童的身体状况，而且体力劳动和脑力劳动要恰当地交替进行，劳动教育的类型要多样化。他认为，儿童在任何劳动中产生疲劳感是正常的，决不能使儿童的体力和神经系统过度疲劳。

2. 任务设计的目标明确、编排合理

教师在设计教学任务时要考虑劳动任务的普遍性、经常性、连续性。苏霍姆林斯基认为，只有那些需要经常对它进行思考和操心的长期的劳动，如培育优良品种和果树栽培等，才能发挥学生的积极性，锻炼他们的意志。任务的规模宜小不宜大，规模过大，会偏离任务驱动教学法的本意。

3. 任务的实践性要强

强调学生的直接体验和亲身参与，应围绕日常生活劳动、生产劳动和服务型劳动，根据学生的经验基础和发展需要，以劳动项目为载体，以劳动任务群为基本单元，以学生经历体验劳动过程为基本要求，构建覆盖三类劳动的劳动内容。

4. 任务设计要情境化、生活化

劳动内容选择应坚持因地制宜，选择学生力所能及的公益劳动和现代服务业劳动内容，注重选择体现中华优秀传统文化、工匠精神、手工劳动的内容，适当

---

① 钟卫铭. 任务驱动教学法在实践教学中的困惑与探讨[J]. 职业，2010（36）：163.

引入体现新形态、新技术、新工艺等的现代劳动内容。在教学过程中,教师应创设与当前学习主题相关的、尽可能真实的学习情境,引导学生带着真实的任务进入学习情境,使学生的学习直观性和形象化,实现积极的意义建构。

5. 注重任务设计的创造性和手脑并用

教师应引导学生从现实生活的真实需求出发,亲历情境、亲手操作、亲身体验,经历完整的劳动实践过程。注重动手实践、手脑并用,知行合一、学创融通,倡导"做中学""学中做",激发学生参与劳动的主动性、积极性和创造性。

6. 劳动任务多样化

劳动实践应避免单一、机械的劳动技能训练,避免简单的劳动知识讲解,避免缺少实践、过于泛化的考察。教师应引导学生通过设计、制作、试验、淬炼、探究等方式获得丰富的劳动体验。苏霍姆林斯基认为,喜欢各种类型的劳动是儿童的天性,因此,在劳动教育中应经常变换劳动形式、劳动内容和劳动工具,充分发挥学生的主动性。[①]

二、任务驱动教学法的实施与应用

在劳动教育中,任务驱动教学法是结合任务驱动教学法的一般流程和劳动课程的特点实施的一种教学方法。

(一)任务驱动教学法的基本步骤

1. 任务驱动

在任务驱动阶段,教师要结合具体劳动教育内容和学生学情特点分析如何创设任务,同时可以与学生的日常生活、服务性社会劳动,与学校平时的劳动教育活动、劳动教育主题的竞赛相结合。

2. 准备任务

在课堂教学中,教师创设任务,引导学生对任务进行思考,针对任务选取材料、设计方案、进行小组合作等。在教师的指导下,学生对任务进行层层分析分解,为下一阶段任务的分工、完成做准备。

3. 任务实践

准备工作完成后,进入任务实践阶段。任务由学生自己独立完成或者与同学合作完成,教师在学生任务实践的过程中要对劳动工具的使用和劳动方法等进行适时的指导。最后教师要求学生以实物照片或者视频的方式提交作品。

4. 交流总结

学生完成任务后,要进行劳动作品交流,通常以班级或年级为单位举行劳动作品展览等。在交流的过程中,学生可以对作品进行修改、完善,直到满意为止。作品展示结束后,教师要对优秀作品进行校级层面的宣传和总结,并对获得优秀作品荣

① 苏霍姆林斯基.帕夫雷什中学[M].赵玮,王义高,蔡兴文,等译.北京:教育科学出版社,1983:9.

誉的学生进行表彰。通过展示作品和接受表彰,学生的自信心得以加强,学习的积极性得以提高,感受到劳动最光荣,劳动最美丽。

（二）任务驱动教学法案例及分析

案例一:

南京某小学举行"我是劳动小达人——为95周年校庆献礼活动",以学校校庆为主题,让劳动教育融入学生的生活。

案例

我是劳动小达人

1. 任务驱动

学校即将迎来95周年校庆。在一次集体晨会上,有一名学生朗读了陶行知校长的讲话《自己的事情自己做》。之后教师问学生:你们打算给母校准备什么生日礼物呢?

通过调查,学生想通过自己的事情自己做,绘画或者手工制作,以中队进社区进行服务奉献活动等方式为母校献上生日礼物。

2. 准备任务

通过班队会,班主任讲述了陶行知校长的伟大事迹,引导学生思考平时可以参加什么样的劳动、可以做什么样的手工等。学生可以提前思考准备做什么,需要什么材料等。

任务1:自己的事情自己做。你会做哪些事情呢? 准备做什么事情?

任务2:完成一幅书画或手工作品献给学校。

任务3:我为社区做贡献。准备和谁去哪里参加服务性活动? 如何记录自己的完成情况?

3. 任务实践

以上3个任务主要是学校结合家庭、社会让学生进行任务实践活动。任务1和任务2,可以由学生独立完成,也可以在家长的帮助下完成。任务3,学生以小组的方式到社区参加任务实践活动,最后由家长或者见证者对学生的任务实践情况进行记录。

4. 交流总结

家长把学生参与任务1和任务3的照片或者视频上传到班级群。学生可以把任务2的实物作品带到学校进行交流展示,先在班级进行交流展示,各班评选出的优秀作品在学校进行集中交流展示。学校可以把三个任务分阶段通过集体晨会、学校官网、微信公众号的方式进行宣传推广,使学生感受到劳动最光荣。

案例二：

南京市教育局举行的第三届"金陵娃，一起劳动吧"活动，利用寒假的时间，将劳动教育融入小学生的生活，使他们感受到生活中处处需要劳动，争为家庭、社会做贡献。

案例

金陵娃，一起劳动吧

1. 任务驱动

嗨，小伙伴们！又和大家见面啦！本次主题是"快乐生活家"，希望同学们用勤劳的双手，成为热爱生活、享受生活的小能手、小专家。同学们可以在五个不同主题（卫生保洁、收纳整理、食品加工、清洁洗涤、服务家人）的劳动项目中，尝试发现问题，找出解决问题的方法，进行自我评价；也可以通过观看精彩的劳动小视频，获得新的想法，进行实践。

2. 准备任务

从卫生保洁、收纳整理、食品加工、清洁洗涤、服务家人五大劳动主题中，挑选出20种日常劳动活动，以视频的方式，从工具、程序、规则等角度，展示劳动工具的正确使用方法、科学规范的劳动流程及安全注意事项，让学生先观看视频进行学习，再实践。

3. 任务实践

学生根据学习的情况，结合个人和家庭情况，选择力所能及的劳动，以图片、文字或者视频的方式将劳动成果或作品上传到活动平台。

4. 交流总结

上传完毕后，学生可从劳动工具、劳动流程、劳动效果三个维度对自己完成的劳动任务进行评分。学生也可通过评价细则进行反思，如加强劳动工具的练习，进一步规范劳动流程，提高劳动效果和劳动效率等。学生先进行自评，最后对劳动任务进行反思并填写反思内容（图7-5-1）。

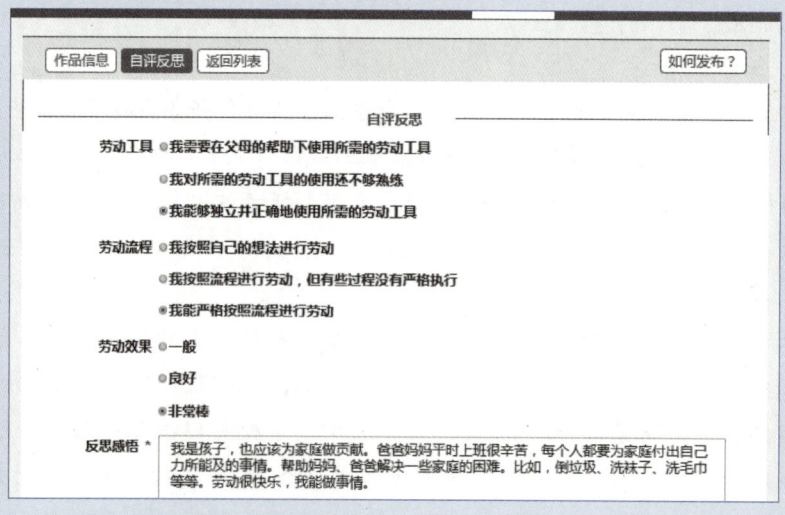

图7-5-1　作品自评反思

　　所有审核通过的作品,都会在网站上长期展示(图7-5-2)。上传1个作品,审核通过后可获得1份参展纪念电子证书。上传2个以上(含2个)作品并进行反思,作品审核通过后,可获得"劳动小能手"电子证书。经区推荐,参加市级劳动技能展示活动的优胜者可获得"劳动小达人"称号。

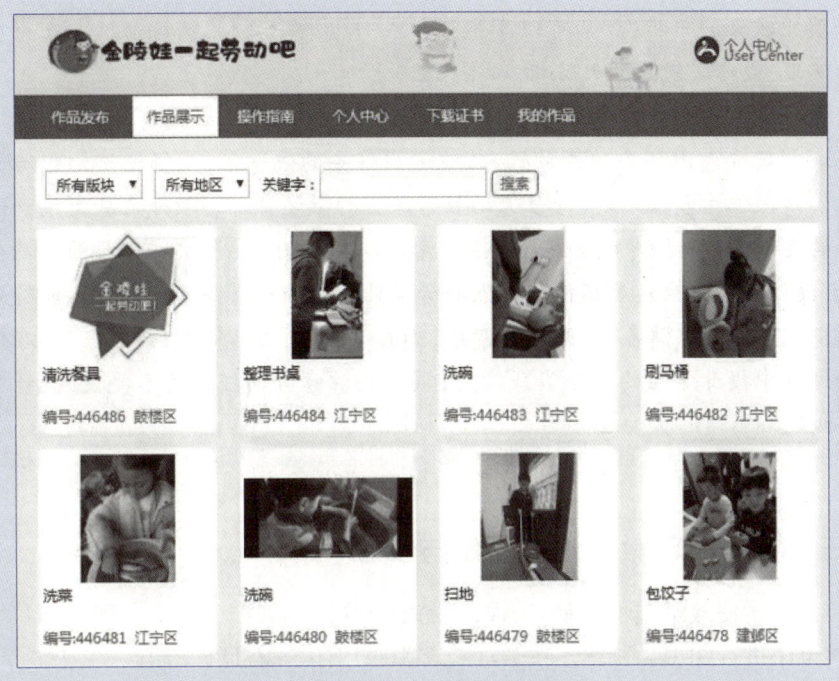

图7-5-2　优秀作品展示

案例分析

　　1. 注意劳动任务的趣味性

　　皮亚杰的发生认识论认为:知识来源于活动,兴趣是推动学生学习的一种最实际的内部驱动力。要想提升学生的创新能力和实践能力,应选择学生感兴趣并且与学生学情相关的任务。任务的设计不能只由教师提出,缺乏学生参与,这样可能引不起学生的兴趣,不利于活动的开展。要想找准学生的兴趣点,教师在平时的工作中,可以通过调查问卷、访问法,收集学生感兴趣的主题;在开展劳动活动前,组织学生寻找资源,并进行统计,最终确定劳动任务。在教学过程中,教师可以采用竞赛的形式,激发学生学习的欲望和动力,提高学生的参与度。

　　2. 注意劳动任务的难易程度

　　教师在选择劳动任务的时候要先分析学生学情、学习目标、学生的生活经验以及学生的知识基础。劳动任务难度太低,学生觉得没有挑战性,激发不起学习兴趣。劳动任务难度太高，不利于学生动手能力的发展，还会打击学生的自信心。学生将所学到的知识和生活经验运用在实际问题中，解决生活中的问题，可以提升学生的动手实践能力，体会技术的魅力所在。劳动任务的安排可以先从借鉴模仿开始，借鉴别人的经验来完成自己的任务，接着再安排开放性和多样性的任务。对一些比较大的目标，教师可以事先分解成若干个小目标，然后通过一个个小目标的实现，最终实现总的大目标。

3. 注意劳动任务要求

教师既要考虑任务的开放性，又要考虑任务的统一性，要将理论知识与劳动技术实践操作结合在一起，符合劳动教育课程的教学目标。教师应从大纲和课程标准的要求出发，结合学校自身的实际情况，以及学生的兴趣、知识层面以及生活经验，设计符合学生发展规律和特点的劳动任务。劳动任务的设计还要能够让学生获得相应的知识储备，提高综合素质，如表达能力、团结精神、情感态度，在任务驱动过程中提升学生的动手实践能力；同时要注意劳动任务量不要太大，针对不同年级制订不同的劳动任务要求。

三、任务驱动教学法的总结与反思

传统教学使教学过于简单、呆板，容易使学生对学习产生厌倦心理，妨碍学生在真实情境中进行知识的迁移。在劳动教育中应用任务驱动教学法后，学生的学习热情得到激发，学习主动性得到提高。但是任务驱动教学法不是万能的，也有很多的不足。对一些不适合应用任务驱动教学法的知识点要继续使用其他教学方法，尤其是一些概念性、基础性的知识，传统的讲授教学法还是比较适合的。对传统的东西不能一味地否定，而是要在继承的基础上求发展，在新的时代和技术发展的实际中寻求更好地解决问题的途径。同时由于任务驱动教学模式对教师备课及客观条件要求较高、耗时较多，不可能每一堂课的教学都运用这种方法，因此不能排斥其他教学方法的运用。在劳动教育教学中，只有选择合适的教学方法，合理地运用，才能收到良好的教学效果。

（一）任务驱动教学法的优势

1. 体现以学生为主体的教学思想

在劳动教育中使用任务驱动教学法体现了以学生为主体，改变了传统的教师讲、学生听的教学模式，学生成为学习的主人。

2. 激发学生的学习动机

在任务布置阶段，学生乐于动手体验劳动。在教学中随着一个个任务的完成，学生会产生成就感。随着对劳动课程兴趣的增加，学生在劳动课程中充满自信，进而增强学习兴趣和学习动机。

3. 锻炼学生的合作精神

劳动课程围绕日常生活劳动、生产劳动和服务性劳动，以任务群为基本单元，在劳动任务中，经常需要以小组、团队的形式进行任务设计、任务制作、任务试验等。学生在集体劳动中团结协作，提升与他人合作劳动的能力。

4. 培养学生的实践能力和创新能力

任务驱动教学法能从目标和任务出发，系统分析可利用的劳动资源以及约束条件，制订具体的劳动方案；能使用常用工具与基本设备，采用一定的技术、工艺与方法，完成劳动任务，形成基本的动手能力；能综合运用多学科知识和多方面经验解决劳动中出现的问题，发展学生创造性劳动的能力。

（二）任务驱动教学法的不足

1. 对教师要求高

在实际教学中，教师要结合课程、地方资源、学生特点进行任务的设计、任务的实施、学生的组织、管理、任务的评价，工作压力较大。

2. 对教学资源要求高

任务驱动教学法需要学校资源、社会资源等多方面的协助才能落实劳动课程中涉及的不同任务课程群，人力、物力、财力的投入较大。

3. 对教学活动方式要求高

任务驱动教学法视教学需要，可能在家中、学校、课堂、社区等不同场所进行，目前，任务驱动教学法比较容易在学校、课堂组织、实施，在社区、家庭等场所组织、实施具有一定的困难。

4. 对学生要求高

在任务驱动教学法中，教师既要密切关注学生的劳动实践，也要特别重视学生在劳动实践中的亮点，不能只重视学生任务的完成情况。教师要及时引导学生对劳动过程进行探索，不能一味地寻找任务的答案。

（三）任务驱动教学法实施中的注意事项

1. 任务设计体现趣味性

实施任务驱动教学法，任务的设计至关重要，直接影响教学质量。任务首先要能引起学生的兴趣。如何设计学生感兴趣的任务呢？其一，小调查。让学生调查感兴趣的活动，这样就可以调动学生劳动学习的积极性。其二，小竞赛。以劳动竞赛的方式，激发学生劳动学习的热情。

2. 任务设计体现操作性

劳动课程需要学生动手和动脑。学生亲自实践体验比教师讲授、演示以及看视频等效果要好。教师在进行任务设计时，一定要注重任务的可操作性，尽量设计一些学生通过体验实践才能完成的任务。同时，劳动任务要由简单到复杂。

3. 任务设计体现层次性

任务设计要注意学生的年龄特点、劳动技能水平的差异。教师要充分考虑学生现有的劳动知识、劳动技能、兴趣等特点,因人而异,分层实施。一般可以按照三个层次进行设计:其一,基本的劳动任务。给出具体的样例供学生参考。其二,提高性的劳动任务。教师只给出部分的要求,允许学生有不同的方法和风格。其三,开放性的劳动任务。教师只提出任务的目标,允许学生根据目标进行材料、工具、方法等的设计与选择。

4. 任务设计体现学科整合

劳动教育应与其他学科的学习、课外活动和日常生活紧密联系起来,给学生提供面对真实的个人生活、生产和社会性服务的任务情境,让学生亲身经历实际劳动过程,善于观察思考,注重运用所学知识解决实际问题,提高劳动质量和效率。

5. 任务设计体现落实评价

任务设计要体现教、学、评一体化,综合运用各种评价方式全面考查学生劳动素养的形成过程。通常采用以下评价法:其一,作品评价。展示学生的劳动成果,增强学生的成就感。其二,过程性评价。重视学生在劳动学习中的成长变化,体现增值评价。其三,总结性评价。通常以学期任务作品展览、汇报等形式呈现。教师应根据不同劳动学习内容,采取灵活的评价方式。

劳动任务设计是一种艺术,艺术有法,但无定法。只要教师紧贴学生的生活,设计富有趣味性、难度适宜、灵活创新的劳动任务,就能最大限度地发挥学生的主动性和创造性。

思 考 探 究

1. 劳动教育讲授法有何优势与不足? 教师在实施劳动教育讲授法时需要注意什么?

2. 劳动教育情境教学法与劳动教育项目教学法有何优缺点? 应如何改进?

3. 劳动教育的讲授法、情境教学法、项目教学法、行动导向教学法、任务驱动教学法,各有何区别与联系?

4. 教师在教学中认真地进行知识的传授与训练,却不能有效地促进学生劳动价值观和良好劳动品质的培养,怎样教学才能最有效地促进学生劳动价值观和良好劳动品质的培养?

5. 学习了不同劳动教育教学方法后,你对劳动教育教学方法理念有何新的领悟? 对劳动课程教学改革有何新的意见?

第八章
劳动教育实践

学习目标

❶ 了解劳动教育实施主体的特征和要求。

❷ 掌握劳动教育项目设计的内容及设计与安排的注意事项。

❸ 掌握劳动教育周的规划与设计及组织与实施。

❹ 掌握劳动实践基地开发的重要途径与内容。

劳动教育在人的全面发展中发挥着重要而独特的基础性作用和全面促进作用,在实践过程中形成了一批符合社会主义教育特征,体现时代风貌,具有鲜明地域特点和校本特色的劳动教育实践案例,积累了很多成功的经验。当前,劳动教育的项目设计、基地开发,为积极探索中国劳动教育的实践路径提供了重要参考和借鉴。

第一节　劳动教育的实施主体

劳动作为一种主体性实践,不同于纯粹的意识活动。劳动教育指向人的劳动实践的发生,是通过劳动实践和为了劳动实践而开展的教育活动。实践是劳动教育的根本所在,也是劳动呈现的根本方式。但需要注意的是,劳动教育不能完全等同于学生参与劳动实践。劳动教育作为一种教育,必然蕴含着学生进行相应的理论、观念、方法等意识层面的学习过程,对所学知识进行自主反思、转化的过程,师生之间友好的互动过程等。劳动教育的途径主要是家庭教育、学校教育和社会教育。相应的,实施劳动教育的主体包括家庭、学校、社会及政府。

一、家庭

和谐美好的家庭不仅是人生幸福的基础,也是个体受教育权的最大保障。父母是孩子的第一任教师。就家庭这一劳动教育实施主体而言,家庭生活中蕴含着丰富的家庭劳动教育资源。在家庭生活中,衣食住行的各个方面都是树立劳动观念和培养劳动技能与劳动习惯的机会。《意见》提出家庭劳动教育要日常化,家长应当从家庭生活中的穿衣戴帽、铺床叠被、洗衣做饭、扫地拖地、整理归纳、家电维修等方面进行劳动教育。家庭劳动教育对中小学生的全面发展具有积极的意义。

（一）新时代家庭劳动教育观

家庭劳动教育观对孩子的成长成才有着重要影响。现实生活中,很多家长对孩子的劳动教育重视不够,甚至认为劳动不是孩子学习的主责主业。家庭劳动教育有几个误区:从家长层面来看,一是怕劳动耽误孩子的学习时间,认为孩子只要文化课成绩好,其他都是次要的。二是娇生惯养,几代人的宠爱集于孩子身上,尤其长辈对孩子的溺爱是家庭劳动教育的最大障碍。加之多数"80后""90后"的家长自身就缺乏对劳动重要性的正确认知,又忙于工作无暇教育子女,导致孩子缺乏劳动锻炼。三是家长对劳动观的理解仅停留在参加家务劳动层面,未能正确引导孩子尊重劳动、热爱劳动;在增强劳动能力方面,家长停留在机械劳动教育和简单的体力劳动教育层面,未能正确引导孩子增强创造性劳动能力;在培育劳动精神方面,忽视将家庭劳动教育与中华优秀传统文化相结合、与劳模精神和工匠精神等相结合;在养成良好的劳动习惯和品质方面,未能突出培养孩子吃苦耐劳、甘于奉献的劳动品质与劳动责任感。

新时代家庭劳动教育观突破传统家庭劳动教育观的桎梏,确立家庭在劳动教育中的基础性地位。转变家长对孩子参与劳动的观念,使他们懂得劳动在孩子学习、生活和未来长远发展中的积极意义和作用,让家长成为孩子家务劳动的指导者和协助者。要充分发挥家庭在劳动教育中的基础性作用,就必须转变家长关于孩子的成长成才观念,更新他们对劳动教育价值的认识,使其充分认识到劳动教育之于孩子成长成才的重要作用。劳动能使孩子身心健康、精神愉快、聪明能干,尤其利于孩子养成依靠自己,自信自强的性格品质,能锻炼其动手能力。况且,动手与动脑有关,"手巧"才能"心灵"。家长需要改变"学生是专门读书的"陈腐思想,走出家庭教育的误区,克服片面追求分数的倾向,培养孩子的劳动习惯与劳动品质。

（二）家庭应发挥模范和监督作用,强化劳动教育的基础性

家庭劳动教育是劳动教育开展的主要方式之一,是一种特殊形态的教育活动,其教育形式、内容、效果都与学校劳动教育和社会劳动教育不同,同时,它又是连接学校劳动教育与社会劳动教育的重要桥梁。家庭劳动教育的职责和方式如下:一是启蒙式教育。家庭是孩子首先接触到的社会环境,家庭教育的环境是时刻存在的,家长对孩子进行劳动教育的启蒙是最合适的。家长自身应热爱家务劳动,以身作则树立劳动榜样,言传身教地督促孩子完成一些力所能及的家务,掌握必备的生活技能。具体落实上,家长要为孩子提供合适的家庭劳动环境。孩子的好奇心强,什么都想尝试,也很愿意模仿大人的行为。需要注意的是,切忌在孩子进行劳动时,或者在劳动中犯了错误时对孩子进行过多的批评,如"好了,好了,越帮越忙,袜子没洗干净,新换的衣服倒给弄脏了",这样会打消孩子干家务的意愿。家长应保护孩子的劳动好奇心,激发孩子的劳动创造欲望,相信孩子,放手让孩子自己进行探索性与创造性劳动。二是情感性教育。家庭劳动教育建立在亲子关系之上,更容易传递劳动情感、态度、价值观,帮助孩子树立正确的劳动价值观。三是灵活性教育。与学校劳动教育相比,家庭劳动教育没有固定的教学程序和组织形式,没有固定的教育场所和规定区域,也没有严肃的教学气氛,学习是在自然、随机的情况下发生的。

总之,家庭劳动教育对个体的影响贯穿个体成长的全过程,涉及个体社会化的方方面面,在个体的全面发展中起着重要的作用。家庭作为学校的后方阵地,应与学校联合推进劳动教育,避免"学校学,回家抛"的尴尬局面。

二、学校

学校是劳动教育的主阵地,承担着重要的劳动育人功能。学校劳动教育以培养德智体美劳全面发展的社会主义建设者和接班人为目标,在学校中,通过专门或兼职的劳动教育教师,运用适当的教育教学方式方法,利用劳动教育的相关教材、教学资源等对学生实施劳动教育。

（一）新时代劳动课程体系

新时代劳动课程是具有中国特色的人才培养体系的基本组成部分，是实现学校劳动教育目标的重要路径与主要渠道。新时代劳动课程体系是指以培养高素质、有创新能力、能担当民族复兴大任的新时代劳动者为总体目标，以培育社会主义的劳动价值观和形成良好劳动品质为灵魂，以塑造积极的劳动观念、掌握扎实的劳动知识与技能、养成良好的劳动习惯为基本目标，通过日常生活劳动、生产劳动、社会服务劳动、职业体验劳动、专业实习劳动等劳动教育内容，形成劳动必修课程和选修课程紧密结合、与德智体美各育横向有机融合、大中小学纵向衔接贯通，促进学生成长成才和终身发展的大中小学一体化的课程体系。

新时代劳动课程坚守劳动教育的本位，既不能将劳动教育内容泛化为所有的学习与实践活动，也不能将劳动教育内容窄化为单一的体力劳动，而要体现一定体力劳动基础上的体脑合一、身心合一、知行合一、学创合一。劳动课程的安排，包括专门设立必修课程、日常的学校教育活动渗透劳动教育目标与内容、所有课程有机融入劳动教育内容。专门设立的必修课程包括校内的课堂教学活动、校内外的公益劳动实践活动。专门设立的必修课程根据不同学段采取不同课程形态和实施方式，可以是独立科目课程形态，也可以是合科课程和广域课程形态，还可以是开放课程形态如自主的公益劳动与志愿劳动等。课程内容根据不同学段特点，包括规定性必修内容、选择性必修内容、开放性选修内容、非规定性内容。劳动课程有特定的目标、基础的内容和广泛的载体，因此专门设立的劳动必修课程采用广域课程形态能够较好地体现劳动教育的特点。新时代劳动课程目标体系、内容体系、方法体系，要从劳动教育的特点和学生发展的规律出发，适应新时代生产力水平与社会关系以及生产方式特征，体现我国科技进步和产业转型升级国情，兼顾日常生活劳动、生产劳动、社会服务劳动、职业体验劳动、专业实习劳动等。

（二）学校应充分挖掘资源，进行劳动课程体系化和科学化建设

学校要健全劳动课程体系，注重劳动课程的生成性、实践性、开放性、操作性。学校劳动教育实施要安排专门的劳动课时，确保学生接受劳动教育时间的连续性与规律性；确保校内劳动课程资源丰富充足，配套劳动课程教材与活动场所。重点把控劳动课程的师资队伍质量，设置专门的劳动教研员，定期对教师的劳动教育专业水平与素质进行培训与考核，并指导劳动课程建设。建立健全劳动教育考评机制，把劳动教育考核纳入学生综合素质评价体系、教师绩效评价体系。在课程之外，要设计与劳动教育相关的班级主题教育活动以及与劳动主题相关的演讲比赛等，以实现劳动观念的全方位渗透。

大中小学一体化的劳动教育目标体系应从树立劳动观念、掌握劳动知识与技能、养成劳动习惯与品质三个方面构建。学校要构建与各行各业劳动内容相对接的日常生活劳动、生产劳动、社会服务劳动、职业体验劳动、专业实习劳动等劳动教育内容体系，创设"独立课程、广域课程、整合课程"的多元化劳动课程形态，运用"课

堂教学、主题活动、项目实践、实习实训、职业体验、勤工俭学、志愿服务"等多样化学习方式,从而形成大中小学各学段目标贯通,内容有机衔接且各有侧重、遵循学生成长进阶的一体化课程体系。总体来说,以社会主义劳动价值观的树立和良好劳动品质的培养以及劳动能力的增强为核心进行劳动课程体系的一体化设计。小学阶段为劳动教育的启蒙和实践体验以及行为习惯塑造阶段,中学阶段为劳动教育的拓展和实践探索以及习惯巩固阶段,大学阶段为劳动教育的深化和实践创新以及习惯自觉阶段。

三、企业

列宁指出:"学习、教育和训练只限于学校以内,而与沸腾的实际生活脱离,那我们是不会信赖的。"[①] 劳动教育也不例外,进行劳动教育,最有效的方式就是将学生引入真实的劳动环境中。企业就是真实劳动的集中场所,企业不仅拥有丰富的劳动教育资源,而且其所拥有的资源真实、生动。因此,企业作为劳动教育的实施主体意义重大。

(一)企业作为劳动教育实施主体的重要意义

实际上,人们早已发现了企业资源的价值,并进行了连通企业资源的实践探索,这就是所谓的"校企合作"。早在 1903 年,美国工程师、建筑师和教育家施奈德就发现,传统的课堂教学不足以满足专业技术类学生学习的需要,他提出了与企业合作进行人才培养的设想。目前,国外校企合作模式主要有德国"双元制"模式、英国的"三明治"模式、美国的 CBE 模式等。在国内,这些校企合作模式也被广泛本土化。实践证明,校企合作具有很强的生命力,能显著提高技术技能人才的实践能力。企业在劳动教育中的主要作用是提供实训基地,提升学生实践能力。

案例

在中小学,主要采取建立劳动实践基地的方式。潍坊市中小学生示范性综合实践基地(潍坊市实验学校)于 2001 年经潍坊市委、市政府批准成立,是 150 所"全国示范性综合实践基地"之一,主要承担潍坊市区中小学生综合实践活动课程的教学和实践,重点培养学生创新精神、实践能力和社会责任感。每学期初潍坊市教育局牵头协调全市中小学校,安排实践活动计划,每学年安排一周实践活动,这一周学生全天在基地寄宿。基地在满足潍坊市中小学生实践的同时,寒暑假期也面向潍坊市以外的中小学及社会企业开放。每年,山东省潍坊市 9 个区 100 多所学校 3.5 万名中小学生,都会轮流到示范性综合实践基地参加一周的劳动实践。

---

① 列宁.列宁选集:第 4 卷[M].中共中央马克思恩格斯列宁斯大林著作编译局,编.北京:人民出版社,1972:355.

实践基地围绕核心素养六大领域,构建起与普通学校教育衔接的"创意设计、传统工艺、创客空间、科学实验、拓展体验、身心健康、多元影视"七大模块的200多个实践活动项目和生活德育活动项目。实践基地课程突出科技教育、实践教育、STEAM教育、创客教育等特色,以动手实践和感悟体验为重点,以主动参与、自主探究、积极获取为主要方式,引导学生在做中学。实践基地围绕立德树人根本任务,面向每一个学生,拓宽多样化育人渠道,采用必修、选修、自修相结合的活动模式,提供全新学习方式,丰富学生经历和体验。实践基地整合全省优质资源,开发了中华优秀传统文化、革命传统教育、国情教育、国防科工、自然生态五大主题的研学旅行线路,开展丰富多彩的研学实践教育活动。实践基地的劳动教育的课程模式,为学生提供了一种新的求知方法和路径,让学生在丰富的活动中尝试各种学习方式:调查、实验、操作、探究、设计、制作……在实践中发现和解决问题,积累和丰富经验,主动获取知识,培养创新精神和实践能力,提升个体劳动意识。①

无论是校企合作还是学校劳动实践基地的建立,都是坚持"教育与生产劳动相结合"的实践举措,都是落实劳动教育的具体活动。企业作为劳动教育的重要实施主体,连接了教育世界与劳动世界,实现了教育世界与劳动世界的互动与交流。

(二)整合企业资源,拓展劳动教育新载体

企业作为劳动教育的实施主体,具有独特的功能,主要体现为企业能够为学生提供真实性、实践性与综合性的劳动教育环境。在企业或劳动实践基地进行的实践活动,就是在参与真实的劳动。开展劳动教育需要拥有实践性、真实情境性、开放性与创新性的企业或劳动实践基地作为载体与支撑。整合企业资源,构建"行业引导、学校夯实、企业提升"的劳动实践基地,是培养新时代德智体美劳全面发展人才的重要路径。

企业是培养人才的独特场所,也是开发职业与技术课程的资源宝库。企业能够为劳动教育课程实施提供载体。大量的理论研究与实践案例都充分证明,学校人才的培养不能仅仅依靠学校理论知识的教育,还应该充分重视实践能力的培养。以企业生产案例开展教学,就是一项非常有效的措施。企业案例能够真实、有效地反映实践问题的综合性、复杂性与真实性,能够将理论与实践教学相结合。通过案例介绍将企业的最新技术与标准有机地融入学校的课堂教学,能够培养学生综合运用所学知识,进行实际解决问题的能力,帮助学生培养面向特定岗位的核心能力、综合职业能力与创新能力。此外,企业的每一步发展都具有特定的企业文化,反映企业劳动者的劳动精神、劳模精神与工匠精神。其中,劳动模范就是企业劳动者的优秀代表,劳模精神就是企业的领先文化。通过企业案例的学习,学生能够增强精益求精的工匠精神与劳模精神。因此,将企业资源整合,拓展为劳动教育新载体,有助于在

① 孙桂芳.课程赋予劳动教育意义[N].中国教师报,2015-09-02(10).

全社会营造尊重劳动、崇尚技能、鼓励创造的良好氛围。持续开展劳动模范、工匠精神进学校、进课堂、进班组活动,使企业优秀劳动者成为学生的榜样,使劳动精神、劳模精神和工匠精神真正成为每个人的职业信仰。

四、社会

现代学校教育、家庭教育同社会发展息息相关,劳动教育的开展,除了学校教育和家庭教育之外,还需要社会教育密切配合。第一,社会教育直接面向全社会,比学校教育、家庭教育的影响面更广泛,更能有效地对整个社会产生积极作用。第二,社会教育不仅面对学校,面对青少年,更面对社会的成人劳动者,这可以弥补学校教育的不足,满足成年人继续学习的要求。第三,社会教育形式灵活多样,没有制度化教育的严格约束性。第四,现代人的成长已不完全局限于学校,必须同社会实践相结合,社会教育更有利于促进人的社会化。

（一）社会中的劳动教育资源

新时代劳动教育需要多方整合社会资源。2019 年 6 月,中共中央、国务院印发的《关于深化教育教学改革全面提高义务教育质量的意见》提出:"创建一批劳动教育实验区,农村地区要安排相应田地、山林、草场等作为学农实践基地,城镇地区要为学生参加农业生产、工业体验、商业和服务业实践等提供保障。"劳动教育实施主体除了家庭、学校、企业,社会也应积极配合,在城市相关行业和农村中,开发和利用劳动教育资源,进行劳动教育。

农村保留着原有的劳动形式,充盈着生动的劳动文化。新时代农村教育资源既有承载着农耕文明的体力劳动,也有代表着科技文明的机械劳动甚至是智能劳动。

案例

湖南省龙山县猛必小学是一所偏僻的农村小学,大部分学生是留守儿童,其中一部分学生长期受长辈溺爱,劳动意识淡薄。学校周围就是大片农田,校园里也闲置着大块空地。为了充分利用这些资源,学校开发农耕课程,培养学生的劳动意识,提高学生的劳动能力。教师还鼓励学生周末在家参加各种劳动。每班授课教师为班主任,学校邀请校外年过七旬的毛奶奶担任专职农耕顾问。农耕课程主要形式有宣传动员、调查访谈、资料搜集、劳动实践、具体操作、资源建设、总结交流、专题研究、课程开发等,分为四个阶段。第一阶段:动员、观摩。学校成立农耕课程教育实践小组,组织师生观看蔬菜、农作物生长和收获的视频。第二阶段:实践、操作。这个阶段是农耕课程的实质性阶段,学校组织学生开展丰富多彩的劳动实践活动,在校内劳动实践基地开展拔草、松土、种植、施肥、管理等活动,在校外劳动实践基地开展育种、掏沟、培土、挖窝、除草、杀虫、浇水、收获、晾晒、保存等活动,邀请经验丰富的农耕顾问毛奶奶实地指导,教师在活动中进行辅导。第三阶段:

总结、展示。学校组织开展的劳动实践活动有方案、有记录,学生每次劳动后都要认真总结并写劳动日记,教师要记录"劳动瞬间",学校入档留存。第四阶段:开发、研究。学校建立农耕课程资源库,对形成的农耕课程资源进行深度开发,形成系列校本课程,进行农耕课程课题研究。①

城市是一个地区各行各业、各类资源最为集中的地方,为学校特别是城市学校进行劳动教育提供了丰富的资源。

案例

北京市中小学"非遗进校园"活动成效明显,剪纸技艺、京绣技艺、榫卯结构制作、烙画葫芦绘制技艺、风筝制作技艺、汉字书法、金石篆刻技艺、玉雕技艺、毛猴制作技艺、宫灯制作技艺等 36 种非遗技艺的项目课程,覆盖了北京小学、初中课后三点半的社团课、劳技课以及高中的通用技术课、综合实践课、美术课、创客六类手工课堂,还有每学期的非遗技艺项目进校园的表演和体验。学校通过"非遗进校园"活动,使得学生们都有自己的相关作品,很多创作已经成为教室里、走廊里、校园里的教育风景线。在校园环境里的展览展示、在比赛里的展览展示都能激发学生对非遗技艺的学习兴趣。②

劳动教育的公益资源,是指可开发用于劳动教育的公益资源,如公益节日、公益行动、公益场馆、公益节目、公益广告、公益活动、公益基地等。公益资源是进行劳动教育的重要社会资源,如图书馆、博物馆、科技馆等能够为各级各类学校提供公益劳动岗位;广播电视和各类媒体推介的公益人物中有许多劳动模范,他们的事迹也可用于劳动教育。

案例

浙江省温州市洞头区城关小学校长朱扬华跟学生说起东岙村沙滩的故事后,学生很感兴趣。于是,"小手劳动,修复沙滩"行动一拍即合。一个垃圾夹,一只塑料袋,30 多个学生走上沙滩。他们两人一组,一人捡垃圾,一人负责收纳。村民潘安福带着两个孩子在沙滩上玩耍,看到城里的学生来修复沙滩,他也让自己的孩子参与。他说:"捡垃圾对孩子是很好的教育,希望他们这一代能把家乡的沙滩保护好。"半天的劳作结束了,学生们捡拾了 20 多袋垃圾,光烟蒂就 700 多个。③

①　尚代春,甘秀珍.种好一片"农耕园"[N].中国教师报,2017-03-15(13).
②　冯午生.培养校园非遗传承人　提升劳动教育品质[N].人民政协报,2019-02-18(6).
③　蒋亦丰.沙滩上的一次美丽劳作[N].中国教育报,2019-02-14(1).

（二）社会各方积极配合，丰富劳动教育的时空资源

社会的产业资源、农村地区资源、城市地区资源、公益资源等都应充分调动，因地制宜，服务于学生劳动教育。有的地方工业发达，可为当地学校提供组织工厂参观和体验等活动。有的地方商贸发达，各类市场多，可开发商贸类劳动课程。农村具有土地、林场、养殖场、渔场、牧场等资源，也可为生产性劳动教育课程服务。城市社区以及社区中的劳模都可作为重要的劳动教育课程资源，学校可组织学生参观博物馆、听劳模讲故事、发现身边普通劳动者等活动，使学生深切感受到劳动者的伟大。公益资源，如公益节日、公益行动、公益场馆，以及公益组织提供的劳动教育基地等都是进行劳动教育的重要社会资源。

五、政府、家庭、学校、社会协同，构建一体化劳动教育育人机制

政府是劳动教育重要的实施主体。政府的主要职责是出台相关政策文件，强化劳动教育的实施，从政策上宏观把控劳动教育的推进路径，对劳动教育拓展性课程进行制度化规范，形成行政推动力。教育行政部门可通过开展教师培训、交流等活动，支持并促进教师劳动素养的提升；针对实践中突出反映的劳动教育责任不明、合力不强的问题，进一步明确主体责任，提升统筹协调和监督指导水平，指导学校劳动教育方向，提升家庭劳动教育意识，引领社会劳动教育参与。在目前劳动教育蓬勃兴起，但面临着多样挑战的背景下，更需要通过有效的政策支持和坚实的保障体系建设，让落实劳动教育的共识更广泛、体系更完备、保障更有力、实施更扎实、成效更显著。当前劳动教育有着良好的机遇条件，党和国家的教育方针给劳动教育指明了路线和方向，各级教育行政管理部门高度重视。《意见》就劳动教育的指导思想、基本原则、基本内涵、总体目标、课程、内容要求、实施途径、支持保障、组织实施等，作出了全面深入的阐述，这对于全面优化和落实教育方针，完善德智体美劳五育并举的人才培养体系，切实培养德智体美劳全面发展、担当民族复兴大任的时代新人，是非常必要，也是非常及时的。

劳动教育目标不是单靠在一种场域中的教育就能完全实现，需要政府、家庭、学校和社会协同发力。家庭、学校、社会三者在劳动教育实施过程中没有严格的主次之分，在劳动教育实施逻辑上具有完整性。要确立家庭在劳动教育实施过程中的基础性地位，确切学校在劳动教育实施过程中的引导性作用，确保社会在劳动教育实施过程中的规范性作用，将新时代劳动教育推向纵深处发展。要将劳动教育在空间上无缝对接，在时间上贯穿终身，建立立体式网络状的校内外劳动教育协同育人机制，加强政府、学校、家庭和社会的有机结合，形成四位一体的劳动教育协同育人、全面育人的大格局。要结合不同主体分别对不同年龄段的学生提出有进阶的劳动教育内容和劳动教育形式，研究自我服务劳动、社会公益劳动、社会生产劳动、社会实践等不同的劳动形式如何在学校、社会和家庭中实施，同时要有针对性地研究学校、家庭和社会劳动育人的具体方式、方法与途径。

第二节　劳动教育的项目设计

　　劳动是人类实践活动的一种特殊形式,为实现劳动教育的育人价值,培养适应个人终身发展和社会发展需要的劳动观念、劳动能力、劳动习惯和品质、劳动精神,须将劳动设计到课程中去、将实践落实到教育中来。《课程标准》建议,劳动课程以劳动项目为载体,落实劳动课程内容、体现劳动课程实践、推动学生在真实情境下"做中学""学中做"。本节从劳动项目的设计、安排以及设计与安排的注意事项三个方面介绍劳动项目设计的内容和要求,协助教师构建劳动项目的概念,了解劳动项目设计的主要内容,熟悉各学段的整体安排,以及劳动项目设计的特点与注意事项。

一、劳动项目的概念

　　《课程标准》指出,劳动项目是落实劳动课程内容及其教育价值,体现课程实践性特征,推动学生"做中学""学中做"的重要实施载体。当下,劳动课程围绕日常生活劳动、生产劳动和服务性劳动构建了十个任务群,每个任务群结合不同学段、不同类型学生的特点,开发、设计了相应的劳动项目作为劳动课程内容。开发劳动项目作为课程内容,可以利用生活场景和真实情景,在探究学习的过程中让学生学习、体验、感悟,在实践中解决实际问题。以任务为导向、以项目为组织形式的劳动课程内容,学生不是被动地接受知识,而是主动参与、探究知识,是根据需要,制订有实际意义的项目计划,自主设计项目实施方案,进行自主学习、践行、操作,发展分析问题、解决问题的能力,从而获得劳动知识与技能,形成劳动态度与习惯。

二、劳动项目的设计

（一）制订项目目标

　　劳动项目的目标是确定劳动项目内容的基本准则,对劳动项目设计及具体实施过程起指引和导向作用。义务教育阶段的劳动课程目标围绕核心素养,是劳动观念、劳动能力、劳动习惯和品质、劳动精神的有机统一;劳动项目是劳动教育的实施载体,是大课程观念下的课程类型之一,设计并开展劳动项目的目的同样指向学生劳动素养的养成。各学段目标是根据劳动素养的培养规律,顺应学生不同年龄段的发展特点和成长需求,是劳动课程课程目标在年龄段的具体要求。《课程标准》设置了四个学段,劳动项目的设计需要明确对象群体,根据受众的年龄段制订项目目标,在具体实践中,在遵循学生身心发展规律的基础上设计精确、具体、可操作的任务,最终达成培养学生劳动素养的总目标。教师在制订劳动项目的目标时,应充分考虑学生的情况,使劳动项目的实施最大限度地促进学生身心发展;教师应整体考虑课程目标,使劳动项目较为全面地融合劳动观念、劳动能力、劳动习惯和品质、劳动精神,聚焦学生的全面发展。

(二)选择项目内容

劳动项目内容是劳动项目设计与实施的核心,围绕体现日常生活劳动、生产劳动和服务性劳动的十个任务群进行设置。在内容设计上,应贴近区域特点和学校劳动教育环境,利用好现有的教育资源,同时把握学生发展的阶段性特点,符合其相应学段的素养要求。如以《课程标准》中日常生活劳动群为例:1~2年级可选择"笔袋整理""书包整理"等项目内容,3~4年级、5~6年级可选择"整理衣橱""清洁使用过的教科书"等项目内容,7~9年级可选择"居室用品整理与收纳""教室的装饰与美化"等项目内容。劳动项目内容在难度上由简单到复杂、由单一到多元,在空间范围上从个人到家庭再到集体,不同学段的内容纵向衔接与递进。

(三)确定劳动场域

劳动场域是劳动项目实施必需的基础设施条件,为劳动项目的顺利开展提供教学条件保障。根据劳动项目开展的不同需要,科学、合理的劳动场域一般要考虑劳动场所、工具设备、材料及文化氛围等方面。劳动场所要满足开展需求,如农业生产劳动需要农场,工业生产活动需要工厂,不同的劳动项目需要适合的场所支持;工具设备是完成劳动项目需要的劳动工具与设备;材料是项目操作过程中需要使用的消耗性物品及安全防护用品等;文化氛围是劳动场所的相关文化元素,包括张贴的标语牌、模范人物挂图、操作规范图、劳动任务统计表等。具体的劳动场域需要依据劳动项目目标及劳动项目的具体内容加以选择、确定,进行必要的改造,力求为达到预期的教育效果提供合适、完备、安全且贴近劳动生活的劳动场域。

(四)明确项目过程

项目过程可分为明确任务、劳动准备、制订计划、组织实施、交流评价五个环节。明确任务环节是指在教师指导下,学生全面了解劳动任务的目的、要求、成果形式、评价标准等,学会对项目进行任务分解;劳动准备环节要让学生针对具体的劳动任务,了解和熟悉劳动工具与材料、劳动场所及劳动过程所需的基本知识与技能等;制订计划环节要引导学生在统筹各种资源的前提下,确定劳动的程序和步骤,形成合理的劳动计划;组织实施环节要让学生按照劳动计划,有步骤地开展劳动活动,经历完整的劳动过程;交流评价环节是指学生对自己的劳动成果进行自我评价、同学间交流展示、师生共同讨论等,让学生在学会劳动的同时,体会劳动成果来之不易,懂得珍惜自己和他人劳动的成果。

(五)提炼项目操作方法

项目操作方法是学生完成劳动任务、形成劳动感悟的重要基础和前提。每个劳动项目中都蕴含着相应的操作方法,如饮食制作中的煎、蒸、炖等烹饪技法,木工工艺作品设计与制作中的锯、刨、凿等加工方法。操作方法的认识和掌握可以培养学生的劳动能力,其能力的形成需要教师提前对操作过程中学生的实践进行预设,对主要的操作方法加以提炼后为学生进行示范和指导;对学生可能遇到的困难、存在的误区和安全隐患提供支持,帮助学生找出解决问题的策略,确保劳动项目顺利实施和劳动课程目标的实现。

三、劳动项目的安排

劳动项目的安排遵循"整体规划、纵向推进、因地制宜、各有侧重"的原则,按照三大类劳动教育内容、十个任务群劳动单元结构、四个学段适当分布进行设计。依据学段内的任务群所体现的课程内容要求,在任务群的范围内结合学校的实际情况安排劳动项目,体现劳动项目在不同学段的纵向衔接与递进关系,以日常生活劳动为例,小学可参见表8-2-1。

表 8-2-1　劳动项目的安排 ①

劳动内容	任务群	1～2 年级	3～4 年级	5～6 年级
日常生活劳动	清洁与卫生	我的袜子我来洗	衣服裤子我来洗	我的鞋子我来洗
		我的房间我来扫	我的房间我来拖	床单被罩我来洗
	整理与收纳	整理我的小书包	整理我的小柜子	我的房间我做主
		我的袜子我会折	我的床铺我整理	我的衣橱我整理
	烹饪与营养	我为长辈盛饭菜	我帮长辈洗洗菜	我为长辈做早饭
			我帮长辈收碗筷	我陪长辈包馄饨
	家用器具使用与维护		我用工具削水果	我用电器煮米饭

小学阶段的日常生活劳动,不同学段根据其目标安排相应的项目内容,如第一学段的项目围绕个人物品的清洁和整理,烹饪活动也仅仅是简单参与。到了第二学段、第三学段,逐步发展到习惯养成,再到技能形成。

---

①　沈森晨.项目化学习理念下劳动课程的开发与实施策略[J].辽宁教育,2022(14):78-81.

四、劳动项目设计与安排的注意事项

（一）谨防劳动与教育分离

劳动项目的设计与安排既要关注劳动知识与劳动技能的学习，更要关注劳动价值的引领、劳动精神的培育。在劳动教育的历史上曾经错误地将劳动和教育分离，只重视劳动，僵硬地将劳动知识与劳动技能灌给学生，甚至以"劳动"的形式惩罚学生，使学生不经意间对劳动心生偏见和厌恶，未能在学习中树立正确的劳动观，从而影响了学生的职业观。[①] 因而劳动项目的设计要强调劳动与教育的统一，发挥教育的育人功能，在学习规律上，针对各学习阶段，以兴趣为引领、以现实需要为依托，激发学生主动学习；在教学设计上，针对劳动教育内容，以学生为中心、以真实情景为载体，培养学生分析问题、解决问题的能力；在教学内容选择上，发掘优秀的劳动教育文化传统，传承优秀的中华传统文化。

（二）融合学科专业与劳动项目

《意见》指出，把劳动纳入人才培养全过程；《纲要》强调，在学科专业中有机渗透劳动教育。在设计与安排劳动项目时，根据不同的项目特点，如小学语文与劳动教育的融合设计、通用技术结合劳动背景，将学科相关知识与劳动项目的设计与安排有机整合，灵活地开展劳动教育实践，如表 8-2-2、表 8-2-3 所示。

表 8-2-2　小学语文与劳动项目设计——我身边可爱的人 [②]

项目活动	内容设计	劳动素养	语文教材链接
可爱的手	学生走上街头，寻找并记录劳动人民的双手	认识、体验劳动个体或群体的相关劳动内容、知识、技能；直面劳动人民，体会和践行劳动精神，在现实情境中追问、探究、解决现实问题	五年级下册《刷子李》《他像一棵挺脱的树》《金字塔》
背影里的故事	发现不同职业的劳动人民穿着的服饰不同，感受不同背影中的工作内容		
我替叔叔上一天班	跟随一名外卖员叔叔，感受他的一天		
送你一朵小红花	将小红花送给身边可爱的劳动人民		

---

① 毛菊，孟凡丽. 劳动教育：现实困境、本义探寻与教学方案[J]. 课程·教材·教法，2020，40（1）：11-16.

② 陈茜. 小学语文与劳动教育项目式融合教学设计：基于大观念视角[J]. 课外语文，2022（9）：44-46.

表 8-2-3　通用技术与劳动项目设计——收纳架的设计①

项目活动	内容设计	劳动素养	通用技术教材链接
收纳架的设计	市场调查，了解产品发展脉络、各类产品的设计原理	根据调查和设计，了解并使用相关制作工具和设备，并撰写报告；通过观察技术生活，参与并热爱技术劳动，感受工匠精神；在调查、设计、制作、验收的过程中，遇到问题积极解决，体验创造性劳动	2019年苏教版《通用技术·必修一·技术与设计1》
	归纳不同产品的一般设计原则，解释设计意图		
	设计、制作收纳架		
	验收、测试收纳架，撰写收纳架试验报告		

（三）拓展课外、校外劳动实践体验

项目教学法在家务劳动"整理术"中的运用

为充分实现劳动教育目标，在设计与安排劳动项目时，教师可充分利用校内或校外的教育资源，如校园地理文化资源、校外基地文化资源、传统技艺等，让学生有更丰富的劳动体验，感受劳动的乐趣，培养劳动习惯，塑造正确的劳动价值观。教师应从学生的个人生活和现实需要出发，结合身边人、身边事，发掘其中蕴含的劳动教育价值，支持、鼓励学生在真实的劳动体验中感悟劳动的快乐，主动探索、勤于解决现实问题，养成良好的劳动习惯和品质。如表8-2-4、表8-2-5所示。

表 8-2-4　传统技艺与劳动项目设计②

项目活动	内容设计	劳动素养	基地文化链接
传统工艺品制作	古代造纸印刷装帧系列	依据中小学不同阶段的身心发展特点设计相应的劳动项目，了解并制作某一工艺品，培养学生的动手能力，感受中华传统文化的博大精深	教育基地在七大体验馆的基础上，设计开发了七个系列的劳动项目
	古代纺织印染系列		
	陶瓷制作系列		
	古代青铜纹饰与铸造系列		
	传统木工系列		
	中华茶艺系列		
	非遗课程系列		

---

① 潘琼芳.劳动教育背景下的通用技术学科单元项目学习设计[J].中学课程资源，2022，18（7）：42—46.

② 宫守坤.基于传统技艺的劳动教育课程开发与实施[J].现代教学，2022（12）：43—46.

表 8-2-5　校园地理文化资源与劳动项目设计——山、田、林、草和谐共生 [①]

项目活动	内容设计	劳动素养	校园文化链接
山、田、林、草和谐共生	种植冬小麦，使用和改进耕犁、锄等劳动工具；制作安全警示牌；生态修复等	基于初中生物学、物理、化学、地理等相关学科，掌握相关劳动知识与技能；通过学习实践，深度理解知识点，深度思考体验历程，开展职业启蒙	该校以"一湖五园"地理资源为基础，挖掘明德湖、百花园、百草园、百禾园、百果园、生态修复园中的劳动教育元素，并与田园丰收节、田园志愿日等校园文化节或活动相结合

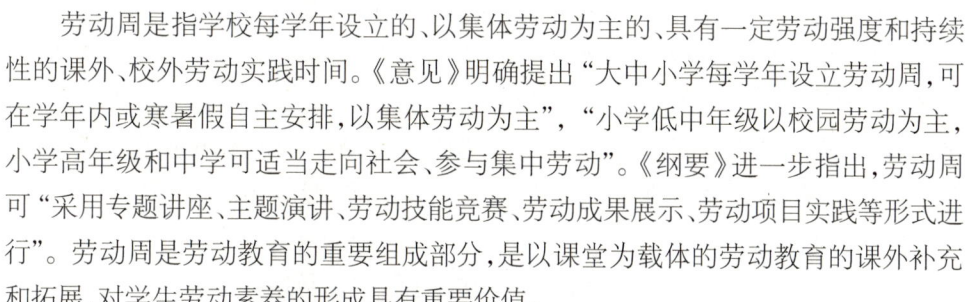

第三节　劳动周的设计与实施

　　劳动周是指学校每学年设立的、以集体劳动为主的、具有一定劳动强度和持续性的课外、校外劳动实践时间。《意见》明确提出"大中小学每学年设立劳动周，可在学年内或寒暑假自主安排，以集体劳动为主"，"小学低中年级以校园劳动为主，小学高年级和中学可适当走向社会、参与集中劳动"。《纲要》进一步指出，劳动周可"采用专题讲座、主题演讲、劳动技能竞赛、劳动成果展示、劳动项目实践等形式进行"。劳动周是劳动教育的重要组成部分，是以课堂为载体的劳动教育的课外补充和拓展，对学生劳动素养的形成具有重要价值。

一、劳动周的规划与设计

（一）主题选择

　　劳动周主题的选择，应始终坚持"以生为本"的基本原则，以培养和提高学生的劳动素养为最终目标。一是注重价值引领。主题设置应与深层次的个人情感价值引导相结合，体现劳动价值观的培育和劳动精神的培养，如"秋收正当时""发现身边的劳动者"等。二是基于学生世界。劳动周的主题应以学生的生活实际和社会生产实际为出发点，以学生的"最近发展区"为出发点，可结合整理、烹饪等日常生活劳动、学工学农等生产劳动、志愿公益等服务性劳动进行选择，如"打造美丽阳台"

　　① 　邹彩丽.基于校园地理文化资源的项目化劳动课程设计：以《山、田、林、草和谐共生》项目为例[J].现代教育，2021（11）：8-11.

等。三是具有半开放性。教师可根据劳动环境、实施条件等进行具体主题的选择和规划,加强与已有实践活动主题的有机结合。四是体现劳动任务的持续性。不同学段的劳动目标和劳动强度具有差异性,劳动主题的设计既要与学段相适应,也应体现学段间的连续性和递进性,如通过设置一些跨时空、长周期的劳动主题,让学生在完成一系列劳动任务的过程中,养成吃苦耐劳、持之以恒等劳动品质。五是耦合古今技术和文化。主题选择既要考虑传统劳动和传统文化,也要考虑新形态劳动和新文化,要注重传统技术、文化与现代技术、文化的结合,实现技术、文化在新时代的传承和创新发展。

(二)内容设置

劳动周的内容设置应紧密围绕劳动主题展开,通过设计一系列的劳动项目和任务,使学生在发现问题和解决问题、反思和归纳总结等过程中提高劳动素养。一是劳动任务序列化。不同学段、不同劳动项目以及劳动项目中的各个劳动任务之间,应保持循序渐进、彼此关联、相互支撑的关系。既可按照劳动实施的自然顺序也可按照劳动主题,确定劳动内容、分解劳动任务。二是劳动任务综合化。劳动任务的确定,既要注重把劳动实践与学科学习有机结合起来,促进劳动实践与其他学科间的融合;也要注重覆盖多个任务群,引导学生综合运用所学知识和技能发现问题、解决问题,体悟劳动的喜悦和魅力。三是劳动任务科学化。劳动任务科学化是劳动主题"基于学生世界"在内容层面的进一步深化和展开。劳动任务的设计应体现不同学段劳动目标、劳动强度和劳动难度的差异性,应与区域特点、时令节气等相适应。四是劳动任务形态多样化。劳动周的活动形式应尽可能丰富多样,如劳动项目实践、劳动成果展、劳模大讲堂、技能竞赛、主题演讲与辩论、职业体验、校园劳模评选等,使学生在不同劳动任务形态中体悟不同的劳动情感,培养多种劳动技能。

(三)时间安排

劳动周一般在学年内或寒暑假自主安排,也可灵活利用特殊节日、时令节气和校园文化等开展主题鲜明的劳动周活动。如在劳动节、端午节、世界青年技能日等特定节日,开展"红领巾,爱劳动""竹编龙舟,欢乐包粽,品味传统""小机械,立大功"等主题的劳动周;根据农业时令和农耕特点开展独特的农事劳作,如在立春之时春耕播种,立夏之时整地除草等。劳动周的时间安排可打破年级限制,统筹实施,让不同年级的学生在共同的劳动周活动中互帮互学、合作建构,感受良好的劳动合作与竞争氛围带来的劳动乐趣,促进劳动育人价值的实现。劳动周的时间安排,可与社会服务活动适当打通,如进入社区爱心助老、爱心助幼、爱心助残,开展"争当志愿者,传递中国情"主题劳动周;也可与班级团队活动、地方课程与校本课程等的课时统筹安排。

(四)资源利用

统筹协调、利用各类资源,有利于丰富劳动周的形式,提升劳动周的综合育人价值。一是统筹利用家庭、学校、社会的现有资源。结合历史文化、地域特色、自然资源和本校校情等,充分利用起居室、非遗馆、博物院、生态园、茶艺馆、校史馆、研学基地、职业院校等劳动空间,积极联合志愿服务团体、福利机构等社会组织,实行"一区一案""一校一案""一家一案"等,开展个性化的劳动周活动。二是统筹利用各类活动资源。结合博物馆巡展、非遗文化体验、校园科技节、学生成年礼等各类活动,对劳动周进行系统、整体的方案安排,使学生在不同劳动内容、劳动形态的体验中,习得多种劳动知识和技能,形成丰富的劳动情感和品质。三是统筹利用教师资源。学校可打造专兼职结合的劳动教育师资队伍,除了劳动教育专门师资外,还可聘请各行业的技术能手和优秀工匠、非物质文化遗产传承人、经验丰富的农民等担任指导教师,帮助学生更好地掌握丰富多样的劳动技能,感受中华传统文化的魅力,树立正确的劳动情感和态度。四是积极开拓、优化本校劳动教育资源。学校可根据区域文化、地理位置和学生特点,优化设计劳动实践环境。学校结合自身所处的地理位置特点,建设具有本校特色的劳动空间和项目,打造符合校情、特色鲜明的劳动品牌,如城市学校可建设"芯片研发馆",乡村学校可建设"快乐农场",家庭可开辟专门的"种植角""图书收纳角"。

二、劳动周的组织与实施

(一)周密计划和组织动员

1. 周密计划

制订详细的劳动周方案,既有助于厘清劳动各环节、各主体之间的关系,也有利于高效地组织和实施劳动周活动。劳动周方案的制订,需对劳动主体、劳动资金、劳动时空、劳动内容、劳动形态、劳动流程和劳动工具等进行统筹规划;需考虑劳动周活动开展全程可能出现的安全隐患,做好安全防范预案和意外事件处理紧急预案;需细致安排劳动周主题的选择、劳动任务的分配、劳动流程的设计、材料的选择、工具的使用、过程的记录、成果的分享与处理、活动的评估与改进、资金的保障等环节。教师对每日活动和每项任务进行明确分工和监控,确保"样样小事有人管,件件大事有人担"。

2. 组织动员

劳动周的组织动员是创造氛围、凝聚共识、打造合力的过程,要发挥学校的主导作用、家庭的基础作用和社会的协同作用,引导家庭和社会积极参与,使学生参加劳动周活动在认识上有支持,在时间上有保证,在资源上有保障。就人的层面而言,根据劳动项目的不同,学校应对可能涉及的教师、学生、家长及相关社会群体等不同人员进行差异化的组织动员。具体而言,针对参与组织和实施的教师进行专项培训;根据劳动任务让学生了解必要的劳动观念、纪律和相关法律法规知识;提前与家长沟通,使其理解劳动周主题的意义,家校达成共识;提前与相关社会群体沟通,如与参与其中的劳模工匠、技术能手等就活动内容和形式等进行详细沟通,做好准备工作。就物的层面而言,学校可通过设计与学生兴趣相符的横幅海报,预先布置主题式的劳动场域,发放文化衫、通行纪念环等方式,在全校范围内营造劳动周的浓厚氛围,在师生群体中营造对劳动周的期待心情。

（二）注重各方面衔接

1. 劳动目标的衔接

不同学段劳动周的目标相互区别又彼此联系。1～2年级以树立正确的劳动观念,培养基本的自理能力为重点;3～4年级开始强化公共服务意识,初步培养劳动规划能力;5～6年级着力强化整体规划和执行能力,培养基本的生产劳动能力;7～9年级开始关注创造性劳动,并注重厘清劳动与人类发展和社会进步的关系。

2. 劳动空间的衔接

劳动周的活动空间主要在课外和校外。1～2年级一般以家庭、班级、校园为主;3～4年级可以到社区等校外场所;5～6年级及以上可以进入农业、工业、现代服务业的真实社会场域。

3. 劳动内容的衔接

按照学生知识、技术能力的已有基础和发展进阶,设置循序渐进的劳动任务。从1～2年级开始,劳动内容难度按照"简单—复杂—综合"逐渐提高。

（三）重视劳动实践的内化

"有劳动无教育"和"有教育无劳动"是劳动教育常出现的两种偏差。事实上,任何一项劳动都具有两个方面的价值:劳动产品本身的价值、从劳动过程中获得的技能技巧和经验体会的价值。教育与劳动相结合要求学生在劳动实践过程中,不仅要掌握劳动工具的使用,实现劳动产品的物化生成,还要实现劳动技能与思维的提升、劳动情感与态度的凝结、劳动意义与价值的内化。在劳动周的活动中,教师要鼓励学生立足动手做,结合用脑想、用纸写、用耳听,促进核心素养的形成。一是通过让学生查阅相关资料、讨论劳动周主题的意义、参与劳动周的计划制订等活动,使学生形成对劳动周活动的积极期待和良好情感。二是通过自主思考、小组合作、积极探究等方式,使学生出力流汗、坚持不懈地完成有一定难度的劳动任务,掌握生活技能、生产技能和服务技能,培养学生精益求精、追求卓越的工匠精神。三是通过分享交流及评价,深化学生的劳动体验和价值体认。

根据不同学段学生的特点,设置不同形式的交流评价方式,并依据各项评价标准,引导学生对自己和他人在劳动过程中的表现进行评价。如1～2年级可采用画五角星、画漫画、谈体会等形式,3～4年级可采用撰写劳动周志、拍摄劳动过程图片和视频等形式,5～6年级及以上可采用展示实物作品、利用多媒体技术汇报等形式。

（四）切实保障劳动安全

建立健全安全教育与管理并重的劳动安全保障体系,是劳动周顺利开展的一项基础性、保障性工作。学校要科学评估劳动实践活动的安全风险,制订风险防控预案,完善应急与事故处理机制。劳动安全保障既包括劳动环境的安全保障,也包括劳动过程的安全保障。在劳动环境的安全保障方面,充分考虑田埂山坡、河流渠道、建筑工地等可能造成出行安全问题的路段和地带,安排必要的提前"踩点";防止可能存在的雷雨高温、滑坡塌陷、有害气体等安全隐患,进行必要的安全隐患排除活动或另选其他安全场地;细致考虑劳动场域内人员流动情况,确保活动人员的生命、财产安全。在劳动过程的安全保障方面,劳动实践过程往往涉及大量劳动工具的使用和多项劳动任务的有序展开:一是要确保劳动任务的场所设施、材料工具设备和防护用品等的安全;二是要强化师生劳动安全教育,通过预先讲解劳动工具、材料的操作要求和规范使用,以及各项劳动任务之间的关系和顺序等,强化师生劳动安全知识的学习,建立劳动风险意识,提升应急处理能力。三是要注意用火、用电、用气及可能使用的化学试剂等的安全,防止触电、火灾、烧烫伤等事故的发生。此外,合作劳动是劳动周常用的组织形式,各类人员之间的不当沟通同样是劳动过程的安全隐患之一,教师可通过组织先行性的教育、过程中的及时协调和结束后的正确引导等方式加以干预。

案例

课程为体,素养为本——劳动文化节[①]

一、活动背景

传统工艺课程模块和生产劳动课程模块是中国人民大学附属中学劳动课程的重要组成部分。其中,传统工艺课程模块经多年研究和发展,已形成纸艺、陶艺、竹编、烙画葫芦、北京毛猴制作等多个课程项目,深受学生喜爱。但因课程模块多元、课程项目多样、更新速度较快等原因,即便劳动课程多年来实行分模块选课制度,仍无法实现让所有学生体验到所有自己喜爱的课程项目。以劳动周为载体开展传统工艺体验活动,是满足师生兴趣需求和学习需要的有益途径。在五一劳动节前夕,生产劳动课程模块针对全校学生开展了"工具的改进与发明"活动,其中涌现了一大批极具创意、耐用实用的劳动作品,这些劳动作品具有重要的教育价值。

二、目的意义

提高师生对传统工艺的兴趣,创新传统工艺传承的空间和途径;深化师生对工匠精神的理解,在劳动作品参观和劳动实践过程中体会劳动的乐趣,体悟劳动创造人、劳动创造价值、劳动创造美好生活的道理,形成热爱劳动、尊重劳动者的情感态度。

三、活动实施

第一天至第五天:在学校中心花园举办劳动教育成果展,具体包含"校园小劳模"光荣榜、师生劳动作品展和劳动课程模块介绍三部分。"校园小劳模"是由劳动课程教师选出的在每一轮劳动课程中表现出热爱劳动、诚实劳动、珍惜劳动成果等态度、品质的杰出学生代表。评选"校园小劳模",并通过展板形式介绍每一位

---

① 本案例由中国人民大学附属中学提供。

小劳模,有助于在学生群体中树立学习榜样。师生劳动作品展以"工具的改进与发明"作品展及优秀项目名单公布为重点,展出了一系列师生优秀劳动作品。师生劳动作品展鼓励学生创造性劳动、精益求精劳动,引导学生结合生产、生活实际,将科学知识和技术用于工具的创新设计与制作中,促进良好劳动态度、品质的形成和工匠精神的培养。评选和表彰优秀作品,能够进一步巩固"做学"合一的思想态度,鼓励、引导学生勇于创新、追求卓越。

第一天特色活动:在学校中心花园开展传统工艺现场体验活动。传统工艺现场体验活动可以促进传统工艺的规模化传承,并使学生在传统工艺劳动实践中感受传统工艺、传统文化的魅力,学习相关劳动工具的使用和简易工艺品的制作方法,初步培养创意物化能力。

第二天特色活动:教育教学现场会。重点开放"中华传统美食——饺子的制作工艺""图书、刊物分类加工流程""中药香囊制作""茶叶江山——中国传统茶文化""竹编艺术"五门劳动课程,供广大师生交流体验,开展评课活动。"中华传统美食——饺子的制作工艺"课程引导学生经历拌饺子馅、擀饺子皮、包饺子、煮饺子等过程,使学生掌握基本的生活技能,感受集体劳动带来的乐趣,形成爱劳动、会劳动、珍惜劳动成果的良好态度。"图书、刊物分类加工流程"课程主要以图书、期刊分类活动为载体,在劳动实践中使学生重新认识图书馆,走进图书馆,并学会高效利用图书馆资源,进而树立正确的劳动观念,形成热爱劳动、尊重他人劳动成果的良好习惯和态度。"中药香囊制作""茶叶江山——中国传统茶文化""竹编艺术"均是传统工艺与文化模块的课程,通过学习中药知识、制作中药香囊、了解茶文化、体验竹编制作工艺等活动,学生可以从中感受劳动的乐趣和价值,体会中华优秀传统文化的博大精深与意蕴魅力(见图8-3-1、图8-3-2、图8-3-3)。

图 8-3-1　学生在"竹编艺术"体验课上编织竹篮

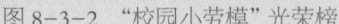

图 8-3-2　"校园小劳模"光荣榜

图 8-3-3　师生劳动作品展

案例分析

　　展示学生劳动成果,是使学生直观感受劳动魅力和劳动价值的途径之一。表彰校园劳动能手、评选优秀劳动作品等形式,有助于在全校范围内树立尊重劳动者的观念态度,鼓励、支持、引导学生精益求精劳动、创新创造劳动。在此基础上,学校还可充分调动工艺传承人、技能大师等社会群体,联合开展如纸鸢制作、金属掐"丝"、创意剪纸等多种传统工艺体验项目,使学生在传统工艺设计与制作中感受传统文化的魅力,体悟蕴藏于其中的人文价值和工匠精神,树立传承中华优秀传统文化的观念意识;开展如智能控制技术、三维打印技术、激光切割技术等现代技术体验项目,使学生在现代工艺品设计与制作过程中,体会应用新技术创造性解决问题的劳动过程,感受新技术对于提高生产率、降低加工成本、提高工件质量的重要意义;联合劳模工匠、卓越工程师等一线杰出群体开展劳模大讲坛,使学生通过真实的口述故事,感受更加坚定有力的劳模精神、工匠精神。

案例

<h3 style="text-align:center">秋收正当时　劳动争章乐①</h3>

　　一、活动背景

　　自 2009 年起,杭州市富春第七小学利用地域优势,开辟了"开心农场",并以此为载体,构建了基于实践育人的,以亲近自然、动手动脑、怡情健体为宗旨的一系列劳动教育课程。为持续丰富劳动教育形式,深化劳动教育的综合育人价值,学校充分利用劳动周的长周期、跨场域等优势,联合家长力量,基于校内外多个劳动场域,针对全体五年级学生组织开展主题为"秋收正当时　劳动争章乐"的劳动周活动。

　　二、活动目的

　　基于视听结合、手脑并用、做学合一等多种方式和原则,使学生在榜样学习、农耕活动、职业体验、技能竞赛、成果展示过程中,学会劳动、热爱劳动、享受劳动,增强创造性劳动能力,初步形成职业规划意识和能力。

　　三、任务规划

　　学校遵循基于体验、融于创新、臻于反思的设计理念,将劳动周设计为榜样学习日、农耕活动日、职业体验日、技能竞赛日和成果展示日五大部分,如表8-3-1所示。

---

　　①　本案例由杭州市富春第七小学提供。

表 8-3-1　富春第七小学劳动周的设计

日期	活动名称	具体内容
第一天	榜样学习日	劳模讲座
第二天	农耕活动日	入住农户,学农做农;劳动岗位应聘与培训
第三天	职业体验日	劳动岗位实践、篝火晚会
第四天	技能竞赛日	创意合作劳动——竹桥挑战、开心菜园、汗洒稻田
第五天	成果展示日	"擂鼓掏番薯丰收赠果实"丰收分享

第一天:劳模的故事使学生了解劳动实践的趣味性和精深性,感受劳模精神、工匠精神的伟大,学会尊敬劳动者,珍惜他人劳动成果,产生向劳模学习的意识,树立成为"大国工匠""能工巧匠"的远大理想。

第二天:上午入驻农户,使学生在合作择菜洗菜、炒制菜肴的过程中体会父母的辛劳,感受自制美食的乐趣,增强生活自理能力和独立能力。下午组织学生参与劳动岗位应聘与培训,在模拟招聘会的12 个日常生活劳动、生产劳动和服务性劳动岗位中选择一个岗位应聘,初步形成依据自身兴趣和能力自主选择的意识与能力,体认职业的相似性和差异性,提高职业规划能力和选择能力;通过严格的岗前培训和持证上岗的仪式感,体会劳动的专业性与严肃性,培养劳动的责任意识和一丝不苟的劳动态度(见图 8-3-4)。

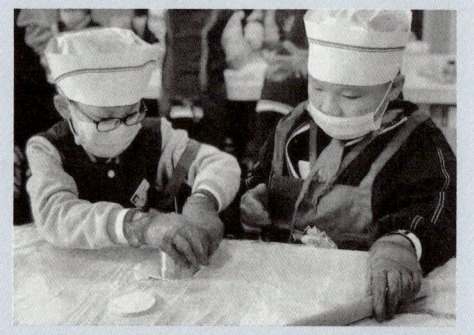

图 8-3-4　"食品厂"中擀饺子皮的学生

第三天:学生基于初步的职业体验和通过劳动获取报酬,形成初步的职业意识和职业生涯规划意识;深刻体会劳动的艰辛、劳动成果的来之不易,以及获得劳动成果的喜悦心情;学会尊重每一位劳动者、珍惜他人劳动成果。在职业分工合作过程中,学生习得与他人交往的经验,认识分工劳动的意义与价值,提高团队合作能力。在篝火晚会上,学生通过向父母赠送自制的卡片,阅读父母的一封信,增进亲子交流,感受亲情的温暖,理解父母的辛劳,感恩父母的养育。通过节目表演,学生展示自我,增强自信、体验成功的喜悦,增强责任心与责任担当。

第四天:开展创意合作劳动,包括竹桥挑战、开心菜园、汗洒稻田三个项目,项目内的任务难度均呈阶梯式。创意合作劳动可使学生感受知识与实践的差异,培养发散思维以及大胆探索、勇于实践的品质,形成知行合一的意识和能力;体验创新劳动的乐趣,提高独立思考能力,增强创新创造和创意物化能力;感受竞争与合作的双重魅力,学会正确认识竞争的意义,提高与人交流的能力和团队合作能力。

第五天:展示的项目之一为创意园,包含篱笆设计与制作(见图 8-3-5)、种植区域规划、个性取名等内容。展示劳动成果,可以提高学生的语言组织和表达能力,以及展示自我的能力。在通过高质量劳动获取劳动币和劳动章的过程中,学生体验劳动成果被他人肯定的喜悦,增强自信心,激发劳动潜能。

图 8-3-5 为菜园设计篱笆

案例分析

从小培养学生对职业的认知,是小学阶段劳动教育的重要任务之一。发挥家校合作力量,充分利用家庭资源,如聘请在生产行业工作的家长担任指导教师,是学校劳动周人力资源发掘的新方向。基于生产实际和学生需要,结合特定时段、节气变化、节日特点等设计、开展劳动周,是教育与学生世界相结合,与自然和传统文化相结合的有益途径。渴望游戏和活动是儿童的天性,他们乐于开始任何一项新的活动,但这并不意味着可以将其与"热爱劳动"相等同,因为他们极易在遇到困难时半途而废。苏联教育家斯瓦德科夫斯基曾提出:劳动应当是儿童力能胜任的、适合他们年龄的;已经开始的劳动,应当进行到底,并使之获得良好的结果;劳动的目的对于儿童应当是合意的,并且是他们所理解的;劳动教育大纲应当由各种各样的劳动组成,而这些劳动是要按逐渐增加的复杂性和难度来排列的。[①]这对于劳动周的设计者与实施者而言,是有益的提示。

第四节 劳动实践基地的开发

《意见》要求多渠道拓展实践场所,学校及社会多方力量要因地制宜,大力拓展劳动实践基地的建设。作为劳动教育实施的重要载体,劳动实践基地的建设在劳动

① 斯瓦德科夫斯基.儿童的劳动教育[M].朱纯谟,译.上海:上海教育出版社,1958:7.

课程实施中扮演着重要角色。基地的开发与建设需要充分考虑学生劳动的特点,不同类型的劳动实践基地应有效地满足不同学段学生的多样化劳动学习与实践需求。

一、政府牵头,完善劳动实践基地建设制度

早在 16 世纪,空想社会主义者莫尔就提出,知识或文化的学习不应仅限于学校,而更应该走进自然和社会,在田野等广阔天地里学习生产劳动知识。《纲要》明确提出"中小学要推动建立以学校为主导、家庭为基础、社区为依托的协同实施机制、形成共育合力"。劳动实践基地的开发与建设作为劳动教育的重要途径之一,离不开多方力量的共同支撑。作为劳动教育重要实施主体的政府,不仅需要从宏观层面为各学段的劳动教育提出明确思路与指导,同时更应该发挥教育主管部门引导、规范和督导的作用。

《意见》和《纲要》这两份政策文件从宏观层面明确了劳动教育的重要性,细化了大中小学劳动教育的基本理念、内容、要求、途径、体系和保障。为保障将劳动教育落到实地,在劳动实践基地的建设上首先需要发挥政府相关部门的组织领导、统筹和督导作用。地方教育行政部门可以根据当地文化特色、经济水平、产业特征、气候差异、城乡差别等情况,制定相关制度文件,从组织领导、责任分配、安全措施、场地选择、校企合作、基地资源建设、督导与评价等方面建立健全具有地域文化特色的劳动实践基地建设制度。

2021 年 10 月,教育部在成都市召开全国中小学劳动教育现场推进会。这次会议以"劳动教育经验分享"为主题,展示了四川省、重庆市、海南省等地的 10 家单位的优秀经验成果,并向各界正式发布《全国中小学劳动教育典型案例》。这些案例是各地在实践中探索创造的、开展各种劳动教育的经验,充分展现了各地推进中小学劳动教育的良好局面。会上,这 10 家单位以视频形式展示了他们的优秀经验与成果。以成都市金牛区石笋街小学为例,这所规模小、面积小的学校用行动证明了什么是"重视了就会有办法"。为推进劳动教育政策落地,石笋街小学计划为每个班修建菜地、果园,让每个学生都能在学校进行劳动。然而问题是:学校占地面积小,可利用的地面严重不足,如何开辟劳动园地呢?石笋街小学转变思路,将视野从"地面"转向"天空"——利用学校建筑顶楼的空间修建菜地、果园,不仅保证了学生参与劳动,还形成了一道独特的"空中花园"风景线。成都市青羊区各中小学处处可见小型校内劳动实践基地,还打造了多种多样的劳动实践室,如"厨艺实践室""陶艺服装设计室""木工坊""中医馆"等,为学生提供丰富的劳动选择。

在发挥政府的统筹、领导和督导作用之外,联合学校、社会、基地,多方协同共建,是劳动实践基地建设的关键。劳动实践基地的建设需要满足不同年龄段学生的需求,主要教育内容应该围绕着日常生活劳动、生产劳动和服务性劳动三个维度,旨在提高学生的劳动素养。同时,劳动实践基地的日常运行也应涉及多方面的因素,如劳动实践课程的开发、资金流通与生产效益的优化、设备运行与人员管理等。因

此,规范劳动实践基地开发的进程,探索劳动实践基地建设的模式,是确保劳动实践稳定、高质量、长效开展的关键。

二、以校为本,确定校内劳动实践基地开发模式

劳动本身是一种手段,育人才是目的,学校的劳动实践基地建设并不是简单地设置一个劳动场所,基地的建设需要健全工作机制,确立合理的责任分工,实行分级管理制度。学校可成立"劳动实践工作领导小组",由校长及相关行政主任参与负责决策工作。领导小组下设"劳动实践基地办公室",主要负责相关制度的制定及常态化管理工作。同时学校可成立"劳动实践教研组",负责校内劳动实践基地课程的开发及教学研讨。此外,学校的总务部门负责相关的后勤工作,德育部门可将劳动实践评价融入学生的素质评价,协调安排班主任在各班级劳动实践中发挥领导作用。

为构建以校为本的特色劳动实践基地,推进学校素质教育,发挥校内劳动实践基地的常态化育人功能,学校应在遵循国家及地方政府相关政策文件的基础上,由劳动实践基地办公室每学期制订专门的劳动教育规划,明确不同年级需达到的目标及实践内容。劳动实践教研组定期商讨同年级的劳动教育进度,分享教学经验,制订项目化的课程方案,细化目标、内容、方法等;还可以联系各科目教师,探索劳动教育与其他科目的渗透与融合。劳动实践工作领导小组进行定期的督导,对学校劳动实践基地建设的多方面因素进行监管和考察。

需要注意的是,学校劳动实践基地若想要成为学生成长的"第二课堂",除了构建制度化的管理模式之外,离不开专业的师资保障。学校可以定期安排劳动实践课程指导教师的培训,有计划地安排教师外出学习,同时还可以根据校本劳动实践的内容聘请专业农户、专业技师、手工艺匠人等作为课程指导教师,打造一支优秀的劳动教育师资团队。

三、协同育人,探索校外劳动实践基地合作模式

根据《意见》的要求,学校要"充分利用现有综合实践基地、青少年校外活动场所、职业院校和普通高等学校劳动实践场所,建立健全开放共享机制","农村地区可安排相应土地、山林、草场等作为学农实践基地,城镇地区可确认一批企事业单位和社会机构,作为学生参加生产劳动、服务性劳动的实践场所"。校外劳动实践基地的建设与开放共享,同校内劳动实践基地建设一样,也是落实大中小学劳动教育的重要途径。校外劳动实践基地可以为学生参加生产劳动提供具体形象的空间与情境,也可以为资金条件有限的学校提供可利用的劳动教育平台。例如,浙江省金华市桃溪镇中心小学三到六年级的学生来到校外劳动实践基地进行除草活动。除草前,教师指导学生区分哪个是杂草,哪个是需要保护的茶苗,并给学生示范除草。看着丛生的杂草,学生们不怕脏、不怕累,个个干劲十足;遇见难缠的"顽固分子",更是用柴刀砍、用锄头挖,彻底来个"斩草除根"。经过一个多小时的辛苦付出,茶园面貌焕

然一新。看着自己的劳动成果,同学们露出会心的笑容。他们纷纷表示:劳动虽然累,但是很快乐!

学校可以结合当地的自然或产业文化特色,探索不同行业可以有效利用的劳动教育资源,通过政府牵头,依据相关政策文件,确定校外劳动实践基地。学校可以依托当地职业学校的相关课程和技术培训,开展定期的生产性劳动实践活动。在服务性劳动方面,学校可以与社区或服务型企业共建劳动实践基地,开展定期的服务性劳动实践活动。

为了更好地发挥协同育人作用,为学生提供多样化的劳动实践资源,学校一定要事先明确与校外劳动实践基地的合作模式。首先,在合作伙伴的选择上,学校需要综合考虑校外劳动实践基地的营业资质、设施设备、场地规模、运营理念、合作意愿等情况。其次,在与校外劳动实践基地签订合作协议之后,学校应该结合本校学生特点,与校外劳动实践基地共同制订有针对性的发展计划,充分利用现有资源。最后,学校需要参与校外劳动实践基地课程体系的研制,在这个过程中,学校可以了解到基地各项课程开发的目的及具体内容,有效避免与校本课程的重复而增加师生负担;还可以提高本校教师的劳动实践指导能力,提升不同学科教师的劳动素养,促进劳动教育思想观念的融合。

在合作中学校需要考量的因素,实际上也给校外劳动实践基地的建设带来以下几点启示:第一,扎实基础设施建设。基础设施的科学性、安全性、完善性,是劳动实践基地建设的基石,是各类劳动实践开展的必要保障。第二,制订明确的发展目标。劳动实践基地要着眼于发展学生的劳动素养,针对不同劳动形式和不同年龄段的学生,结合自身资源条件,制订具体的阶段性的目标体系。第三,建构详细的课程体系。课程体系是达到发展目标的路线图,也是与学校进行合作的必要抓手。劳动实践基地在课程内容的选择上要考虑资源和学生需求的平衡,在实践方法的应用上要兼顾生产性与创新性相结合,在评价方法上要兼顾劳动价值观培养与就业导向相适应。

校外劳动实践基地劳动教育的系统开展,要在党和国家的教育政策指引下,立足当下,面向未来,紧扣立德树人的根本任务,着眼于学生的全面发展和综合素质的培养,进一步加强和完善基础建设、文化建设、课程建设、人力建设等,形成劳动教育可持续开展的长效机制,做有中国特色的校外劳动教育品牌。

案例

　　北京市"水木创课"校外劳动实践基地充分利用周边的资源和条件,进一步开展"1234"基础建设,筑牢新时代校外劳动教育持续开展的根基:"1"指一个平台建设,利用"线下+线上"的方式,充分整合优势资源,建立服务于北京市乃至全国的校外劳动实践基地建设的资源平台;"2"指两个场馆建设,种子和农具是农业劳动教育的两大重要载体,因此基地将实物展示和VR技术相融合,建设"成长的旅行"种子博物馆和"光阴的故事"农具陈列馆;"3"指三种农业发展模式建设,即传统农耕、现代农业和未来农场的全模式建设和全链条劳动体验,并从三种农业发展模式出发,对已有的劳动课程进行丰富和完善;"4"指四种科普装置建设,下一步基地将利用得天独厚的自然条件和空间资源,进行雨水收集装置、生态循环装置、净化处理装置、气象监测装置四种科普装置的建设,并建设以"农业 + 气象"为主题的"绿野田园"气象科普基地。在未来,基地将建设"荣·光"体验馆,将沂蒙精神、南泥湾精神、劳模精神等融入文化之中,将自力更生、艰苦奋斗、吃苦耐劳、百折不挠、勇于开拓、团结互助等红色精神和劳动品质融入课程,使基地的建设始终扎根红色沃土,对接时代发展,为党育人、为国育才。

　　总而言之,发挥政府的统筹、领导和督导作用,联合学校、社会、基地多方协同共建,这是劳动实践基地建设的关键。劳动教育的时代性决定现在的劳动实践基地不仅仅是让学生体验出力流汗,而是要充分发挥基地的教育功能,构建特色课程,引导学生将学科知识与劳动紧密结合,促进创新能力与劳动的相辅相成,体会劳动创造美好生活的幸福感。

思 考 探 究

　　1. 城乡劳动教育资源在家庭、学校、企业、社会四个主体上是否有差别? 具体表现在哪些方面?

　　2. 如何理解家庭在劳动教育实施过程中处于基础地位?

　　3. 简述怎样确定劳动周的主题并为之设计一个科学合理的策划方案。

　　4. 劳动实践基地的开发有何意义? 如何促进劳动实践基地开发?

第九章

学校劳动教育

学习目标

❶ 知晓学校劳动教育整体规划的基本理念并明确其意义。

❷ 掌握学校劳动教育整体规划的基本原则、内容与方法以及需要注意的问题。

❸ 了解学校劳动教育所需资源的具体内容，并掌握其资源整合的方法与途径。

❹ 懂得学校劳动教育活动的构成与内容及其开展的主要方式，能够开展学校劳动教育活动评价。

❺ 明确组织劳动教育时要做好哪些方面的安全保障。

不同于学校其他类型的教育活动,劳动教育强调的不仅是劳动知识的学习,更是在知识之上的学生劳动价值观形成以及劳动素养养成。这意味着,学校所开展的劳动教育的教学方式与学习方式不同于学科课堂教学方式与学习方式,其复杂程度超出传统的学科。对于学校而言,劳动教育的开展必定是一项全面、综合、长期、整体的工作,这也对学校劳动教育提出了较高的要求。第一,为应对劳动教育的多主体参与、劳动教育的持续性以及劳动目标的多重性,学校劳动教育必须进行整体规划和顶层设计;第二,劳动教育的开展涉及各方面的资源,学校要有机地整合各方面劳动教育资源;第三,除课程外,学校还要掌握劳动教育的活动开展方式和内容;第四,由于劳动教育对场所有特定要求,学校还需要做好劳动教育的安全保障。

第一节 学校劳动教育的整体规划

学校是劳动教育的实施主体,要加强学校劳动教育的整体规划,做好顶层设计,实现科学谋划、优化协调、精准高效、扎实推进,构建完善的、具有学校特色的劳动教育体系,充分发挥学校劳动教育的育人实效,进而努力促进学生德智体美劳全面发展。

一、学校劳动教育整体规划的含义和基本理念

在学校劳动教育的实践过程中进行整体规划,是在对学校劳动教育现状和问题进行深入分析的基础上探寻学校劳动教育实施的总体性、系统性策略,形成可持续开展的劳动教育实施方案。学校进行劳动教育整体规划时应树立以下三个基本理念。

(一)坚持融合育人,加强渗透协同

在德智体美劳全面培养的育人体系中,劳动教育与德育、智育、体育、美育是相互渗透、相互依存、相互促进的"五位一体"关系。劳动教育不是一种独立的教育形式,要将其与其他各育融通,进行全方位、全过程式的贯穿渗透,通过"五育融合"涵养学生个体生命发展历程的整全性。

融合育人的理念还体现在,劳动教育应渗透进学科教学之中,充分发挥其树德、增智、强体、育美的综合育人价值;劳动教育强调与学生当下的生活世界、未来的职业世界相融通,以生活为逻辑起点,从学生的个人生活导向社会生活,从而促进社会性发展;劳动教育需纳入人才培养全过程,贯通大中小学各学段,贯穿家庭、学校、社会各方面,坚持学校为主导、家庭为基础、社会为支持的实施策略,整合各种资源,实现"学校—家庭—社会"三方协同育人。

（二）提升劳动素养，促进全面发展

学校劳动教育须着眼于提升学生综合素质，促进学生全面发展、健康成长，追求劳动教育的全面性。因而，就教育的功能而言，应强调个人价值与社会价值相统一，不仅为学生健康发展、创造美好生活奠定基础，还为学生适应未来职业、服务他人与社会做好准备；就教育的目标而言，以培养和发展学生的劳动素养为核心，从劳动观念、劳动能力、劳动精神、劳动习惯和品质等不同维度对劳动精神面貌、劳动价值取向和劳动技能水平进行全面建构；就教育的内容而言，应注重日常生活劳动、生产劳动和服务性劳动的相互协调，突出在统筹规划下的重点实施。

（三）倡导主体参与，注重亲历实践

劳动教育的要义是动手实践，学生是教育的对象，更是实践的主体，强调身心合一、手脑并用。学校劳动教育应注重对学生动手实践的唤醒和激活，关注劳动过程中学生的学习是否真实发生。一方面，增加和拓展具体的劳动内容以充实劳动教育；另一方面，加大实践操作的环节容量，让学生出力流汗、磨炼意志，在获得锻炼的同时培养正确的劳动价值观和良好的劳动品质。此外，学校不能仅限于在模拟的劳动情境中开展劳动教育，更应有真实的劳动环境。因此要突出项目化的实践探索，规划、设计真实、综合的劳动任务，让学生亲历完整的劳动学习过程，通过自身参与去探究真实问题的解决方法，在反思、体认、感悟、内化、外化等学习环节中实现"劳心"和"劳力"相结合，共同作用于劳动素养的提升，使其在劳动教育过程中获得自我价值选择、自我生长发展的动力。

二、学校劳动教育整体规划的意义

在实践过程中，部分学校的劳动教育暴露出"做法很多、规划很少"的突出问题。学校原本设计了内容丰富、形式多样的劳动教育内容，但因为忽略了整体规划，出现目标定位不够明确、学段间缺乏关联性、实施过程随意化、执行效力低、劳动评价不相配等种种不良现象，这就难以取得理想的教育效果。可见对学校劳动教育进行整体规划是十分迫切且具有重要意义的举措，其意义突出表现在以下三个方面。

（一）通过整体规划能够更好地结合地域特点、依据学校实情开展教育，形成教育特色

劳动教育的特性要求必须加强学校教育与社会生活、生产实践的直接联系，在社会生活和生产实践中选择适合学生年龄特点的内容，引导他们动手实践。劳动教育面向真实的生活世界，势必会受到学生的生活环境与生活经验的影响，家庭环境、学校环境、社会环境的不同，都可能造成学校之间劳动教育效果的千差万别。有了整体规划，学校就能充分依据当地和本校实际情况，准确定位劳动教育，设置适切的教育目标，探索适合的教育策略，并对本校劳动教育的各方资源进行系统开发、整体设计，从而形成具有校本特色的劳动教育总体实施方案，打造劳动教育的学校品牌。

（二）通过整体规划能够更好地统整、协调教育实施途径，增强教育合力

学校劳动教育有多种多样的实施途径，这些实施途径或是与课程建设息息相关，或是与学科教学联系紧密，或是以社团、兴趣小组活动为载体，或是以主题教育活动为契机，或是要依靠家校配合，或是需设立劳动实践基地、与周边单位和组织形成共建等，涉及学校的多个部门、多项工作。学校对劳动教育进行整体规划，实施途径之间加强联系和支持，实现互相配合、相互补充，能更快、更好地达成劳动教育的目标。

（三）通过整体规划能够更好地梳理、融通教育内容，提高教育实效

"融合育人"的理念认为，学校开展劳动教育不是摒弃其他课程而"另起炉灶""独辟蹊径"。单从内容来看，劳动教育的部分内容与学校原有课程的内容存在着密切的联系，甚至有些内容是重叠的。例如，中小学的道德与法治、语文、历史以及综合实践活动课程等都包含与劳动教育相关的内容，从学校层面上对劳动教育进行整体规划，能归并、融合一些内容，既可以有效避免相同或相似内容的重复实施而挤占原本就有限的学校教育教学时间，在一定程度上减轻教师和学生的负担，同时也保障了另外一些教育内容得到有效落实。

三、学校劳动教育整体规划的基本原则

学校劳动教育整体规划的基本原则是对学校劳动教育进行有效整体规划所必须遵循的基本要求，它是合目的性与合规律性的统一。从合目的性的角度看，学校劳动教育整体规划必须符合新时代培养社会主义建设者和接班人对加强劳动教育的新要求，完成学校劳动育人的基本目标任务；从合规律性的角度看，学校劳动教育整体规划必须符合当代青少年成长的规律和学校劳动教育的规律。下面从合目的性与合规律性相统一的视角出发，提出学校劳动教育整体规划应坚持的四个基本原则。

（一）长远性原则

学校应立足校情对劳动教育进行科学有效的规划，注重教育与生产劳动相结合时能与时俱进，在内容上、方法上不断有新的发展。学校不但要看到学校劳动教育实施的近期需要，更要预见到劳动教育在学校整个育人体系中的长远价值和作用，积极探索学校可持续发展的劳动教育模式，创新体制机制，注重教育实效，营建劳动教育的学校生态系统。

（二）系统性原则

学校应构建劳动教育的健全体系，根据不同学段加强纵向衔接、促进横向协调，关注不同阶段劳动教育的渐进性，形成学校劳动教育的目标体系、内容体系、素养体系、课程体系、教学体系、评价体系等。这样的系统建构，也反过来促进劳动教育更好地融入整个学校育人体系，使其成为学校培育时代新人的有效途径。

（三）融通性原则

学校应坚持以包容、开放、多元的视角实现多种劳动教育资源和教育主体之间

的融会贯通,多维度扩充学校劳动教育的内涵和外延,关注劳动教育与学科专业及德智体美四育之间的融通,打通劳动教育与其他四育之间的通道;关注学校与其他教育场域之间的融通,通过场域的丰富促进劳动的丰实、教育的丰盈;关注各教育主体之间的配合,落实劳动教育中学校的主导作用、家庭的基础作用和社会的支持作用。①

（四）适应性原则

学校应根据当地实施劳动教育的生活和生产环境以及学校的自身实际丰富劳动教育的实施路径,注意适应本校学生的年龄特点和知识与能力水平,确保劳动教育内容的适切、劳动方式的适度、劳动强度的适量,宜工则工,宜农则农,因地制宜,因校而异,开展具有学校特色的劳动教育,避免"一刀切"。

四、学校劳动教育整体规划的内容和方法

劳动教育是一个浩大的系统工程,它与全部教育工作一样,都是专业性事业,仅仅依靠开设一门必修课程或是开展一些碎片化的活动是无法达成其目标要求的。学校应结合所处教育阶段的教育目标、学校的办学特色及学生的实际发展状况,系统设计劳动教育的目标、内容、实施路径与评价方式等,研制学校劳动教育的总体实施方案和学年（或学期）劳动教育计划,使劳动教育真正成为学校育人体系的有机组成部分。学校劳动教育整体规划的内容和方法如下。

**劳动即生活：
小学劳动教育
常态化实施行
动**

（一）明确劳动教育责任主体,完善工作机制

学校应树立"全员育劳"的意识,确保全员担当起"育劳"的使命。这里的"全员",主要是指学校的劳动教育教师、管理人员以及各类提供服务的人员,当然还包括家庭成员、社会人员以及政府机构等。要实现劳动育人,必须充分发挥各类主体的作用。

就学校而言,须将劳动教育纳入学校长期发展规划,并明确负责劳动教育的主管校领导,由相应的学校行政机构或确定相关管理部门牵头,负责统筹开展劳动教育,制订计划与实施方案。计划与方案的制订要立足本地、本校及学生实际,指导性、操作性要强,切忌空泛;同时,细化职责和运行制度,构建科学的工作机制,并对人力和物力进行相应安排。教师作为学校落实劳动教育的主力军,是开展劳动教育的关键群体,学校在进行整体规划时也要重点考虑教师的分工和调配。

（二）厘清劳动教育的目标、内容,实现精准定位

学校劳动教育的目标是由多个要素集合构成的。学校在进行整体规划时,无论是长期的学校劳动教育总体实施方案,还是短期的学年（学期）劳动教育计划,都需要在分解和细化劳动教育总体目标的基础上,进一步明确本学段在各个方面、不

---

① 姬文广,李建华,韩董馨.新时代劳动教育课程十二年一体化建构的探索[J].劳动教育评论,2021（1）:49-58.

同维度所要达到的教育目标及相应的实施内容,并以此来统领学校劳动教育的顺利开展。

1. 小学阶段

小学阶段的劳动教育重在塑造习惯,发展生活自理能力。相比较而言,低年级注重劳动意识的启蒙,如乐于参与劳动、讲究劳动安全、感受劳动乐趣、爱惜劳动成果等劳动意识。受到年龄和能力的限制,低年级学生宜安排以个人生活起居为主要内容的劳动教育活动。中、高年级在低年级的基础上,更关注劳动习惯的养成,如主动承担家务劳动、自觉参与校园劳动和社区公益劳动的习惯等。在参与劳动的过程中还应培养以劳动为荣、尊重劳动和劳动者的劳动观念和态度。中、高年级小学生能力逐渐增长,因此劳动任务的设计要侧重锻炼他们的劳动技能,发展其自理自治的能力。

2. 初中阶段

初中阶段的劳动教育将劳动知识和劳动技能的掌握并重,在家政学习、社区服务与生产劳动中培养一定的劳动设计、操作、合作能力,实现生活自主。此阶段要注重劳动实践的精细化设计,力求让学生在一定劳动观念、劳动习惯形成的基础上进行劳动技能的学习锻炼。更为重要的是,活动中的劳动实践应该成为一种独特的综合学习方式——学生经历劳动、付出体力、完成任务,同时也综合运用了已有的知识经验,并内化学习新的知识和技能。整个劳动实践追求的是知行合一、手脑并用。

3. 高中(中职)阶段

无论是普通高中,还是中等职业学校,整个高中(中职)阶段的劳动教育均侧重强化职业意识。普通高中聚焦于丰富职业体验,通过自主选择参加服务性劳动和生产劳动培养学生的职业兴趣,养成吃苦耐劳、甘于服务他人和社会的品质,促使学生形成科学的世界观和人生观,增强学生生涯规划的意识和能力,为其选科决策和高考志愿填报打下基础。中等职业学校则重视培养工匠精神和爱岗敬业的劳动态度,结合专业特点系统设计劳动教育内容,加大实习实训的比重,重基础、强应用,重实践、强创新,提高职业劳动技能水平,培养专业人才。

4. 大学阶段

大学阶段的劳动教育注重创新创业,着力造就学生的劳动精神品质。劳动教育规划应建立在培养专业人才这个根本任务的基础之上,深度融合劳动教育和专业教育,结合专业特点把劳动教育纳入人才培养方案,围绕"创新"将新知识、新技术、新工艺、新方法等的运用渗透进劳动教育的内容之中,让大学生在专业化、创造性的劳动中陶冶高尚情操,树立劳动的文化自觉,培养自强不息的奋斗精神。

(三)抓好劳动教育的实施途径,课程、实践并举

在众多实施劳动教育的途径之中,课程和实践始终是落实学校劳动教育的"灵魂",因此学校在进行劳动教育整体规划时应着重关注、着重设计。

1. 规划劳动课程

课程是学校实施劳动教育的载体和依托,学校应从整体上进行统筹,科学设置系列课程,形成功能各异、相互关联的学校劳动课程体系。

（1）开好劳动教育必修课程

学校要严格落实《纲要》的规定"在大中小学设立劳动教育必修课程","中小学劳动教育课平均每周不少于1课时","职业院校开设劳动专题教育必修课,不少于16学时","普通高等学校要将劳动教育纳入专业人才培养方案,明确主要依托的课程,可在已有课程中专设劳动教育模块,也可专门开设劳动专题教育必修课,本科阶段不少于32学时",明确劳动课程地位,确保底线要求,不得占用和取消劳动教育必修课程。

（2）与学科课程融合渗透

梳理和充分发挥各类课程中蕴含的劳动教育元素,挖掘各学科课程和专业课程教学中隐性的劳动教育功能,深入课堂教育教学,重点关注劳动教育的渗透点,借助其他学科课程作为教育载体来实施劳动教育。

例如,中小学可以将学科课程划分为与劳动教育强关联与弱关联两大类,对于诸如道德与法治、语文、历史、艺术等关联性较强的学科,应将马克思主义劳动观及中华优秀劳动传统、劳动品质等内容纳入其中;对于诸如数学、科学、地理、技术、体育与健康等关联性较弱的学科,应将劳动的科学态度、规范意识、效率观念和创新精神等内容纳入其中。

（3）研发校本劳动课程

作为劳动教育必修课程的有效补充,研发校本劳动课程对学校劳动教育目标的落地、学生劳动素养的培育有着十分重要的价值和意义。

研发校本劳动课程,学校首先应站在丰富学校课程体系的高度,从劳动教育的视角来统整各年级学生、各学科知识、各教育环节、各方参与人员和多种育人环境,根据域情、校情、生情,尤其依托学校自身条件和资源,对劳动教育的相关主题进行分类、整理、优化、再开发,着力打造学校劳动教育的特色,进一步丰富学校劳动教育的内涵。

2. 规划劳动实践

实践是学校劳动教育开展的主要路径。劳动教育强调体验、实践,劳动课程的实施也应突出在实践中体验,强调"做中学"。

（1）确保每周课外活动与校外生活中的劳动时间

按照相关要求,小学1~2年级劳动时间不少于2小时,其他年级劳动时间不少于3小时;职业院校和普通高等学校要在学生的日常管理中,根据具体情况明确生活中的劳动事项和时间。这一要求可以将劳动教育和学生的个人生活、校园生活、社会生活有机结合起来,促使学生真正从身边小事做起、从细微处参与劳动。

（2）落实每学年劳动周的安排

劳动周是学校劳动课程的特殊形式,能为学生提供集体劳动实践的宝贵机会。小学阶段的劳动周以在校内开展为主,小学高年级可以根据实际情况安排部分校外劳动实践；普通中学、职业院校和普通高等学校应校内校外兼顾。在进行学校劳动教育的整体规划时，劳动周的时间安排要有灵活度，可拆分实施，也可集中安排为劳动月。

（3）构建学校劳动实践体系

学校开展的日常生活劳动、生产劳动和服务性劳动三类劳动包含了家务劳动、班务和校务劳动、公益劳动、简单生产劳动、技术性劳动以及工艺劳动等多种劳动实践内容，学校应针对不同阶段、不同学段进行科学编排，构建学校劳动实践体系。目前中小学校的主要做法有：在校园文化生活中积极搭建劳动实践的平台，如设置学期劳动任务单，组织与劳动教育相关的兴趣小组和社团活动，结合节日纪念日开展劳动实践活动等；全面推进劳动教育与校内外志愿服务活动的融合；推动校企合作，把劳动教育融入学生的专业实习实训之中；可以把劳动教育与创新创业教育相结合，开展创新性的社团活动、系列竞赛与创赛、创业培训和创业实践等。

（4）加强劳动实践基地建设和开发

劳动实践基地是开展劳动教育的重要保障。学校劳动实践基地大致可以分成三类：学校自己的劳动实践基地和场所；政府专门设立的学校劳动实践基地；社区、企业等提供的劳动体验与实践场所。校内的劳动实践基地应本着"不求所有，但求所用"的宗旨将学校现有的专业教室、校园农场、校园绿化等资源充分利用起来。政府专门设立的学校劳动实践基地，具有一定的专业性，应该充分挖掘劳动的地域性特色进行专门设计，让学生从中系统地了解、体验当地主要产业劳动的基本情况。社区、企业等提供的劳动体验与实践场所，则需要社区、企业与学校共同开发适合学生进行劳动操作的项目。

（四）形成多元全面的评价办法，关注素养发展

学校应该把评价作为劳动教育实施不可或缺的一环，在进行劳动教育整体规划时应认真设计。例如，制订学校劳动教育的考核细则，为劳动教育的持续开展提供激励保障，以班级、年级、专业或院系为评价对象，从劳动实践基地建设、劳动课程落实、过程性体验、劳动成果展示等方面进行考核与奖励。再如，建立健全劳动素养评价体系，以学生个人为评价对象，明确学年劳动实践类型、次数、时间等考核要求，指导学生如实记录劳动教育活动情况，将其纳入综合素质档案，作为学生学年评优、评先与升学的重要参考。

（五）加强劳动教育教师队伍建设，提供专业支持

学校在进行劳动教育整体规划时，不可忽略劳动教育教师队伍的建设，具体需要做好以下三个方面的工作。

1. 配足配齐劳动教育教师

学校首先应确保劳动教育必修课程的教师配备。建立以专业教师为主、兼职教师为辅的稳定的劳动教育教师队伍；充分发挥班主任、辅导员、导师等教职员工在劳动教育中的重要作用；借助家长、周边单位及学校所在地区的资源，多形式聘用各行各业的专业人士担任兼职劳动教育教师。

2. 提升劳动教育教师专业化水平

学校要开展劳动教育的全员及专项教师培训。要把劳动教育纳入教师培训体系，让教师将劳动教育的内容渗透在自己学科专业的日常教学之中；定期培训劳动教育教师；在校内组建劳动教育教研组，给教师提供必要的交流平台；加强不同区域、不同学段劳动教育教师的交流和沟通。

3. 建立劳动教育教师的考核激励机制

学校应把对劳动教育教师的激励机制纳入全校教师工作总体考核方案，将开展劳动教育的情况核算成每个学期工作量的组成部分，明确细化考核要求与办法，并与教师的评优评先、职称评定等挂钩；通过奖励机制鼓励劳动教育教师创新，开展有特色的劳动课程，充分发挥教师的主观能动性，大力表彰在劳动教育中表现突出、成绩优异的教师。

五、学校劳动教育整体规划需要注意的问题

根据《纲要》的相关要求，学校在进行劳动教育整体规划时需要注意协调好以下几个方面的关系，有效避免问题的出现。

（一）理论学习与实践锻炼相统一

学校劳动教育整体规划应做到理论学习与实践锻炼的统一，但坚持以实践锻炼为主。坚持以实践锻炼为主，是因为学生劳动价值观的形成不能仅凭说教，而是要遵循劳动教育的实践性特质，让学生亲历劳动、手脑并用，能真切体验到劳动的苦与乐，能在真实的劳动场域和实践劳作中获得相应的劳动态度和情感、劳动知识和技能、劳动习惯和行为、劳动思维和素养，实现劳动学习内化于心、外化于行，从而树立正确的劳动价值观。

（二）劳动教育与其他教育活动相整合

只依靠劳动教育的"孤军奋战"，教育效果必定大打折扣；而重复开展、割裂进行各育活动的情况又可能造成教育资源的消耗、教育时间的浪费等问题，增加师生负担。因此，学校对劳动教育应系统规划、整体设计，充分拓展每一个教育活动中多维度、多层次的教育价值，充分发挥多种劳动教育载体的作用。[①]例如，在中小学，可以做好劳动教育和学校德育活动、综合实践活动课程等相关内容的统筹规划。

（三）劳动的传统形态与新形态相兼顾

学校在进行劳动教育整体规划时需要考虑新劳动形态，要在传统与现代之间找到结合点与平衡点。中小学要在安排生产劳动和服务性劳动项目时，兼顾新型劳动，可以从劳动内容上求新求变，也可以通过使用新工具、运用新技术和新方法来创新劳动。

---

① 乐进军. 新时代劳动教育中几个重要关系的处理[J]. 教学与管理（中学版），2021（34）：4-7.

第二节　学校劳动教育的资源整合

《意见》指出,劳动教育是中国特色社会主义教育制度的重要内容,直接决定社会主义建设者和接班人的劳动精神面貌、劳动价值取向和劳动技能水平。作为《意见》的配套文件,《纲要》更重点针对劳动教育是什么、教什么、怎么教等问题,对学校提出了细化要求和专业指导,如"独立开设劳动教育必修课","在学科专业中有机渗透劳动教育","在课外校外活动中安排劳动实践","在校园文化建设中强化劳动文化",归根结底就是要"将劳动教育纳入人才培养全过程,丰富、拓展劳动教育实施途径"。这是党和国家在新的历史时期对学校、社会、家庭提出的新要求。要完成这一历史使命,学校需要在发挥劳动教育主导作用的同时,拓展和整合多方面的资源,为提高大中小学劳动教育质量和水平提供保障。

一、劳动教育资源的概念

劳动教育资源是中小学开展劳动教育的重要载体,是校内外有助于开展劳动教育活动和培养学生劳动能力、劳动精神的一切资料。劳动教育资源来源于人们的劳动经历和生活经验,服务于劳动教育,并且能使学生感悟"劳动最光荣""劳动最美丽"等。

二、劳动教育资源整合的意义

学校课堂是进行劳动教育的主阵地,但学校毕竟不是纯粹的劳动场所,教师也不是专业的劳动技术人员,因此,学校进行劳动教育的资源是有限的。学生进行劳动实践需要各种真实的劳动情境,学校现有的物质条件满足不了劳动教育的多样化实践要求,在一定程度上阻碍了学生劳动素养的全面发展。

家庭中存在着许多真实的劳动情境和劳动实践需要,这是对学生进行劳动教育的宝贵资源,是学校劳动教育资源的有效补充。

从社会层面来看,我国幅员辽阔,不管是现代化的城市还是偏远的乡村,都可以利用现代化资源或自然资源因地制宜地开展劳动教育。无论是街道、工厂,还是乡村、田野,都能让学生认识社会劳动、参与社会劳动。

综上所述,只有在学校、家庭、社会三方形成合力的情况下,劳动教育资源才能进行整合、优化,才能真正为学生提供多样化的劳动实践场所,使学生从多维度积累劳动认知和体验,形成正确的劳动价值观。

三、劳动教育资源的具体内容

《纲要》指出:"中小学要推动建立以学校为主导、家庭为基础、社区为依托的协同实施机制,形成共育合力。学校要通过家长会、家长学校、社区宣讲、网络媒体等途径,引导家长树立正确的劳动观;明确家长的劳动教育责任,让家长主动指导和督促孩子完成家庭、社区劳动任务;学校要与相关社会实践基地共同开发并实施劳动教育课程。"

劳动教育资源主要包括学校劳动教育资源、家庭劳动教育资源和社会劳动教育资源三个方面。

（一）学校劳动教育资源

学校是劳动教育的主要阵地,学校劳动教育资源主要包括校内基础设施环境资源、课程资源与活动资源。

1. 校内基础设施环境资源

校内基础设施环境资源主要包括学校的教室、包干区、食堂、厕所、走廊以及学校绿化带等场所。在一般情况下,学生先从自我服务做起,先负责自己的课桌、书包柜等物品的清洁与维护;随着年龄的增长,学生开始参加服务他人的劳动,如承担教室、包干区卫生的打扫,帮助收发饭盒等。

2. 课程资源

劳动教育课
"好习惯　大收获——整理书包"

课程资源主要包括国家课程资源和校本课程资源。国家课程资源包含丰富的劳动教育元素,教师在教学中应充分地挖掘劳动教育内涵,将学科教学与劳动教育有效融合,补齐育人短板。这是学校的重要任务,也是学科教学的应有之义。

校本课程资源是指学校在充分挖掘现有劳动教育资源的基础上,统筹规划、优化理念、科学设计,编写出的适用于学校劳动教育的校本课程教材,让学生系统地进行劳动实践。

3. 活动资源

劳动教育需要组织各种劳动实践和体验活动。学校可以依托各种与劳动相关的节日、纪念日以及学生日常生活情境开展丰富的劳动活动,可以使学生在饶有兴趣地参加劳动实践的同时,习得更多的劳动技能,获得更深刻的劳动体验。

（二）家庭劳动教育资源

家庭是学生进行劳动教育的重要场所,发挥着劳动教育的基础性作用。家庭日常生活中存在大量真实的劳动情境,劳动教育资源无处不在,学生在家庭生活中享受着劳动成果,间接或直接地参与劳动过程。家长作为孩子的第一任教师,其正确的劳动观念、劳动习惯、劳动态度可以逐渐形成家庭劳动文化,对孩子起到榜样的作用。

（三）社会劳动教育资源

《纲要》指出:"要联合社会力量,共建共享稳定的劳动实践基地、校外实习实训基地、各类型创新创业孵化平台,多渠道拓展劳动实践场所。""将劳动教育与学生的个人生活、校园生活和社会生活有机结合起来,丰富劳动体验,提高劳动能力,深化对劳动价值的理解。"社会是劳动教育资源最为广阔的场域,应发挥对劳动教育的支持作用。各种各样的社会劳动实践基地、职业体验平台的出现,让学生对日常生活劳动、生产劳动、服务性劳动有了更直观的认知和初步的体验。社区组织的文明城市创建、爱国卫生运动和为特定人群提供服务的活动也是开展劳动教育的重要资源。这些活动都有助于加深学生对劳动意义和劳动价值的理解。

四、劳动教育资源整合的方法与途径

资源整合的意义在于"合"。学校、家庭、社会中蕴含着丰富的劳动教育资源，要在充分挖掘这些资源的基础上，不断整合、优化，才能使三方教育资源形成教育合力，发挥最大的教育作用。

学校是劳动教育的主要阵地，在劳动实践中应发挥主导作用，要在挖掘和利用自身劳动教育资源的同时，联合家长、社会的力量。

（一）整合校园设施环境中的劳动教育资源

学校中的教室、包干区等都是学生参与劳动的场所。目前，仍有相当一部分学校在校园内划定了包干区（或志愿者服务区），组织学生进行服务性劳动；各个班级也都安排了值日生负责教室卫生；一些学校还让学生参与食堂分餐与收拾餐具等劳动；还有一些学校在校园里开辟了"小农场""小菜园"，让学生体验农业劳动。这些都是从学校基础设施环境中挖掘的劳动教育资源，学校应合理规划与整合，并形成劳动教育方案。

案例

以下是南京市岱山实验小学"劳动日"方案（表 9-2-1）。

表 9-2-1　南京市岱山实验小学"劳动日"方案

活动目标		在劳动中，感受大汗淋漓的畅快，体验合作的快乐，增强劳动自豪感，强化劳动仪式感，培养尊重劳动、热爱劳动的观念和态度	
活动对象		全校学生	
活动时间		每周五中午	
活动内容	年段	低年级	中、高年级
	区域	教室	校园
	劳动内容	● 打扫教室及走廊地面 ● 擦拭窗台及玻璃、黑板、讲台、多媒体设备、外墙瓷砖 ● 整理课桌椅、书包柜、图书角 ● 养护绿植 ● 设计和制作劳动宣传口号	● 打扫走廊（含楼梯）、主干道路、操场、专用教室、卫生间（厕所） ● 擦拭楼梯扶手、专用教室的窗台及玻璃、黑板、讲台、多媒体设备 ● 拾捡主干道路、操场上的纸屑、塑料袋等杂物 ● 清洗卫生间（厕所）蹲坑、小便池、纸篓、盥洗池及梳妆镜 ● 整理专用教室的教学用具、实验器材 ● 设计和制作劳动宣传口号

续表

年段	低年级	中、高年级
区域	教室	校园
活动内容 · 劳动标准	<ul><li>地面干净、无灰尘和污迹</li><li>玻璃、台面、黑板、桌面和外墙瓷砖洁净、无灰尘和污渍</li><li>课桌椅、物品、图书摆放有序</li><li>垃圾及时倾倒</li><li>工具在指定位置摆放整齐</li></ul>	<ul><li>楼梯及扶手洁净、无污渍</li><li>主干道路、操场上没有纸屑、塑料袋、树叶等杂物</li><li>专用教室地面干净，桌面、台面、外墙瓷砖和窗台及玻璃洁净、无灰尘、物品摆放有序</li><li>卫生间（厕所）：室内无异味、臭味，蹲坑、小便池干净、无污垢，盥洗池和梳妆镜干净整洁、无污渍，垃圾及时倾倒</li><li>工具在指定位置摆放整齐</li></ul>
活动流程 · 活动前	<ul><li>班主任做好活动前的安全教育，提出劳动时的纪律要求</li><li>根据各年段劳动区域，班主任将学生分组，确定各小组的组长</li><li>各组长对组员进行明确分工，责任到人</li></ul>	
活动流程 · 活动中	<ul><li>各组长带领组员领取劳动工具，按照劳动内容和劳动标准，认真开展劳动实践</li><li>劳动中出现任何问题，组长要及时向班主任汇报</li></ul>	
活动流程 · 活动后	<ul><li>组长检查劳动效果，清点组员人数，进行活动反思和小结</li><li>各组收拾好劳动工具，并归还至指定位置</li></ul>	

（二）整合学科课程中的劳动教育资源

以小学为例，除了"劳动"课之外，"语文""数学""道德与法治""美术"等课程中也包含非常丰富的劳动教育资源。例如，统编版《语文》四年级下册教材中《清平乐·村居》一文描绘了一户乡村人家的生活情景，其中"大儿锄豆溪东，中儿正织鸡笼"等句生动地刻画了一幅乡村劳动场景。整首词表现出乡村生活的和谐、美好。教学时，教师可以引导学生领会"劳动创造了幸福生活"的价值意蕴。数学课中的劳动教育资源大多是隐性的，需要教师深入挖掘，如测量土地的面积、计算农作物种植的株距、单位面积施肥的质量等，这些都可以让学生在习得数学知识的同时，体会到数学和劳动相结合带来的乐趣。

案例

《清平乐·村居》教学片段①

师：诗中有画，画中有情。选取你觉得这首词中用得好的一个字或一个词，把你的理由说给大家听一听。

生：我觉得"喜"字用得好。从这个字中我读出了最让人喜爱的就是小儿子，让我联想到他躺在小溪边，两只手握着莲蓬使劲地剥着，剥出莲子放进嘴里，美美地吃着，双脚还自由自在地摇晃着的样子，真是可爱极了！

师：是啊，荷塘飘香的溪舍旁，洋溢着孩子的欢声笑语，不时回荡着"风景这边独好"的情趣。

生：我也觉得"喜"字用得好，不仅能抒发作者对小儿子的喜爱，还能感受到他对田园生活的喜爱与赞美之情。

师：为什么这么说？

生：因为田园生活非常恬静，人们都在辛勤劳作。你看小溪的东边，头戴草帽，身体健壮的大儿子正在豆田里除草。他一边锄地，一边擦脸上的汗。二儿子正在小院的中间编织一个大大的鸡笼，身边堆放着许多竹条，只见他熟练地把竹条编织在一起，嘴里可能还哼着小曲。我觉得他们虽然忙碌，但很快乐、很幸福。

师：他们整日劳作，真的快乐、幸福吗？

生：他们靠自己的双手劳动，所以很快乐。

师：劳动让他们的生活幸福、快乐！

生：虽然生活很辛苦，每天都要劳作，但是一分耕耘一分收获，到了丰收的季节他们就会有粮食吃，就会有收获。

师：看来，幸福是劳动创造出来的。当看到自己的劳动成果时，一定会收获快乐和成就感。

生：看到田地被打理得很好，看到鸡笼被编织得很好看，看到小鸡被养得肥肥的，肯定特别开心。

师：看来你领悟到了劳动的乐趣，还明白"劳动创造美"的真谛。

生：如果我是长辈，看到自己的孩子这么勤劳，我会觉得很高兴、很幸福。

师：这个角度很特别，很有自己的见解。

生：虽然很辛苦，但是他们积极地面对生活，日子过得井井有条，大人们辛勤劳作，孩子们自由地玩耍，所以很快乐。

师：是啊！他们朴实、勤劳，他们善良、乐观，看来劳动不但能创造美好的生活，还可以塑造人的美好心灵。在这美丽的乡村风光图中，我们感受到了劳动透射出的精神气象。怎不让人"喜"呢！

---

① 本案例由南京市岱山实验小学王丽娟提供。

这节课关注了劳动与学科课程的有机融合,让课堂有了别开生面之妙。教师通过对"喜"字的品读,引导学生想象诗句中描绘的画面,领略淳朴的乡村风光,学生融入诗境,在交流讨论中感悟劳动最光荣、劳动创造美好的生活,相信他们一定会对"劳动"有更深刻的认识。

（三）整合家庭中的劳动教育资源

劳动教育离不开家庭的支持。家庭日常生活是学生劳动实践最真实的情境,家庭中存在丰富的物质资源和人力资源。物质资源是指家庭中各种各样的劳动工具以及其他生活用品。学校要对家庭日常劳动进行分类与设计,要组织开展丰富多彩的家庭劳动活动,并指导家长教会孩子日常生活必备的劳动技能。例如,一些学校开展的生活劳动技能大赛,要求学生在家学习生活劳动的基本技能,然后在学校进行比赛和展示,这样既调动了学生的兴趣,又发挥了家长的协同作用,让学生在习得劳动技能的同时又增强了劳动体验,体会到劳动的成就感。例如,南京市岱山实验小学以"班级宴会"为情境,要求学生在家长的指导下学习烹饪,然后在学校展示烹饪技能,分享美食。这种活动既让学生掌握了烹饪技能,又让学生体验到劳动的艰辛与快乐。人力资源主要指家长,首先家长是向孩子传授劳动技能的最好的老师;其次,家长是保护孩子安全进行劳动实践的最佳负责人;最后,家长本身也是社会劳动人员,可以带领孩子进行社会劳动的调查与体验。

南京市岱山实验小学日常生活劳动项目清单

案例

　　南京市岱山实验小学开展的"班级宴会"活动包括自主研究、家庭培育、现场展示三个部分。"班级宴会"的核心环节是现场展示,要求班级全体学生自定食谱、自学技能、自备食材、现场独立烹饪菜肴,共同分享。

　　开展"班级宴会"活动前,先进行分组,设立小组长,小组长要召集本组同学按照荤素搭配、营养丰富的要求制订菜谱,明确每位同学需要展示的菜肴。学生在父母的指导下学会这道菜的烹饪方法,再到学校现场展示烹制菜肴的全过程。

　　"班级宴会"的现场展示分为准备、烹饪、分享、整理四个阶段,每个阶段都需要学习相应的劳动技能。

　　（1）准备阶段学生们先要穿好统一的围裙、戴好厨师帽、清洁双手,接着理菜、洗菜、切菜,准备好调料和锅碗瓢盆等工具。

　　（2）烹饪是现场展示的重要环节,学生要独立完成烹制菜肴的过程,要求动作熟练并且能较好地掌握火候;完成菜肴制作后,清洗炊具,交接给下一位同学。

　　（3）分享是学生们最期待的环节,同组同学把自己做的菜肴集中到一起品尝,互相评价,可以是口头的称赞或建议,也可以在该小组的菜单上给自己满意的菜品郑重地打上一颗五角星。获得称赞的学生会感受到劳动带来的成就感,增强劳动的自信心。获得建议的学生可以进一步完善自己的烹饪方法,提高自己的劳动技能。如果有家长志愿者来现场指导,要向家长表示感谢并邀请其入席用餐。品尝过后小组长要组织本组组员对活动进行反思,说一说做得好的地方和需要改进的地方,交流参加活动的感悟。

（4）用餐完毕即进入整理阶段,小组按照分工完成餐后整理工作,收拾餐桌、清洗餐具、整理餐具、打扫卫生。

"班级宴会"活动从三年级开始举行,学生从中得到锻炼,逐步学会炒、烧、蒸、炸等基本烹饪方法,掌握与烹饪密切关联的生活劳动技能。从"西红柿炒鸡蛋",到"青椒炒肉丝",再到"清蒸鲈鱼""红烧排骨",到小学毕业时每个学生都能做出8道家常菜。

"班级宴会"活动是一个完整的教育情境,让学生亲身经历劳动的全部过程,提高了学生的劳动热情,转变了学生的劳动态度。

（四）整合社会优质劳动教育资源

我国地大物博,无论是城市还是乡村,都可以因地制宜地挖掘丰富的劳动教育资源,例如,一些城市建设了学农实践基地或劳动实践园,还有各种各样的职业体验馆等。社区是学生生活的场所,也是学生进行社会劳动的理想场域。学校应在充分调研的基础上,整合社会优质资源,走出去或请进来,设计符合校情、学情的劳动实践活动,以达到丰富学生劳动认知、培养学生正确的劳动观念的目的。

媒体资源、影视资源也是社会优质劳动资源不可忽视的一部分,如优秀的劳动题材纪录片。

（五）整合传统文化中的劳动教育资源

我国历史悠久,传统文化中蕴含着丰富的劳动教育资源。如端午节,学校可以组织学生学习包粽子、编织香囊等;植树节,学校可以组织学生开展植树活动。一些纪念日,如"学雷锋纪念日",学校可以组织学生开展为他人服务的劳动。学校还可以自主设计节日,如美食节等。

此外,一些有关劳动题材的古诗、谚语、故事,教师也可以让学生进行诵读和传唱,用中华民族热爱劳动的优秀传统来濡染学生。

总之,学校应汲取传统文化中的劳动教育资源,开展丰富多彩的活动,形成校园劳动文化。

五、学校劳动教育资源整合需要注意的几个问题

学校劳动教育资源整合要注意以下几个问题:

（一）顺应学生身心发展规律

根据劳动教育目标，不同学段的学生应安排不同的劳动教育内容。学校在进行劳动教育资源整合的过程中应兼顾各学段、各类型学生的特点。

（二）防止重资源、轻教育

劳动教育资源整合要服务于劳动教育，并非多多益善，要把握劳动教育的内在逻辑，充分发挥劳动教育资源的育人功能。资源应按照"最近发展区"原则适当选取，整合的过程坚持以学生为中心。

（三）与培育学校劳动教育品牌相结合

每个学校都有自己独特的办学文化，劳动教育品牌的培育离不开办学文化的滋养。劳动教育资源整合要聚焦于劳动教育品牌建设，不能泛泛而谈、无的放矢。所要整合的资源应以学校现有资源为主，结合办学文化实现资源整合。

（四）要因地制宜

每个地区的产业结构、业态分布各有特点，学校要在准确把握劳动教育核心要义的基础上，因地制宜地进行劳动教育资源整合，不要追求"新奇特"，更不能盲目跟风，造成资源浪费。

（五）与时俱进，关注社会热点事件

一些社会重大事件、热点事件也可以作为劳动教育资源进行整合。学校可以将这些事件作为主题，设计校本课程，引导学生深入学习和探究。

案例

　　南京市岱山实验小学教师研发了"厉行节约反对浪费"项目课程，基于对重大事件的关注，结合生活情境开展劳动教育。该项目课程设计了"粮食要爱惜""文具不浪费""衣着尚简朴""家庭讲节俭"四个研习单元。其中"粮食要爱惜""文具不浪费"两个单元让学生关注日常生活中的粮食浪费和文具丢弃等情况，在调查浪费的过程中思考节约粮食、爱护文具的办法。"衣着尚简朴"单元从搭配衣裤入手，帮助学生形成自己的穿衣美感；通过"朴素"还是"时尚"的正反辩论以及张桂梅校长的榜样示范，引导学生树立正确的审美观和穿衣观。"家庭讲节俭"单元启发学生关注家庭中可能存在的其他浪费行为，如调查家中水电气使用情况、存在的浪费现象，为节约日用品想妙招等，增强了学生的家庭主人公意识。除此之外，"家庭节约会议"和"践行公约记录表"栏目，以学生为纽带，带动家庭成员一起严格执行勤俭节约公约。学生根据项目课程的指导，利用周末及假期的时间，通过小组合作的形式，在家长的帮助下开展自主研究，完成项目课程。教师定期检查、评估学生的完成情况并进行指导。"人不但要勤劳，还要节约，二者缺一不可。"这是四年级8班王一阳同学在自主研究后的心声。经过一个完整的项目课程研习活动，学生普遍拥有了"厉行节约反对浪费"的意识，校园浪费

情况得到了改善,家庭节约意识也不断增强。

以下是南京市岱山实验小学三年级日常生活劳动设计(表9-2-2)。

表9-2-2 日常生活劳动设计示例

劳动序列	劳动流程	劳动标准
我会叠衣服	1. 将衣服平整地铺在床上或桌上 2. 将左右手的衣袖横向叠在胸前 3. 将衣服的下摆向上对折叠放 4. 将衣服左右对折叠放	1. 衣服叠整齐 2. 分类摆放 3. 方便取放
择菜、洗菜小能手	1. 切掉菜根 2. 把黄的、有虫眼的、烂的菜叶扔掉 3. 取大盆,放水,洗净 4. 把菜捞出,控净水分	1. 会取舍,不浪费 2. 清洗干净
碗筷真干净	1. 盆中放入适量洗洁精,用水冲开 2. 先搓洗筷子,每根筷子都要洗到 3. 洗碗,碗内外都要洗 4. 冲洗碗筷,沥干,摆放整齐	1. 及时行动 2. 干净整洁 3. 摆放整齐 4. 节约用水
今天我来擦玻璃	1. 先用软扫把将玻璃上的灰尘打扫干净 2. 用湿抹布擦拭玻璃 3. 用干报纸或者干净不掉毛的抹布擦干玻璃	1. 玻璃擦得干净明亮 2. 擦洗物品归位
做一次营养粥	1. 选取的营养配料若为红枣、枸杞等,放在水里浸泡10分钟左右洗净 2. 选取的营养配料若为肉类,加盐、淀粉后抓匀 3. 煮粥时,米和水的比例一般为1:4,如果想喝稀一点的,可适当加大水的比例;想喝稠一点的,就减小水的比例	1. 搭配有营养 2. 软糯可口
做一道西红柿炒鸡蛋	1. 把西红柿洗净切成块,将葱、姜切成沫放入盘中备用 2. 将鸡蛋打入碗中,用筷子搅拌均匀 3. 将锅烧热,放入油,把鸡蛋炒熟,盛出备用 4. 将锅烧热,放入油,油热下葱、姜爆香 5. 放入西红柿和鸡蛋翻炒,加入盐等调味料,翻炒均匀	1. 色泽鲜艳 2. 鲜嫩可口

第三节　学校劳动教育活动的开展

本节的活动是相对于课堂教学而言的,学校活动可以理解成为达到某种教育目的而在学校所采取或开展的一种有目的、有计划、有组织地对学生实施的育人行动。相比正式的课堂教学,活动拥有不同于课堂教学的灵活性和丰富性,可以将各种教育要素巧妙地融入多元化的活动过程中去。学校活动既是锻炼和提高学生能力尤其是专项素质能力的有效载体,也是德智体美劳全面育人的重要阵地。新时代劳动教育的实施必然要重视学校活动这一载体,因而开展学校劳动教育活动成为教师和学校管理者不可忽视的工作内容,同时这也是教师专业素养的体现。

一、学校劳动教育活动开展的意义

劳动价值观的培养是劳动教育的本质所在,劳动素养的提升是劳动教育的核心目标。不论是劳动价值观的树立还是劳动素养的形成,都要求劳动教育必须是一种能够参与、体验实践的教育活动,有其特殊的教育环境、教育方法和教育方式。

学校劳动教育活动是一种特殊的教育途径:其一,学校劳动教育活动可以渗透劳动教育目标与内容,有机融入劳动课程之外的劳动教育内容。其二,它不受课程计划、教学大纲等的限制,能够在教师的组织下根据学生自身兴趣、水平基点、接受能力,并利用学校及周边现有特色资源灵活开展。其三,它可以突破原有的教师和学生之间的角色,学生在活动过程中已不再是"被动的学习者",而是自主探究的行动者,同样教师的角色也从课堂的"绝对主导者"转变为参与者。其四,学校劳动教育活动可使参与其中的学生手脑并用,通过活动搭建学生掌握基本劳动知识、技能的任务场景,从而在活动中使学生可以面对真实的日常生活劳动、生产劳动和服务性劳动。

二、学校劳动教育活动开展的原则

苏霍姆林斯基认为,只有经过精心设计的劳动活动才富有教育意义,新时代推进劳动教育必然要明确开展学校劳动教育活动需遵循的原则。

(一)整体性、系统性原则

学校劳动教育活动虽然能打破劳动课程的一些缺点,并对其进行补充,但是自身也存在一些弊端,零散的劳动教育活动因缺乏计划性很难产生真正的教育效果,这就要求教师对学校和班级劳动教育活动的目标、内容、结构、实施进行全面考虑和统筹安排。同时,需要注意的是劳动课程与学校劳动教育活动并非是孤立的,如何实现两者之间的整体性、系统性也是教师需要考虑的重要问题。

（二）综合性原则

首先,劳动教育具有综合性,从内容来讲,包括日常生活劳动、生产劳动和服务性劳动中的知识与价值观,也就是说,劳动教育不同于纯粹的学科教育,其本身包括很多内容,因此,学校劳动教育活动的开展具有劳动教育所派生出来的综合性,既要囊括体力劳动活动,同时也需注重脑力劳动活动。其次,学校劳动教育活动的功能也是综合性的,教师既要引导学生会树立正确的劳动观念,又要培养学生必备的劳动能力和积极的劳动精神,还要帮助学生养成良好的劳动习惯和品质。

（三）过程性大于结果性原则

学校劳动教育活动开展的过程意义与结果意义是相等的。劳动观念、劳动精神、劳动习惯和品质等的培育、养成等是学校劳动教育活动期待的结果,虽然在学校劳动教育中学生呈现的实体成果在一定程度上可以代表教育效果,但劳动观念、劳动精神、劳动习惯和品质都是很难进行量化评价的。教师需要把握其生成和发展的属性,学生参与活动的过程、他们在活动中使用的工具、与团队建立的关系等过程经历都是学生发展的过程。在学校劳动教育活动开展的过程中,教师必须以过程性经历作为重心。

（四）开放性原则

摆脱了传统课程形式的学校劳动教育活动表现出较为明显的开放性。除需要注意活动时的安全之外,活动的目标、方式、内容等都可以在活动过程中根据进展情况灵活地转变,学生在活动中有着较为广阔的活动空间以及自主的时间安排,与活动开展的环境之间的交互也是开放的。教师需要把握活动的灵活性,并鼓励学生在学习和借鉴他人丰富经验、技艺的基础上,尝试新方法、新解决思路,探索新技术,推陈出新。

三、学校劳动教育活动的构成与内容

学校劳动教育活动的结构,是学校开展劳动教育的关键问题。学校劳动教育活动的总体结构恰当,学校的劳动教育形式就可以非常丰富,实践性较强,学生愿意参与其中。

（一）构成

人体上,学校劳动教育活动分为两类:第一类为单独设置的学校劳动教育活动,第二类为融入其他学校教育活动中的劳动教育活动。

单独设置的学校劳动教育活动必须解决经常化和制度化的问题,既要保证有每周、每月固定形式的活动,又要有本地化、季节化、暂时化的活动。具体要有以日常生活劳动为核心的个人劳动教育活动,要有教师在班级组织的阅读、观影等集体活动,也要有学校和教师组织的生产劳动和服务性劳动。制度化是对学校劳动教育活动开展的频率、形式以及时间提出的要求。同时,教育部门所倡导的每一学年的劳动周也要以制度的形式对其开展形式、内容予以框定。

融入其他学校教育活动中的劳动教育活动要采取灵活的方式。学校生活中处处都是劳动,学校开展的其他教育活动很多也带有劳动的属性。例如,在科技活动中,学生直接体验到的科技就是科技劳动的成果,文化、艺术品也都是人们劳动的成果。教师可以展示这些成果的产生过程,让学生在知识学习上体悟劳动的创造性,扩展学生对劳动观念的认知,还可引导学生参与这些活动,通过自己的劳动创造出自己的科技劳动成果、艺术成果。

(二)内容

学校要按照社会要求和学生成长需要相统一的原则,从内容上分设必修的劳动教育活动、选修的劳动教育活动。必修的劳动教育活动侧重社会和学生的共同需求,此部分可按照《纲要》以及各省劳动教育实施指南或行动方案中的内容要求编排。选修内容侧重具有不同劳动素养学生的个体差异性需求与自身兴趣,需要学校管理者和教师在评价学生劳动素养的基础上,制订多种层次、多种类别的选修劳动教育活动方案。必修和选修的劳动教育活动均由若干活动序列组成,每一种活动序列又都包含若干劳动项目。劳动教育活动序列以及包含的劳动项目的内容需要按照由简到繁、由浅到深、由高到低的逻辑进行编排,使得每一序列的内容以及其与劳动课程和实践之间形成具有系列化特点的内容结构。需注意的是,在必修和选修的劳动教育活动内容中还应体现本地和学校特色,因地制宜地结合现有资源开展学校劳动教育活动,做到劳动教育活动开展的真实性与实践性,这也是保证劳动教育活动落地成效的关键所在。

四、学校劳动教育活动开展的主要方式

(一)参与实践,身心齐动

实践能力的培养一直是我国教育改革的重点,对于学生而言,实践能力就是个体解决问题的能力。对于学校劳动教育活动而言,只有让学生在做中学,学生才能够运用所学知识,采用整合身边资源等方式解决其在活动中遇到的实际问题,获得丰富的劳动体验,创造劳动物质成果。例如,种植、养殖、修理等活动,只有经历这些活动,学生才能获得相关劳动知识与技能;学生只有"弯下腰、使出劲、流出汗",才能在通过自己的双手创造的有价值的物化劳动成果中,感受劳动过程的艰辛,体验劳动后的喜悦,感悟劳动的乐趣,从而养成珍惜劳动成果的习惯和品质,树立正确的劳动价值观。因此,有计划、有组织地创造学生可实际参与的学校劳动教育活动,引导学生积极主动地参与并亲历劳动的过程是学校劳动教育活动开展的主要方式之一。

(二)实景研学,切身体验

加强学校教育与社会生活、生产实践的直接联系是劳动教育的本质要求之一。学生只有在真实的社会场景中,才能感受劳动的意义,体验劳动的艰辛与快乐。除专门的劳动实践基地的途径之外,学校管理者和教师可以组织学生参观本地的工业

企业、农业生产基地,并参与各种职业体验活动,了解各行各业的知识,在整个生产过程中感受劳动技术和技艺所包含的辛苦劳动和持续的创新精神,学习劳动规范和劳动安全防护知识,依托企业发展历程引导学生树立奋斗精神。博物馆、科技馆等公共场馆也是实景研学的重要场所,例如,纺织博物馆、手工业博物馆等行业性质的博物馆展示该行业的发展历程,可引导学生学习不同历史时期的生产工艺流程;科技馆等可重点引导学生体会劳动工具、劳动技术、劳动形态的新变化,激发学生的劳动创新能力。

(三)设立项目,自主探索

项目学习是一种以学生为中心设计和执行项目的教学方法,学生能在项目中经历完整的劳动过程,从而激发自主劳动兴趣,进行深度劳动研究,进而获得劳动教育效果。[①] 学校劳动教育活动项目既可以从学生现实生活中的需要出发,也可以立足学校或者所在社区、村镇的需要,教师要从这些需要中引导学生发现、选择和确定劳动教育活动项目。这些项目包括以解决生活问题为主的个体性项目,以满足社区、他人需要为主的社会公益项目,以产品设计和制作为主的科技类项目。在设立项目时,教师要把好关,避免学生出现"打一枪换一炮"的做法。在项目进行过程中,教师要帮助学生建立全局意识,引导学生构思活动项目的过程与环节,不断优化项目的行动方案。

(四)开展主题活动,引领价值观

主题活动是学校劳动教育活动开展的重要方式和手段,能促进学生劳动价值观逐渐内化。学校可积极利用宣传栏、横幅、黑板报等媒介广泛开展劳动教育主题宣传;同时,通过主题班队会、国旗下讲话、校园讲座等活动形式,开展劳动知识宣传普及活动。学校管理者和教师还可以邀请在特殊时期坚守劳动岗位的人员,如疫情期间的医护工作人员、志愿者等交流、分享他们的工作;还可以邀请各种行业的从业人员,交流分享他们的日常工作。此外,教师还可以在班级内组织学生交流、分享参与劳动的经验和反思。主题活动还包括劳动文化和艺术主题活动,如观看弘扬劳动精神的电影作品、学习劳模事迹、阅读劳动书籍等。

五、学校劳动教育活动的评价

随着劳动素养逐渐纳入学生综合素质评价体系,学校劳动教育活动评价的重要性也随之凸显。评价自身不是目的,以评价促进学生的发展才是评价的真正目的。学校劳动教育活动评价应注意以下问题。

(一)评价方式与内容的选择

教师可对活动中创造出来的成果进行评价,这里的成果并不仅指劳动成果实物,还可以是学生的劳动经验、劳动主观收获等。教师还可以引导学生评价自己在参与活

---

① 王志宏,秦兴兰.项目式劳动教育课程的探索与实践[J].中国德育,2021(3):62-65.

动中各环节的表现,进而形成对下次活动提升或者改进的反思;同时也可在教师的引导下,由参与活动的各小组内部进行相互评价。

（二）评价中应注意的问题

首先,评价要重视"过程评价",学校劳动教育强调的是学生的自主劳动活动,强调在做中学。开展学校劳动教育活动的目的不是将评价的重点放在活动本身,而是放在学生在活动中的表现上。其次,评价应注意时效性,对活动中有所进步的学生应及时给予肯定和鼓励,以便形成正向反馈。再次,评价要灵活、客观、公正,需从实际情况和活动的具体条件出发,注意学生劳动素养之间的差异,综合运用多种评价方法。最后,评价结果的使用需谨慎、有效,计入学生综合素质的评价切不可随意。

第四节　学校劳动教育的安全保障

一直以来大中小学校园安全都是学校、家长以及社会高度关注的话题,校园安全关系到广大中小学生的健康成长、学校健康有序地发展,关系到万千家庭的幸福和谐,更关系到中华民族的未来和希望,需要全社会人人参与保障。校园中的劳动教育场所尤其如此,必要的安全保障不仅是开展劳动教育的前提与基础、重要支撑,更对学生树立科学的劳动观念,形成"生命至上,安全第一"的理念,具备初步的职业安全素质具有重要意义。《意见》将"多方面强化安全保障"作为"提升劳动教育支撑保障能力"的核心内容,要求"各学校要加强对师生的劳动安全教育,强化劳动风险意识,建立健全安全教育与管理并重的劳动安全保障体系"。这些论述为学校劳动教育的安全保障确定了基本思路。

学校劳动教育的安全保障是指在实施劳动课程教学活动或组织校外劳动教育活动的过程中,在学校负有安全管理责任的劳动教学设施、场所内,师生的生命财产安全及师生正常劳动教学能够得到保障。学校劳动教育的安全保障主要涉及以下几个方面的内容。

一、劳动安全教育体系的建立

劳动教育的主要对象是大中小学生群体,在通常情况下,这一群体的日常生活都是在学校和家庭中度过的,与外界接触较少,所以劳动安全意识较为欠缺,建立健全学校的劳动安全教育体系是增强学生安全意识、提高安全能力的首要策略和方法。学校的劳动安全教育体系包括学校劳动安全教育管理制度、劳动课程(读本或手册)中的安全教育内容、劳动安全警示标识、劳动安全须知等内容。

制订学校劳动安全教育管理制度应该先明确劳动教育相关课程及活动的内容、

范围和可能涉及的领域;其次,分析和梳理活动当中可能产生的安全问题、相对应的法律法规和场域特征;最后,结合参与课程或活动的学生特点及学校的特殊安全规范需求进行制订。

学校在编写劳动读本或手册时,凡是涉及动手实践、野外活动等项目内容的,在活动开始之前都要加入醒目、详细的提示,对活动过程加以规范、引导和警示;对可能危及师生安全的项目活动,必须对相关的劳动安全警示标识进行展示与解释。

在一般情况下,劳动安全须知都是针对特定劳动环境、特定劳动场景、特定劳动设备和工具等的安全使用需要编写的。劳动安全须知的编写,首先要确定所针对的劳动场域或设备、工具的性质、安全的特殊要求及重要性,其次对其使用规范及注意事项进行表述,最后还要说明应急处理方法及相关求助信息。

各级各类学校要加强对师生的劳动安全教育,强化劳动风险意识,科学评估劳动实践活动的安全风险,认真排查、清除学生劳动实践中的各种隐患,在场所设施选择、材料选用、设备工具和防护用品使用、活动流程等方面制订安全、科学的操作规范,强化劳动过程中每个岗位的管理,明确各方责任,防患于未然。

二、劳动安全保障体系的建立

劳动安全保障体系包括劳动所在环境的安全保障体系和劳动所使用工具的安全保障体系。

劳动所在环境的安全保障体系包括劳动环境、人文环境和自然环境等方面。其中,劳动环境是指劳动教育场所的劳动空间是否符合安全需求,安全通道是否畅通,照明和通风设施设备的配备是否符合国家相关标准,各项劳动安全警示是否齐全,工具、设施设备安装和布置是否合理等。如果学生是到基地参加校外劳动,还需要关注:基地住宿环境是否能够达到相应的卫生条件,如被褥、床单等的清洗与消毒是否规范;活动期间用餐环境、食材、饮用水等是否达标;等等。

人文环境方面应注意:劳动教育目的地是否人群密集,劳动教育目的地城市治安状况是否良好,当地方言是否会造成语言交流障碍,充分了解和尊重当地风俗习惯等。

自然环境方面应注意:了解当地的特殊环境、天气状况等。

劳动所使用的工具的安全保障体系包括劳动所涉及的各类工具、设施设备、防护用具及材料等的选择、使用、保养、维护和改造。

三、劳动实践活动风险防控体系的设计与实施

中小学校要建立健全学生劳动实践活动风险清单,及时研判可能影响学生劳动安全的风险隐患,积极采取针对性的预防及化解措施。

在劳动过程中师生可能会遇到各种可预见的和不可预见的突发事件,学校制订劳动教育活动应急预案,建立并完善劳动教育应急与事故处理机制是应对劳动教育

突发事件的关键,具体做法如下:

一是拟订翔实的活动方案。劳动教育活动要严格按照课程设计原则开展,学校根据校情、生情和课程延伸需要,提出合理计划,设计科学路线。

二是规范制订应急预案。在劳动教育活动开展前,学校要安排专人到目的地进行现场调查,判定是否符合活动开展要求,完善相关应急预案。

三是强化安全应急演练。在劳动教育活动开展前,学校要针对活动内容组织师生进行安全专题教育及演练培训。具体包括:一是防灾教育,教育学生注意躲避雷雨、冰雹,防范雷电伤害和动物伤害;二是防过敏教育,告诉体质过敏的学生不要近距离接触花草,不要在草地上睡觉,面部不要直接与花朵接触,以免引起过敏;三是饮食卫生教育,提醒学生不要摘食野果,不购食不卫生食品,不吃不清洁的食物,不喝泉水、塘水和河水等,以免发生食物中毒或肠道疾病;四是交通安全演练,学会上车、下车、系解安全带,不在车上打闹,不把身体任何部位伸到车窗外,掌握交通事故自救、逃生技能。

四是规范处置突发情况。外出活动难免会发生各类突发情况,学校要及时启动应急预案,科学应对;要及时处理小伤(病),正确处理火情。火情一旦发生,首先要逆风疏散学生,及时拨打火警电话。

五是建立活动现场应急保障。学校要充分了解目的地医院的分布情况,校医备足野外救护药品、器械,班主任可随身携带风油精、止泻药、抗过敏药等常见应急物品。

学校在开展校外劳动教育活动时还有可能遇到以下两方面的风险,需要引起组织者的高度关注。

首先是人员素质风险。第一类人员为学生群体与个体。主观因素包括意识、素养、行为等,客观因素包括疾病、体质等。广大学生特别是中小学生,容易发生脱离集体擅自行动、学生间因琐事产生纠纷、在活动过程中违规操作等不安全行为。由于未成年人身体机能尚未发育成熟,抵抗力较弱,或本身就存在过敏体质或既往病史等健康问题,在遇到一定诱因后,会突发疾病、意外伤亡,为劳动教育的管理增加了不确定性因素。

第二类人员为教师或管理人员。一是教师或管理人员在劳动教育活动期间出现身体及心理不适,不能正常履行安全管理职责;二是教师或管理人员缺乏职业道德,思想认识不到位、安全意识不强,不认真执行规章制度,对学生疏于管理,没有尽到管理责任;三是教师或管理人员应急能力差,对劳动教育活动内容和全过程不熟悉,未能提前了解活动内容是否存在不适合未成年学生身心特点或威胁其健康与安全的情况,缺乏应对突发事件的能力,在面对突发事件时束手无策。

第三类人员为社会人员。劳动实践基地一般是开放的社会场所,人员密集、结构复杂,中小学生群体因其应对暴力袭击的脆弱性,容易成为一些社会安全事件中的袭击目标。

其次是交通条件风险。一是交通工具。选择汽车作为公共交通工具时，如果师生乘坐的车辆本身存在安全隐患，出行前未做全面的车辆故障排查，则会增加交通安全风险。二是交通路线。劳动教育活动的路线选择不当，遭遇道路维修、封路、路面崎岖不平、乡村道路缺少交通信号灯等情况，或司机组织者对路线不熟悉，则会增加交通安全风险。三是司机素质。司机在出发前存在身体、心理不适等健康问题，影响正常驾驶；司机存在疲劳驾驶、酒后驾驶、超速、抢道等违法违规行为。

四、劳动安全问题应急处理

学生在劳动过程中不可避免地会出现一些劳动安全问题，如划伤、烫伤或摔伤等，除了积极预防外，教师还需要掌握一些应急处理方法，最大限度地保障学生的安全。学校劳动教育常见安全问题及处理方式如下：

一是意外擦伤。由于学生没有劳动经验，在劳动中极易引发意外擦伤，尤其手部、腿部或头部。若伤口较浅，仅仅蹭破了皮，只需将伤口处的泥沙等杂物清洗干净即可；若伤口较深或出血，应先用流水或生理盐水清洁伤口，再用酒精消毒，处理后无须包扎。

二是意外扎伤。劳动场域内会有铁钉、碎玻璃、植物刺及边缘锋利的叶子，这些都会扎伤、戳伤学生。处理这种意外事故的方法是：用消毒后的针或镊子将刺全部取出并挤出淤血，随后用酒精给伤口消毒；若扎入的刺难以拔出时，应及时送往医院处理。

三是意外划伤或割伤。学生在使用剪刀、小刀或触摸破碎的玻璃器具时，可能被划伤或割伤。处理方法是：用干净的纱布按压伤口止血，止血后在伤口周围用酒精由里向外消毒，敷上消毒纱布并包扎。

四是意外夹伤。学生在使用劳动工具时，手指可能会被工具夹伤或被工具砸伤，严重时可出现淤血甚至指甲脱落的现象。处理方法是：若无破损，迅速用水冲洗、冷敷，防止局部淤血，可减轻痛苦；若有出血，应消毒、包扎、冷敷；若出现指甲脱落，应及时就医。

五是眼睛进异物。在户外劳动最常见的眼内异物是吹入眼中的小沙粒。由于沙粒较为坚硬和尖锐，若贸然用力挤压或揉眼睛，可能会导致角膜受损。处理方法是：当沙粒入眼，教师要用干净的手帕或纸巾为学生轻轻擦拭，如未能取出异物，应及时去医院诊疗。

六是烧伤或烫伤。最常见的是开水、热汤、热粥引起的烫伤，火烧伤次之，偶有农药灼伤及电击伤。如遇火焰灼伤，应迅速使学生脱离火源；对被热汤、热粥烫伤的学生，应立即脱去浸湿的衣服，切忌强行撕拉，可用剪刀剪破撕开，充分暴露创面；若皮肤不慎沾上农药，要用大量清水冲洗；若烧（烫）伤只损伤皮肤表层，局部皮肤红肿、疼痛、无水泡，可将损伤部位用凉水反复冲洗，并在创面涂碘酒、清凉油或烫伤膏，不可随意乱抹肥皂水、牙膏、酱油等。

要减少或避免劳动教育活动中安全事故发生的概率，教师应有防患于未然的安全意识,因而安全防护工作至关重要,在活动前必须根据潜在的危险因素制订相应的防护方案,在活动过程中应采取严密有效的防护措施,从源头上防止安全事故的发生。

案例

江阴市华士实验小学和平校区校园卫生打扫安全事项

一、从各班的打扫范围来说

- 打扫学校大门口的学生,在打扫时小心过往车辆,注意及时躲避。
- 打扫楼前楼后的学生应小心楼上的同学往楼下扔东西,以防止砸伤。
- 打扫各专用教室的同学,别乱动不认识的东西,防止出现一些不必要的损伤,像化学实验室的一些药品都有腐蚀性,接触后会对身体造成伤害。

二、从个人所打扫的位置来说

- 擦门的学生应注意把门上锁,防止在门后打扫时,有人突然推门导致受伤。
- 擦玻璃的学生应该注意防止从窗台上摔下来。
- 擦灯棍、电扇、挂画的同学除注意摔伤外,还要小心触电,开灯时绝不能擦灯棍。
- 打扫台阶的学生防止踩空,导致摔伤。
- 清理垃圾道的同学应注意垃圾道里的一些碎玻璃、石头等,防止对自己造成伤害。往校外倒垃圾的学生注意躲避车辆。

三、从打扫过程来说

- 在打扫中杜绝玩耍打闹,防止误碰其他学生造成伤害,或者与一些擦灯棍、玻璃的同学玩耍使其或自己受伤。
- 在打扫中注意他人。有的同学扫地时,用力把笤帚打在别人脸上,造成伤害。清理垃圾道的同学使用铁锹时,注意别误碰伤他人,楼上同学别乱扔东西到楼下。

四、从非打扫卫生的学生来说

- 没有打扫任务的同学,应远离打扫区域,在行走中要避让打扫卫生的同学,防止出现不必要的伤害。

思 考 探 究

1. 学校劳动教育在劳动教育有着怎样的地位和作用?
2. 学校劳动教育整体规划需要注意什么问题?
3. 本地的劳动教育资源应该怎样整合到学校的劳动教育之中?
4. 现有学校开展的活动中,如何有效融入劳动教育?
5. 在学校劳动教育开展的过程中,常见的风险有哪些?

第十章
劳动教育教师

学习目标

❶ 了解劳动教育过程中教师的角色定位,熟悉劳动教育教师的职能。

❷ 掌握开展劳动教育所需的教学知识与技能,科学合理地组织劳动教育活动。

❸ 培育劳动教育教师高尚的育人情怀,形成对劳动课程的情感认同。

❹ 了解劳动教育教师的专业发展,自觉主动地提升专业化水平。

❺ 了解劳动教育研究的领域及团队组建知识,通过案例掌握劳动教育研究方法与路径。

　　新时代的劳动教育被赋予了新的时代内涵,对劳动教育教师提出了新的挑战。新时代劳动教育的有效实施,需要建设一支高素质、专业化的劳动教育师资队伍。从目前的现实发展情况来看,制约劳动教育可持续和谐发展的主要困境是劳动教育教师数量相对有限,尤其是具备充分理解劳动教育教学要求、切实具备劳动教育教学知识与技能和基本教学素养的合格师资存在明显短缺的现象。由于对"劳动教育教师的角色定位"缺乏清晰的界定,新时代劳动教育师资队伍存在的另一个问题是劳动教育教师专业水平不高,不能满足新时代劳动教育的需要。劳动教育师资建设的滞后成为制约劳动教育全面落实与可持续发展的薄弱环节,亟须针对劳动教育教师开展针对性的培训指导,强化师资力量。

　　因此,新时代的劳动教育教师必须把握新时代劳动教育的性质与理念,把握新时代劳动教育的目标,依据新时代劳动教育的任务要求,基于新时代劳动教育的社会性和实践性特点,建构并完善形成科学、高效的劳动教育模式;专注于教师的自我提升与能力发展,不断提高专业发展水平,把学生培养成新时代德智体美劳全面发展的社会主义建设者和接班人。

第一节　劳动教育中的教师角色

　　教师角色是教师在一定社会规范中履行一定社会职责的行为模式。[①] 在科技迅速发展的经济社会转型时代,人工智能和信息化等一系列新兴技术的出现给劳动教育赋予了全新的生命,创新了劳动教育的内容和形式,教师实施劳动教育的使命与任务也发生了相应的转变,社会对教师也有了新的期待,中小学劳动教育教师不只是被认定为知识的讲授者和技能的示范者,更多的是作为学生学习的引导者、课程与教学的设计者、知识与技能的分享者、精神与价值观念的宣传引导者,为劳动教育赋能,充分发挥劳动教育的综合育人价值。

一、学生学习的引导者

　　所谓引导者,即教师除去必要的讲解和指点外,需要从过去作为单纯的知识灌输者的角色中解放出来,成为学生学习的激发者、辅导者、各种能力和积极个性的培养者。[②] 随着"三全育人"(全员育人、全程育人、全方位育人)要求的提出,教师的工作性质与角色要求也被赋予了新的时代使命。在全面加强落实大中小学劳动教育的过程中,正确理解与贯彻劳动教育教师的责任担当是全面提高学生的劳动素养,实现学生知、情、意、行统一和谐发展的必然要求与重要路径。就劳动教育而言,

　　① 袁振国.当代教育学[M].北京:教育科学出版社,2010:73.
　　② 陈琦,刘儒德.当代教育心理学[M].3版.北京:北京师范大学出版社,2019:456.

教师要通过自身的言行来影响和激活学生的自觉性,帮助学生认识到劳动的意义与正确的劳动方法,促进学生主动投身到劳动实践中,让学生在劳动过程中找到发挥创造性的多种可能性,使学生成为真正热爱劳动的人。

学生劳动素养的养成是循序渐进的,教师需要按照学生认知发展的规律进行相应顺序的引导。在引导的过程中,教师要注意各个环节的联系,充分发挥多途径育人的教育合力。教师要扮演好引导者的角色,把学生放在课堂的中心和主体的位置,充分尊重学生的劳动需求和愿望。教师要通过各种方式和方法教育引导学生崇尚劳动、尊重劳动,进而促进学生劳动情感、劳动精神、劳动观念、劳动知识与技能等劳动素养的养成。[1]

教师在劳动教育过程中最重要的任务之一就是引导学生正确认识劳动的作用,在学生面前展现劳动之美与宣传劳动者的收获与幸福,用劳动传递出美与幸福来吸引学生更加自觉积极地投身于劳动实践。当人在劳动中确立了自己的信心,认识到自己的力量、才能和天赋时,劳动才能成为强大的教育力量[2]。教师通过施加思想浸染的影响,让学生从劳动中获得荣誉与尊严感,发自内心地热爱劳动、发现自己,从而最大限度地发挥劳动的育人价值。为了实现劳动教育的育人目标与发展任务,一个非常重要的手段与条件是教师让学生根据自己的兴趣、爱好、能力和志愿选择劳动种类和专业,在这种条件下掌握的技艺与专业才能被学生意识到它是自己将来要走的真正有意义的生活道路[3],进而引导学生在劳动成果中发现自己、获得幸福。

二、课程与教学的设计者

需要强调的是,针对不同年龄段的学生应开展具有针对性的专门化劳动教育课程,大中小学阶段的学生处于不同的身心发展阶段和学业发展时期,教师应考虑到各学段学生的差异性,立足学生的"最近发展区",并结合学生的学习方式、实践能力等进行课程开发和教学设计。如小学阶段应注重日常生活中的基本劳动知识与技能以及劳动意识和劳动习惯的培养;中学阶段应注重具有一定难度的生产性劳动技能以及劳动价值观和劳动精神的培养。[4]各学段劳动教育课程设计的核心原则是教师需要引导学生树立正确的劳动观念,用马克思主义劳动观指导学生的实践,帮助学生逐渐形成劳动自觉、不断提高劳动素养。[5]

教师应根据新时代劳动教育的任务,围绕劳动课程标准,自主设计适合学生的劳动课程的具体内容。教师应积极寻求校内劳动课程和课外活动相结合的途径,在

《上海市义务
教育阶段劳动
技术课程重构
的若干思考》

①　顾天悦.新时代中小学劳动教育的任务和教师角色定位[J].教育观察,2020,9(43):38-41.
②　苏霍姆林斯基.给教师的建议[M].杜殿坤,编译.北京:教育科学出版社,1984:347.
③　苏霍姆林斯基.苏霍姆林斯基论劳动教育[M].萧勇,杜殿坤,译.北京:教育科学出版社,2019:20-21.
④　顾天悦.新时代中小学劳动教育的任务和教师角色定位[J].教育观察,2020,9(43):38-41.
⑤　李宇杰,赵婉斐.基于生活教育理论的高校劳动教育探析[J].思想教育研究,2022(1):138-143.

校内劳动教育必修课的基础上,结合职业体验、公益服务、项目式学习等多样化的课外活动,全面提高学生的劳动素养,发挥劳动教育的全人教育功能。此外,教师还要做到与时俱进,结合人工智能等新兴技术,不断创新,设计与实施一批巧妙结合新技术与劳动的优质课程,使课程建设更加符合时代社会发展的需求。

劳动课程的设计需要教师把握新时代社会劳动的本质,注重培养学生符合时代发展需求的劳动素养,在劳动课程中融入相互交叉的学科课程的学习,使劳动教育和其他四育相互渗透、相互配合,在提高学生劳动素养的同时促进人的全面发展。

在劳动教育的教学过程中,教师要依据学生的发展特点,充分考虑多方面因素,在理解和灵活运用各种教学策略的基础上,针对学生的兴趣、爱好和培养需求,设计以学生发展为中心,有助于提升学生劳动素养的教学内容。同时,需要创设相应的教学环境,围绕教师、学生、同伴等多方角色间的关系确定教学模式和活动,并充分发挥各种教学媒介的相互作用,灵活选取并构建教材、多媒体、实验室、模型实物、社会实践等多类别教学载体,从而提升劳动教育的质量与功效。此外,针对劳动课程的强实践性特点,教师需设计不同于其他理论性学科的有一定特异实践属性的测验手段和评价方式,以检查教学和学习效果,并保持精益求精的教学态度,针对在教学过程中发现的不足与问题及时作出相应的调整与补救。

教师在掌握和运用教学策略的基础上,应该积极探讨劳动教育同其他学科及专业课程教学融合的新方式,设计跨学科、跨领域的融合共生的综合性教学方式。教师应主动挖掘语文、数学、外语等通识学科课程中的隐性劳动教育内容,例如,课文中歌颂劳动者艰苦奋斗、自强不息的精神价值的相关内容。此外在数学、物理、化学等自然科学类课程中,部分科学技术类知识与技能有助于学生提升动手能力、更好地完成劳动任务,因此也需要在劳动课程中予以体现。

三、知识与技能的分享者

在新时代背景下,随着技术的革新与社会转型的不断加速,劳动教育也在持续更新升级的过程之中,其内涵已远远超出简单的体力劳动的范畴,因此亟须让学生获得与时俱进的最新劳动知识与技能,达到真懂劳动、真会劳动的教学目标。在劳动知识与技能培养中主要涉及日常劳动知识与技能培养和专业劳动知识与技能培养两个方面。[①] 其中,针对中小学生,劳动知识与技能培养的重点应放在教育学生知晓基本的生活劳动知识与技能,例如,种植与修剪花草、烹饪、维修简单家具、扫地、拖地、洗碗、洗衣等。教师在这个过程中需要教授和演示这些最基本的劳动技能,分享自己在以往的劳动实践过程中积累的知识经验,帮助学生掌握必要的劳动常识。对于这一阶段的学生而言,培养他们获得基本的日常劳动知识技能,为独立生活提供必备的知识储备与能力保障是劳动教育的主要任务。对于大学生和职业院校学

---

① 余江舟.新时代劳动素养的四重维度[J].中国高等教育,2021(C2):53-55.

生而言,他们即将踏入社会开启职业生涯,因此教师应进一步传授其更具现实应用价值的劳动知识与技能,如拆装和维修常见家用电器、组装和拆卸日用家具以及在社会上独立生活所需的知识技能等。教师在授课过程中应注重创设需要相应知识与技能的生活场景,提升学生的重视程度,在训练生活技能的同时树立劳动自立意识和培养主动服务他人、服务社会的情怀。与此同时,倘若教师未能掌握课程要求的知识与技能,应积极主动参与专项培训,并利用课余时间从互联网等多样化渠道挖掘可用的学习资源,做到"育人先育己"。

在充分完成日常劳动知识与技能的教学任务后,劳动教育教师还应进一步加强专业劳动知识与技能的传授,培养学生在书本之外具备专业发展所需的动手实操能力,例如,中小学生的社会实践、研学旅行,大学生和职业院校学生的专业实习、毕业实习都是重要的劳动技能训练渠道。劳动教育教师需与其他学科专业的任课教师一同挖掘各学科中蕴含的劳动知识与技能的内容。同时,劳动教育教师还应加强劳动科学的通识教学,使学生学到分析、解决劳动问题的本领,懂得遵守劳动法规、增强劳动观念、提升劳动技能,并在课程内容的设计中突出强化马克思主义劳动观、劳动伦理、劳动经济、劳动关系、劳动法、劳动管理、社会保障、职业安全与卫生等系统的通用劳动科学知识的传授。

四、精神与价值观念的宣传引导者

随着信息技术和人工智能的发展,人们的双手得到解放,新一代学生的劳动机会日益减少。不少学生容易受到社会与网络媒体错误劳动观的误导,出现不尊重劳动、忽视体力劳动等问题,没有树立"劳动创造美好生活"等劳动观念。因此,宣扬、传播积极的劳动精神与劳动观念,传递正确的劳动态度,鼓舞学生积极投身于劳动实践,增强学生的劳动素质,理应是劳动教育教师的重要任务与关键使命。宣传劳动精神和劳动观念不仅是教师对学生进行劳动教育的核心内容之一,还是检验学校贯彻落实党的教育方针政策、促进学生全面发展、实现立德树人根本任务等的重要标准。

在劳动精神与劳动观念的宣传过程中,教师要善于运用能够引发学生共鸣和认同感的事迹和案例,在教育素材的选取和教育方式的运用上遵循精神引领和价值观教育的原则要求,让学生不仅要真懂,还要真信,并内化于心,外化于行。"故事中说教性的词句越少,通过事实和形象揭示的主题思想越鲜明,它对学生思想发生的作用越大。"[①]换而言之,在劳动教育过程中,教师想要最大限度发挥思想引领的精神力量,就必须合理选取符合学生发展需求和生活实际的素材内容,教师在言语讲述和使用学生身边的生活实例进行思想训导的同时,需要为学生安排一些内容丰富的、有重要意义但又切合现实生活境遇的实际劳动任务让他们去完成,培养学生的劳动情感。

---

① 苏霍姆林斯基.苏霍姆林斯基论劳动教育[M].萧勇,杜殿坤,译.北京:教育科学出版社,2019:26.

在劳动精神与价值观念的塑造过程中,教师需要发挥主导作用。具体而言,教师要深入研究劳动精神的科学内涵与价值脉络,将劳动课程与其他学科结合起来,以弘扬中华民族优秀传统文化为指导,引导学生树立勤劳、吃苦的奋斗精神。此外,教师在劳动教育开展与劳动精神塑造的理念方面,要不断深化劳动精神的内涵、扩展劳动精神的外延,使学生养成"劳动最光荣"的思维导向,认清"劳动不分贵贱"的客观事实。教师还要引导学生将各种实践活动与劳动精神结合起来,在实践活动中让学生不断体悟"幸福不会从天降,美好生活靠劳动创造"的观念,逐渐接近劳动创造价值的真谛,培养学生的劳动精神。

总之,劳动是与精神生活相统一的创造性活动。教师作为劳动教育的主体,应该注重从劳动教育的知、情、意、行入手,做到晓之以理、动之以情、持之以恒、导之以行,做学生学习的引导者、劳动课程与教学的设计者、劳动知识与技能的分享者、精神与价值观念的宣传引导者,全方位培养学生的劳动素养,将劳动教育融入其他"四育",发挥劳动教育"树德""增智""强体""育美"的综合育人价值,[①] 促进学生的全面发展,帮助学生获得完满的精神生活,从劳动中收获幸福。

第二节　劳动教育教师专业发展

劳动教育教师首先是教师,然后才是劳动课程的教师。其专业化就是教师的专业化和劳动课程所决定的特定领域的专业化。

一、劳动教育教师专业化概述

(一)教师专业化

教师专业化是指教师在整个职业生涯中,通过专门训练和终身学习,逐步习得教育专业的知识与技能并在教育专业实践中不断提高自身的从教素质,从而成为教育专业工作者的专业成长过程。它包含双层意义:既指教师个体通过职前培养,从一名新手逐渐成长为具备专业知识、专业技能和专业态度的成熟教师及其可持续的专业发展过程,也指教师职业整体从非专业职业、准专业职业向专业性质职业进步的过程。[②]

根据《中华人民共和国教师法》的定义,教师是履行教育教学职责的专业人员,这表明教师职业具有专业性。这种专业性要求教师应该符合以下几个方面的基本条件:第一,达到国家规定的学历标准;第二,有教育行政部门认定的教师资格;第三,有良好的职业道德;第四,有胜任某学科教学所必需的专业知识和能力。劳动教

①　顾天悦.新时代中小学劳动教育的任务和教师角色定位[J].教育观察,2020,9(43):38-41.
②　陈伟.西方大学教师专业化[M].北京:北京大学出版社,2008:19.

育教师自然也不例外。

（二）劳动教育教师专业化

按叶澜教授的观点，加强教师专业性的过程就是教师专业化[①]，劳动教育教师专业化也就是加强劳动教育教师专业性的过程。那么，劳动教育教师的专业性体现在什么地方呢？合格的劳动课程教师应当具备正确的劳动观念、自觉的劳动意识、强烈的劳动课程教学责任感及扎实的专业技能，这既是劳动教育教师专业性的整体表述，也是劳动教育教师专业发展的方向。

1. 树立正确的劳动观念

什么是"观念"？《现代汉语大词典》解释为"由外界感受或认知作用而在心中产生的意识或概念"，即观念是"人的脑部对客观世界的反映"[②]。由此可以看出，观念就是对"外界"即"客观世界"的反映，"劳动观念"也就必然与"劳动"这一客观事物密切相关。《课程标准》指出，"劳动观念是指在劳动实践中逐渐形成的，对劳动、劳动者、劳动成果等方面的认知和总体看法，以及在此基础上形成的基本态度和情感"。这里的"认知""看法"就是对"劳动"这一"客观事物"的反映，这些反映导致的结果就是形成"基本的态度和情感"。

但是，不同的人的"反映"有所不同，其"基本的态度和情感"可正可负，何为"正确"？这就需要观察其表现。《课程标准》指出，"正确"的劳动观念主要表现为："尊重劳动，尊重普通劳动者，了解不同职业劳动者的辛苦与快乐，理解'三百六十行，行行出状元'的道理；能正确理解劳动对于个人生活、家庭幸福、社会进步、国家富强和人类发展的意义，懂得劳动创造人、劳动创造财富、劳动创造美好生活的道理；能崇尚劳动，牢固树立劳动最光荣、劳动最崇高、劳动最伟大、劳动最美丽的观念。"这里使用了"尊重""理解""崇尚"等词来描述其表现，足以表达对劳动"正确"的"基本的态度和情感"，体现正确的劳动观念。

因此，树立正确的劳动观念，就是要尊重、理解、崇尚劳动，就是要尊重、理解、崇尚劳动者，就是要懂得劳动创造世界乃至人本身的道理，确立对劳动的正确的"基本的态度和情感"。

2. 形成自觉的劳动意识

劳动意识是劳动观点、观念及心理的合称，它包括对劳动性质、作用的看法。劳动意识的本质是劳动作为人的存在方式，是处于一定社会地位的人们以群体的形式并通过一定的社会协作方式，以自身的自然力和智力引起、调整和控制人与自然之间的相互变换的过程。换言之，劳动意识是指人们根据社会和个体生活发展的需要，引起劳动的事物或观念的动机，并在劳动中表现出的意向、愿望和设想。劳动就是劳动主体（人）与劳动客体（外部对象世界）进行物质、能量、信息的变换，以满足

① 叶澜,白益民,王枬,等.教师角色与教师发展新探[M].北京:教育科学出版社,2001:208.
② 龚学胜.商务国际现代汉语大词典[M].北京:商务印书馆,2015:503.

人们的自身需要和社会需要的过程。

所谓自觉,是指个体自行认识到劳动的光荣、崇高、伟大后有一定觉悟地去参加劳动、主动适应劳动的要求,逐步养成劳动习惯的过程。在自觉的状态下,劳动不是被迫的,而是自身的需要,这样的意识只能在长期的劳动教育中逐步形成。

3. 具备强烈的劳动课程教学责任感

做一名劳动教育教师,责任感是基础。所谓责任感,就是"分内的事如果没做好,需要担负责任的心理认识"[①]。劳动课程教学,是劳动教育教师分内的事情,是基本的责任。但由于劳动课程的特殊性,其教学活动的开展与其他学科有较大的区别:劳动课程的实践性较高,要求"动手动脑",强调"出力流汗",所以劳动课程教学不仅仅是单纯地上课,常常需要做一些创造教学条件的工作,做一些"分外"的事情,这就需要有更高的责任心和更强的责任感。

这种责任,从小的方面来说,是对教学负责,是对学生负责;从大的方面来说,是对国家的责任,是对人民的责任。所以,具备强烈的劳动课程教学责任感是劳动课程教师专业化的必备条件。

4. 具备扎实的专业技能

教师的专业技能主要指教学的基本技能和专业的基本技能。作为一名普通教师,应该具备的教学基本技能主要包括语言表达技能、教学组织技能、教学科研技能、运用现代教育技术的技能等,而专业的基本技能主要指学科的专业技能。劳动教育教师与其他教师一样,也应该具备教学的基本技能和专业的基本技能,而劳动的专业技能主要体现在劳动能力方面。

《课程标准》指出:"劳动能力是指顺利完成与个体年龄及生理特点相适宜的劳动任务所需的胜任力,是个体的劳动知识、技能、行为方式等在劳动实践中的综合表现。"把这些劳动的技能具象化,可以描述为:"能正确使用常见的劳动工具;能在劳动实践中增强体力,提高智力和创造力,具备完成一定劳动任务所需要的设计能力、操作能力及团队合作能力。"这里的劳动能力虽然是对学生的要求,但也可以认为是对劳动教育教师的基本要求。

所以,想要成为一名合格的劳动教育教师,不仅应有扎实的教学基本功,还应有适应劳动课程教学的劳动专业技能,这就要求教师能筹划、设计、实施劳动项目,能正确使用常见的劳动工具开展劳动,还应该能将这些劳动项目融合到课程教学之中,让学生在学习中学有所得、劳有所悟。

二、教师专业发展的意义与途径

教师专业发展有其重要的意义,关乎教育的可持续发展和学生的全面发展。其发展的路径多种多样,最重要的还是自身的努力。

---

① 龚学胜.商务国际现代汉语大词典[M].北京:商务印书馆,2015:1830.

（一）教师专业发展的意义

教师专业发展是时代发展、进步的必然要求。随着科学技术的进步、教育教学理论的发展、教育信息化水平的提升，教师的教育观念要更新、知识与技能要更新、教学手段要更新。

教师专业发展有利于课程建设与发展，有利于教育、教学质量的提升。课程的践行者是教师，课程的理念需要教师去实践，课程的内容需要教师去建设，课程的教学需要教师去实施。一个学校、一个地区乃至整个领域，其教育、教学质量的保障与水平的提升也取决于教师整体的教育、教学水准，教师专业发展使教师整体水准得以提升，教育教学质量将会更有保证。

教师专业发展有利于学生发展。教师专业发展不仅有利于课程的改革与发展，更有利于教师的职业成长与素质提升，有利于学生的发展与社会的进步。

（二）教师专业发展的途径

教师要树立终身学习的观念，追求进步与发展。为适应信息时代的要求，教师的教学行为和学生的学习必须发生转变。学生学习要由被动学习转变成主动学习，教师的教学要注重学生自主学习能力的培养。只有学习能力提高了，才能更好地适应信息时代的要求。教学相长，要变"一桶水"为"长流水"，教师必须在慷慨"给予"的同时努力"汲取"，变"教"为"学"，变阶段性"充电"为全程学习、终身学习；要抓住机遇，利用一切可利用的机会，加强学习；在教学中要坚持理论探索，与时俱进，打破学科界限，增强教育智慧，提高自身素质，促进专业技能的提高。

《课程标准》在教学研究部分提出，要充分认识教师来源多样、指导方式灵活等特点，创新教研方式，提升教师课程实施水平；要发挥教师的教研主体作用，采取参与式、互动式教研等，挖掘教师个体优秀经验，分享教师研究成果。开展劳动教育研究是教师实现专业发展的重要路径和方法。关于劳动教育研究将在本章第三节专门阐述。

教育管理部门要加强教师培训，促进教师教育理论更新及素质的提升。教师专业发展是关乎教育发展的基础工程，是各级教育管理部门的重要职责。各级教育管理部门要采取有效的政策性措施，为教师的专业发展创造条件，为教师的专业学习提供支持和帮助。

三、劳动教育教师专业发展的内容

劳动课程是一门崭新的课程，《课程标准》指出，劳动课程具有"具有鲜明的思想性、突出的社会性和显著的实践性"等特点，而且劳动教育教师的来源也是多种多样的，劳动教育教师的专业发展应适应这些特点。

（一）教师自身的发展

《课程标准》要求，"教师应根据自身专业背景，发扬专长优势，弥补短板不足，加强专业学习，提升专业素养"，这正是劳动教育教师专业发展的方向。

这里所提到的"专业背景"，恰恰是劳动教育师资来源的特点和"痛点"。这是因为劳动课程是基础教育课程体系中新设置的必修课程,各级师范院校尚未设置这一专业,所以其师资来源就是从现有的师资队伍中抽调或是从校外相关人员中聘请,各学科、各职业的人员都可能担任劳动教育专任或兼职教师。这一特点也许可以增加劳动教育教师在某类劳动上的专业性,但教师的教学专业性及教师专业的综合发展可能会受到影响。所以,教师出身的人员需要学习劳动专业知识与技能,非教师出身的人员需要加强教学理论及方法的学习,以扬长避短,提升劳动课程教学专业水平。

（二）努力提升劳动素养

《课程标准》要求,劳动教育教师要努力提升自身劳动素养,既要加强理论学习,更要通过劳动技能培训和劳动实践体验,做到理论和实践有机统一。通过理论学习,深入理解劳动课程独特的育人价值、课程理念和核心素养内涵;通过技能培训和项目实践,提升自身劳动技能水平和劳动课程教学的专业水平。

（三）积极参加多样化的课程教学培训

《课程标准》要求,劳动教育教师要积极参加多样化的课程教学培训,充分认识劳动课程内容结构和课程内容要求,掌握不同学段学生劳动素养要求,明确教学重点、难点及关键所在,合理规划和设计项目、选择恰当的方式开展教学。

劳动教育教师专业发展的主要途径之一就是参加各级教育行政、教研机构组织的课程教学培训,在培训中提高自己的理论水平、教学能力及劳动技能。同时,教师通过参加培训,可以广泛接触更多劳动教育教师、教研员和专家,增加学习、交流的机会,有利于教学教研水平的提高。

（四）不断提升劳动课程的规划与组织能力

《课程标准》要求,劳动教育教师要不断提升劳动课程的规划与组织能力,积极参与学校、学段、年级劳动课程整体方案规划,并基于劳动课程目标和内容要求统筹安排课时、设计劳动项目、组织与指导劳动实践过程、制订课程评价方案等。配合整体方案,参与劳动周等劳动活动的规划、实施、组织和管理。

劳动课程虽有标准,但不同地域的风俗习惯、师资条件、发展水平都不一样,课程的开设必须因地制宜、因势利导。这就要求劳动教育教师不仅要会上课,还要能创设开课的条件,规划符合本地实际的劳动课程内容及劳动周（日）的活动安排并组织实施,在教学实践中不断提升自己的规划与组织能力。

四、劳动教育教师专业发展的环境创设

劳动教育教师专业发展的环境是指劳动教育教师教学教研、专业培训等生存和发展的工作条件及政策支持。《课程标准》要求:"各级教育行政、教研机构要关注劳动课程教师的专业发展,定期组织专业培训。培训时要注重整体规划,建立有效的培训机制,特别要注意优先加强对培训者的培训,重点建立一批满足各级各类培训需求的培训者团队,以引领课程实施。中小学校可根据各地课程实施的统一安排及

本校实际条件,采取'请进来'与'走出去'相结合的方式培训教师,倡导参与式、体验式、探究式培训,积极探索新技术与教师培训有机融合的混合式培训模式,采用专题讲座、案例研讨、工作坊研修、现场教学、跟岗研修、线下培训与线上培训相结合等多样化的培训方式,提高培训效率。"

各地、各校都应根据本地区、本校的基础条件、师资力量和生源情况,因地制宜地制定政策,确定培训形式和方法,充分调动各方面的积极性,有效地开展培训。

《课程标准》要求:"培训内容要着眼课程理念,帮助教师深刻认识劳动教育的意义,领会劳动课程的设计意图、核心素养的表现,把握劳动课程任务群与核心素养的关联,不断探索指导劳动实践的方法,更好地达成课程目标,落实立德树人根本任务。"

教师的生存和发展需要良好的生态环境,劳动教育教师也不例外。劳动教育是"五育"之重,劳动课程是"劳动教育"之支柱,劳动教育教师是劳动育人的园丁,其专业发展意义重大,各级教育行政部门应当格外重视,创设促进劳动教育教师专业发展的环境。

第三节　劳动教育研究

尽管对劳动教育的研究开始时间较早,但是不同时期劳动教育面对的问题不同,需要解决的问题不同,因此侧重点存在差异。随着义务教育劳动课程标准的正式颁布,劳动教育需要解决劳动课程建设与教学问题等,教师可以通过开展劳动教育研究,提升课程实施水平,实现专业发展。

一、劳动教育研究的领域

劳动教育研究主要包括三个领域:劳动教育理论研究领域、劳动教育配套资源建设领域、劳动教育实践研究领域。

(一)劳动教育理论研究领域

劳动教育理论研究领域可以针对劳动教育基本理论、劳动教育政策迭代等理论性领域。例如,劳动教育观研究、劳动价值观研究、国内外教育家的劳动教育思想研究、劳动教育前后政策关联分析、普职劳动教育比较、劳动安全教育研究、劳动经济教育研究、劳动管理教育研究、劳动法律教育研究等。此类研究有相当多的积累,以劳动价值观研究为例,如何让"劳动最光荣、劳动最崇高、劳动最伟大、劳动最美丽"的观念深入人心,让积极劳动、辛勤劳动的态度以及优良的品德得到彰显,明确劳动的价值以及劳动教育的初心,可以作为研究的方向。

（二）劳动教育配套资源建设领域

劳动教育配套资源建设领域可以针对劳动课程建设、劳动课程资源建设等建设性领域进行研究。例如，劳动课程的设计与研究、劳动课程数字资源建设、校外劳动教育示范视频资源建设、学校劳动课程体系建设、劳动实践指导手册编制等。由于劳动课程刚刚起步，因此这一领域是目前劳动教育最为迫切需要的。以劳动教育实践手册编制为例，在劳动课程标准的指引下建立地区劳动课程框架，明确每个年级主要的劳动课程内容，强化价值引领，注重实践指导，突出学生的劳动规划、过程记录和劳动感悟反思，加强学生劳动安全意识和劳动规范意识的培养等可以作为编制的重要原则。

（三）劳动教育实践研究领域

劳动教育实践研究领域可以针对劳动实践中的某一领域或理论与实践结合点进行研究。例如，劳动课程评价研究、校内外劳动教育联通研究、新技术背景下劳动教育的价值研究、人工智能背景下劳动教育的价值研究、学生的劳动素养提升实证研究、劳动教育与其他学科结合的交叉渗透研究、课内外劳动实践活动的设置实践、大中小学劳动教育衔接研究、研学旅行与劳动教育融合共生研究等。此类研究伴随劳动实践产生，是劳动资源生态初步形成后重点研究的领域。以劳动课程评价为例，针对劳动这样一种实践性课程，如何做到记录有痕迹，操作不烦琐，将过程性评价与终结性评价相结合，可以作为劳动课程评价重点突破的方向，也是开展实践研究的重要切入点。

二、劳动教育研究的团队组建

《课程标准》指出："学校要立足本校实际，建设劳动课程教研组，合理设置劳动课程专职、兼职教师岗位，协同开展劳动课程教学工作。丰富校本教研活动，探讨劳动实践指导方法，总结经验、不足，及时改进提升，促进劳动课程高质量实施和核心素养培养目标的落实。""各级教研机构要配备劳动课程教研员，并强化对教研员的专业培训及指导、工作支持及督查，提升教研员教学研究与专业引领能力。要确保教研活动正常开展，积极组织开展专题教研、区域教研、网络教研等形式多样的教研活动，通过协同创新、校际联动、区域推进等多种方式，及时解决课程实施中的重点、难点问题。要创新劳动课程教研方式，采用专题讲座、项目案例研讨、工作坊、微论坛、劳动技能培训等多种形式，提升教研工作的针对性和实效性。要发挥教师的教研主体作用，采取参与式、互动式教研等，挖掘教师个体优秀经验，分享教师研究成果。"

可见劳动教育研究的主体是劳动课程教师及劳动课程教研员，劳动教育研究应该由上述主体与地方教育行政部门代表、企业代表等形成研究小组，明确分工，通过问卷调研、案例撰写、教学实践、教研活动展示等方式共同合作，跨领域、跨地域展开研究。

三、劳动教育研究示例

（一）劳动教育配套资源建设领域研究示例

l. 课题名称

发达地区中小学劳动教育资源的开发与应用。

2. 拟解决的主要问题

发达地区以城市与农村共存的多元文化生态，面临劳动基地远离市区、劳动基地与学校之间沟通不畅、劳动基地缺乏对劳动教学方式的研究、学生对劳动价值认同度不高等社会问题和挑战。

3. 研究价值

一方面激活包括劳动教育特色校资源、学生劳动教育基地资源、劳动技术教育中心资源、社会场馆类资源等的功能和价值；另一方面弥补学校劳动教育以社会实践活动、劳动体验为主题的研学旅行、社会志愿者活动、传统文化节日的社会服务活动的不足，有效地解决学校教育中的实际问题。

4. 研究目标

（1）了解发达地区劳动教育资源利用情况，厘清区域劳动教育资源的主要类别及其蕴含的劳动教育价值。

（2）提炼利用社会劳动教育资源开展中小学劳动教育的实施策略，获得落实立德树人根本任务的典型案例和经验。

（3）获得联通校内外劳动教育资源、形成劳动教育合力的经验和功能发挥机制，形成可推广的劳动教育发达地区模式。

5. 研究方法

（1）现状研究：以"面向发达地区各中小学校师生收集信息，了解学生所在学校基于校外劳动教育资源落实日常生活劳动、生产劳动和服务性劳动的现状"为主要方向，通过实地调研、现场访谈以及问卷调查等方式，聚焦于学校基于校外劳动教育资源落实三种劳动实施社会实践、社区服务等情况，教师基于校外劳动教育资源落实日常生活劳动、生产劳动和服务性劳动的认识、理解和思考等，收集在教学实践中对现有校外劳动教育资源的使用与转化等方面的真实信息。

（2）案例研讨：梳理发达地区适用于劳动教育的校外各类劳动教育资源，形成汇编本，收集基于校外各类劳动教育资源开展劳动教育的课例或案例；分析课例或案例中的情境创设、问题任务设计、教学策略运用、教学资源开发、教学环境创设、技术手段使用，提炼基于劳动教育需求的资源结构要素，设计劳动教育资源指导手册的方案。

（3）行动研究：以劳动教育规定的项目内容为载体，根据贴近学生"最近发展区"、适度开放且具有足够探究空间的要求，融合过程与结果评价的策略，对学生在问题及任务驱动下基于学科或跨学科情境的学习活动，跟进设计与开发相应教学资源。再借助市区协作与课题组指导团队整合的研究机制,将校外劳动教育资源推送到相关学校,根据课堂实践反思进一步完善设计。

6. 研究内容

（1）劳动教育资源开发与利用的现状及理论研究:通过相关文献研究和区域学校调研,从已有研究成果了解学校劳动教育资源开发与利用的做法和经验,获得对本课题研究有价值的信息或提供相关的研究启示。对发达地区适用于中小学开展劳动教育的资源进行分类,对不同资源所蕴含的劳动教育价值进行提炼和梳理。

（2）劳动教育资源的开发:通过学校的实践行动,探索不同劳动教育资源开发与利用的途径和方法,形成典型劳动教育资源开发与利用的实践案例。主要包括:第一,梳理各类劳动教育资源,形成劳动教育资源汇编。第二,开发劳动教育资源指导手册,通过劳动教育资源的开发与利用实践研究所获得的成果和经验,编制从小学一年级到高中三年级螺旋上升的劳动教育资源指导手册,指导学校利用社会劳动教育资源因地制宜地组织开展学校劳动教育,落实立德树人根本任务。第三,开发劳动示范视频资源,拍摄学生日常生活劳动、生产劳动、服务性劳动示范视频,提供给学校作为教学辅助及指导资源。

（3）利用劳动教育资源实施劳动教育的应用研究,形成可借鉴的校外劳动教育经验。

7. 研究路径

本课题研究框架如图 10-3-1 所示。具体研究路径为:一是通过调研及文献研究厘清研究内容现有基础、相关理论,夯实课题研究的理论和方法基础。二是以发达地区中小学劳动教育推进工作的生长点与突破点为指向,采用访谈与问卷调查

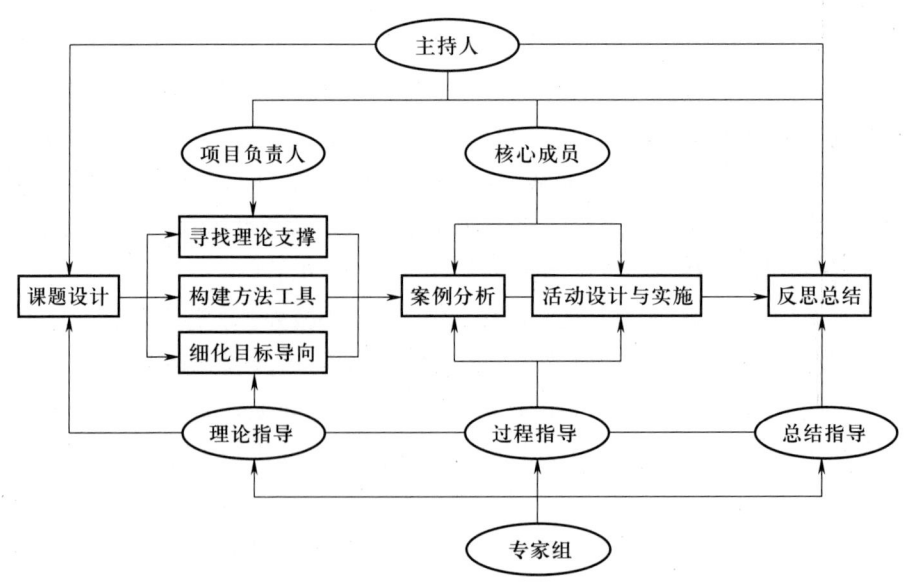

图 10-3-1　课题研究框架

相结合的方式,调查区域内学生所在学校基于校外劳动教育资源落实日常生活劳动、生产劳动和服务性劳动方面的现状,直面校外劳动教育资源缺乏、教学资源转化困难等现实问题。三是梳理发达地区适用于中小学生校外劳动教育的社会实践活动资源、志愿者活动资源、研学旅行活动资源(简称"校外劳动教育资源");收集校外劳动教育资源,落实日常生活劳动、生产劳动和服务性劳动(简称"校外三类劳动")的课例或案例;基于校外劳动教育资源落实校外三类劳动,提炼校外三类劳动的活动设计和体现五育融合、学科融合、校内外融合的实施策略;形成系统的面向中小学生的资源指导手册。四是将校外劳动教育资源推送到相关学校进行实践,拍摄示范视频,通过围绕过程和结果及时反思分析、提炼归纳、评估调整,形成经过实践检验可后续提供给学校作为教学辅助及指导的视频资源。

(二)劳动教育实践研究领域研究示例

1. 课题名称

基于劳动教育形式的青少年自我控制能力培养研究——以上海市宝山区某学校为例。

2. 拟解决的主要问题

一方面,相关研究表明,我国青少年自我控制能力发展水平较差,呈现"易分心,坐不住,专一完成任务能力差"等问题,跨文化比较研究同样表明我国青少年自我控制能力水平同比较低;另一方面,在实际工作当中,学生存在自我控制能力较弱或者存在完成任务、分心性等方面较弱的问题,如在课堂听讲中走神、课后作业完成效率低、缺乏专一性等。基于当前青少年自我控制能力发展现状,结合以往劳动教育与自我控制能力关系的理论研究,该课题致力于通过在校内开展劳动课程切实培养学生的自我控制能力。

3. 研究价值

(1)有利于扩展学生自我控制力的培养研究途径,为学校开展相关教育提供借鉴、参考。学生自我控制能力的发展,对学校的教育教学管理有着极大的影响,甚至从某个层面来说,学校教育教学的任务之一,就是培养学生的自我控制能力,使学生能够自觉遵守社会行为规范、社会道德准则。学校教学能力的提升,同样离不开学生在课堂纪律上的自我要求、学业行为控制。本研究也能够为其他学校开设相应的普适性、专题性的自我控制能力培养课程提供经验与参考。

(2)有利于促进青少年自我控制能力提升,助力人才的培养及其今后发展。自我控制能力的发展,有助于学生明晰自己当下不利行为的负面影响,增强延迟满足能力,促使学生朝着长远目标而努力。

(3)有利于丰富劳动教育内涵,深化劳动教育的意义和价值。劳动教育作为学校五育的重要一环,本身与学生的德智体美相互交织融合。劳动教育本身除了培养学生的劳动精神、劳动能力和劳动思维之外,同样能够在发展学生的核心素养方面发挥作用。本研究能从实践层面检验劳动教育对学生自控力培养的作用,对丰富劳动教育目的、内涵、形式等有着极大的助益。

4. 研究目标

（1）了解当前地区青少年自我控制能力发展现状及典型表现。

（2）探索与建设基于劳动教育形式的青少年自我控制能力培养系列校本课程。

（3）积累双系统模型视角下的青少年自我控制能力培养成效检验暨典型案例。

5. 研究方法

（1）文献法：根据研究目标，搜集国内外关于青少年自我控制干预的相关文献，包括博士论文、硕士论文、期刊文章、著述等，并对这些文献进行归纳和整理研究，分析现有学生自我控制能力培养方式的优势与不足，并提出对策研究。

（2）调查法：采用《自我控制双系统量表》等测量工具及调查问卷，对青少年的自我控制水平现状进行测量与分析。

（3）访谈法：在问卷调查的基础上，选取部分学生与老师进行访谈，更深入真实地了解学生在自我控制中遇到的具体问题与原因。

（4）行动研究法：在文献调研与前期调研分析青少年自我控制水平的基础上，融合我国劳动课程目标，开发基于劳动教育视角，适合青少年身心发展的自我控制能力培养课程，并对其实施进行评价，检验自我控制能力课程的培养效果。

6. 研究内容

（1）了解当前地区青少年自我控制能力发展现状及典型表现。

（2）探索与建设青少年自我控制能力培养系列的校本劳动课程。

（3）积累基于全面落实推进劳动教育背景下的青少年自我控制能力培养成效检验及典型案例。

7. 研究路径

立足学校已开展的劳动课程、学科课程等内容，探索构建以学生劳动教育活动为实施主体的学生自我控制能力培养校本课程，依据《课程标准》，重点把握劳动课程目标，依据不同学段学生的发展特点，围绕自我控制双系统理论模型的五个维度开展课程建设，把自我控制能力培养的目标融入学生日常生活劳动、生产劳动和服务性劳动的活动目标中，并将过程性评价与终结性评价相结合，构建有力的评价体系，切实考察劳动课程对学生自我控制能力培养的效果。同时，也将自我控制能力培养各个维度的核心要点，有机融入心理、道德与法治等学科教学活动，开发有针对性的、有特色的课程内容，从而实现提升学生自我控制能力的目标。

思　考　探　究

1. 成为一名合格的劳动教育教师需要具备相关的哪些素质？如何在教学实际中扮演好不同的角色？

2.学生在执行家务劳动的过程中劳动教育教师能发挥哪些作用?

3.在劳动教育教师专业发展过程中,当前存在的亟待改进或提升的问题有哪些?

4.劳动教育教师应如何处理劳动课程与其他学科课程之间的关系,实现全面育人?

主要参考文献

［1］柏拉图.理想国［M］.郭斌和,张竹明,译.北京:商务印书馆,1986.

［2］刘向兵.新时代高校劳动教育论纲［M］.北京:社会科学文献出版社,2021.

［3］李蔺田,王萍.中国职业技术教育史［M］.北京:高等教育出版社,1994.

［4］陈元晖,璩鑫圭,邹光威.老解放区教育资料:一［M］.北京:教育科学出版社,
1981.

［5］孙培青.中国教育史［M］.上海:华东师范大学出版社,2009.

［6］龚书铎.中国近代史:1919—1949［M］.北京:中华书局,2010.

［7］卓晴君,李仲汉.中小学教育史［M］.海口:海南出版社,2002.

［8］何东昌.中华人民共和国重要教育文献:1949—1975［M］.海口:海南出版社,
1998.

［9］课程教材研究所.20世纪中国中小学课程标准·教学大纲汇编:课程(教学)
计划卷［M］.北京:人民教育出版社,2001.

［10］李明德,金锵.教育名著评价:外国卷［M］.福州:福建教育出版社,1992.

［11］克鲁普斯卡雅.克鲁普斯卡雅论教育:上卷［M］.卫道治,译.北京:人民教育
出版社,2017.

［12］克鲁普斯卡雅.克鲁普斯卡雅教育文选:下卷［M］.卫道治,译.北京:人民教
育出版社,2006.

［13］苏霍姆林斯基.苏霍姆林斯基教育理论体系［M］.王天一,译.北京:人民教育
出版社,2003.

［14］苏霍姆林斯基.少年的教育与自我教育［M］.姜丽群,吴福生,张渭城,等
译.北京:北京出版社,1984.

［15］苏霍姆林斯基.帕夫雷什中学［M］.赵玮,王义高,蔡兴文,等译.北京:教育科
学出版社,1983.

［16］苏霍姆林斯基.苏霍姆林斯基论劳动教育［M］.萧勇,林殿坤,译.北京:教育
科学出版社,2019.

［17］斯瓦德科夫斯基.儿童的劳动教育［M］.朱纯谟,译.上海:上海教育出版社,
1958.

［18］蔡元培.蔡元培教育文选［M］.北京:人民教育出版社,1980.

［19］陶行知.中国教育改造［M］.合肥:安徽人民出版社,2019.

［20］曾天山,顾建军.劳动教育论［M］.北京:教育科学出版社,2020.

［21］檀传宝.劳动创造美好生活［M］.北京:中国劳动社会保障出版社,2019.

［22］潘维琴,王忠诚.劳动教育与实践［M］.北京:机械工业出版社,2021.

［23］中华人民共和国教育部.义务教育劳动课程标准:2022 年版［M］.北京:北京师范大学出版社,2022.

［24］李珂,曲霞.1949 年以来劳动教育在党的教育方针中的历史演变与省思［J］.教育学报,2018,14(5):63-72.

［25］经柏龙,周佳慧.裴斯泰洛齐劳动教育思想之精髓及其解析［J］.沈阳师范大学学报(社会科学版),2021,45(1):115-119.

［26］徐辉.从生产性到育人性:西方劳动教育思想的历史演变及启示［J］.教育科学,2020,36(5):27-34.

［27］胡君进,檀传宝.马克思主义的劳动价值观与劳动教育观:经典文献的研析［J］.教育研究,2018,39(5):9-15.

［28］梁广东.新时代应用型高校劳动教育的时代价值、实践原则及推进理路［J］.教育与职业,2020(20):108-112.

［29］毕文健,顾建军.乐学教学:让学生爱上劳动:新时代学校劳动教育策略研究［J］.教育科学研究,2020(8):11-17.

［30］朱永新,罗晶.中国共产党与中国教育百年［J］.教育研究,2021,42(7):4-15.

［31］顾建军.加快建构新时代劳动素养评价体系［J］.人民教育,2020(8):19-22.

［32］刘向兵,曲霞.党史百年历程中劳动教育的功能及其实现［J］.教育研究,2021,42(10):4-10.

［33］顾建军.劳动教育要抓住灵魂科学实施［N］.中国教育报,2018-11-28(9).

［34］曾天山.我国劳动教育的前世今生［N］.人民政协报,2019-05-08(10).

郑重声明

读者意见反馈

为收集对教材的意见建议，进一步完善教材编写并做好服务工作，读者可将对本教材的意见建议通过如下渠道反馈至我社。

咨询电话　400-810-0598

反馈邮箱　gjdzfwb@pub.hep.cn

通信地址　北京市朝阳区惠新东街 4 号富盛大厦 1 座
　　　　　高等教育出版社总编辑办公室

邮政编码　100029